Marseille. — Imprimerie Bellande, dirigée par Germain,
quai au Canal, 9. vis-à-vis la Rotonde.

MANUEL

DES

OFFICIERS CONSULAIRES

SARDES ET ÉTRANGERS,

PAR

Le Chev^r. F. MAGNONE,

DOCTEUR EN DROIT, VICE-CONSUL DE SARDAIGNE.

MARSEILLE.

CHEZ Mme Ve CAMOIN, LIBRAIRE-ÉDITEUR,

Rue Canebière.

Paris et Turin.

CHEZ LES PRINCIPAUX LIBRAIRES.

1847.

MANUEL
DES OFFICIERS CONSULAIRES
SARDES ET ÉTRANGERS.

LIVRE NEUVIÈME.

ATTRIBUTIONS ET CHARGES DES OFFICIERS CONSULAIRES SUBALTERNES — RÉGENCES.

CHAPITRE Ier.

ATTRIBUTIONS ET CHARGES DES OFFICIERS CONSULAIRES SUBALTERNES.

§ 544. *Avant - propos. — Les chefs d'arrondissement agissent sous la responsabilité de leurs chefs.*

Bien que toutes les fois que l'occasion s'en est présentée, j'aie indiqué quels sont les devoirs et les attributions des officiers consulaires subalternes, j'ai cru, toutefois, devoir les énumérer de nouveau en les réunissant, pour que d'un seul coup-d'œil on puisse reconnaître les différences qui existent entre les chefs et les subalternes relativement à l'exercice de leurs fonctions respectives.

Je commencerai par les chefs d'arrondissement : Les vice-consuls, chefs d'arrondissement et les pro-consuls ne sont que les délégués du chef de district qui les nomment (1); ainsi toutes leurs opérations ont lieu sous la responsabilité de ce dernier. C'est par conséquent de lui qu'ils reçoivent les instructions et plus ou moins de liberté dans l'exercice de leurs fonctions, sans pour cela qu'ils en soient moins astreints aux prescriptions des réglements (2).

(1) Voy. § 44 et suiv., *infrà* (2) Art. 30 du Tarif consulaire de 1835.

§ 515. *Les chefs d'arrondissement ne correspondent qu'avec les chefs de district. — Nouvelles sanitaires. — Affaires de police.*

D'après les réglements (1), les chefs d'arrondissement correspondent seulement avec leurs chefs de district et doivent les tenir constamment informés de ce qui se passe d'intéressant dans leur localité, et des nouvelles importantes qui leurs parviennent d'autres pays.

Dans les cas très graves cependant, ils peuvent correspondre directement avec les autorités supérieures des États sardes; mais ils doivent, en ce cas, informer en même temps les chefs de district du contenu de leurs communications et des motifs qui les ont obligés à s'écarter du système ordinaire.

L'importance du service sanitaire n'admettant pas de retard dans la communication des nouvelles qui le concernent, les vice-consuls et les pro-consuls doivent aussi, pour cet objet, correspondre directement avec le ministère des affaires étrangères et avec les magistrats de santé, et les informer exactement des changements qui peuvent avoir lieu dans les localités de leur juridiction à l'égard de la santé publique (2).

(1) Art. 80 du régl. de 1835. (2) Voy. note unique du § 143 et le § 154 *infrà*.

§ 516. *Rapports des chefs d'arrondissement avec les autorités locales. — Leurs priviléges.*

Les rapports des chefs d'arrondissement avec les autorités

locales étrangères, sont les mêmes que ceux des chefs de district avec celles du lieu de leur résidence (1). Si cependant ces autorités n'avaient pas égard à leurs réclamations, ils devraient exposer les faits au chef du district pour que celui-ci les portât à la connaissance des autorités du Roi ou étrangères, suivant les circonstances.

Ainsi les chefs d'arrondissement sont, aussi bien que les consuls, sous la sauve-garde du droit des gens, pour ce qui concerne l'exercice de leurs fonctions (2).

(1) § 133, 134, 135, 153, *infrà*. (2) § 116, *infrà*.

§ 517. *Quelle est l'assistance que les chefs d'arrondisse-ment prêtent aux navires sardes?*

L'assistance que les vice-consuls et les pro-consuls prêtent aux navires et aux sujets sardes, est la même que celle que ceux-ci sont en droit de réclamer du chef de district, sauf les modifications ci-après, quant à la manière de la leur accorder.

Les pro-consuls et les vice-consuls, chefs d'arrondissement, ne peuvent pas délivrer des *passavants* aux navires qui seraient armés dans leur port, ou en toute autre circonstance, dans laquelle ceux-ci pourraient en avoir besoin (1). Les chefs d'arrondissement doivent, le cas échéant, recourir pour cela au chef de district (2). Ils ont cependant la faculté de faire, comme les consuls, tous les autres actes qui leur sont demandés comme administrateurs, de recevoir les déclarations des capitaines ou patrons en forme de consulat, d'enregistrer et de publier celles que ceux-ci ont faites ailleurs, de proroger les papiers de bord, de procéder au désarmement des navires dans les cas permis par les réglements, d'inscrire le nouvel équipage, etc : pour ces actes, ils ont la qualité de vice-chanceliers (3). Lorsqu'une prise est amenée dans leur port, ils reçoivent, comme un consul (4), les déclarations du capitaine et dressent l'inventaire des objets pris ; mais pour ces actes, s'ils n'ont pas de chanceliers, ils doivent faire intervenir un témoin de plus. Ils expédient ensuite au consul une copie desdits actes et envoient la prise dans le port de sa résidence (5).

(1) Voy. §§ 468 à 472, *infrà*. (2) Art. 113 du régl. cons. de 1815. (3) Art. 23 et 29 du Tarif consul. du 12 janv. 1825 : voy. aussi le § 317, *infrà*, où il est dit : « Que l'assistance du chancelier n'est nécessaire dans la rédaction des actes d'état civil, que lorsqu'il y en a un d'attaché au consulat ou au vice-consulat, où l'acte doit être rédigé. » (4) § 441 *infrà*. (5) Même § 441.

§ 518. *Les vice-consuls et les pro-consuls ne peuvent pas connaître de toutes sortes d'affaires contentieuses. — Les chef de district peuvent, dans quelques cas, les y autoriser. — Les pro-consuls ne peuvent exercer la juridiction volontaire que d'après l'autorisation des chefs de district.*

Les pro-consuls et les vice-consuls ne peuvent connaître que des affaires contentieuses suivantes :

1° Des questions qui s'élèvent entre les individus composant les équipages des navires marchands, ou entre ceux-ci et les passagers pour nolis, aliments, salaires, etc. ;

2° Des questions concernant les sommes que les capitaines ou patrons doivent laisser aux marins restant à terre en cas de désarmement ou de maladie (1) :

3° Des contraventions indiquées dans les RR. PP. du 16 septembre 1816. en tant que les consuls sont eux-mêmes compétents (2).

Si les chefs de district devaient laisser, pendant un certain temps, le lieu de leur résidence pour se transporter sur un autre point de leur district, alors seulement, et pourvu qu'il y ait urgence, ils pourraient déléguer les pro-consuls pour tel acte de juridiction civile et criminelle non indiqué ci-dessus, qu'ils jugeraient à propos (3).

Les chefs d'arrondissement font de plus la police des navires sardes et peuvent en conséquence, autant que les con-

— 5 —

suls en ont eux-mêmes la faculté , réprimer les actes d'insubordination et autres désordres qui ont lieu dans leurs ports à bord des navires marchands (4).

Il est interdit aux pro-consuls (5) de s'occuper des actes de juridiction volontaire, à moins que le chef de district leur en accorde l'autorisation par écrit (6).

(1) §§ 497 et suiv., *infrà*, et art. 69 du régl. consul. de 1815. (2) § 256 et suiv., *infrà*. (3) Art. 7 des RR. PP. du 12 janv. 1825, et § 286, *infrà*. (4) Art. 46 des RR. PP. du 16 sept. 1816, et § 251 et 515, et le liv. 8 *infrà*. (5) Je crois ceci applicable aussi bien aux vice-consuls qu'aux pro-consuls, quoique ces derniers soient seuls nommés. (6) Art. 6 des RR. Déterminations du 12 janv. 1825.

§ 519. *Les chefs d'arrondissement doivent se faire assister par un chancelier dans l'exercice de la juridiction contentieuse et volontaire.*

Dans les cas où les pro-consuls, chefs d'arrondissement, sont autorisés par les réglements ou par le chef de district à s'occuper d'un acte de juridiction contentieuse ou volontaire, ils doivent avoir auprès d'eux une personne chargée des fonctions de chancelier, qui prend alors le titre de pro-chancelier, et reçoit d'eux un salaire proportionné à ses travaux (1). Il en est de même quand il s'agit de recevoir un acte notarié (2).

En cas d'absence ou d'empêchement du pro-chancelier, les pro-consuls peuvent déléguer une personne pour en remplir les fonctions, et qui signe comme *faisant fonction de pro-chancelier* (3).

(1) Art. 56, § 5 du régl. consul. de 1835 ; art. 9 des RR. DD. du 12 janv. 1825. Voy. en outre le § 517 *infrà*, *in fine*. (2) Art. 48 et 82 du régl. consul. de 1815, et circulaire 64. (3) Art. 8 des RR. DD. du 12 janv. 1825.

§ 520. *Comment les chefs d'arrondissement procèdent-ils à la réception des actes notariés?*

Voici un article du règlement consulaire de 1835, relatif

à la nécessité de l'assistance du chancelier : c'est pour le cas
où il s'agit de recevoir des actes notariés :

« S'il arrive aux vice-consuls chefs d'arrondissement de
procéder à la stipulation d'un contrat, ou à la rédaction de
quelque acte qui nécessite l'assistance d'un chancelier, ils
peuvent le nommer moyennant un mandat *ad hoc* qui devient
nul après la stipulation de l'acte, à l'occasion duquel il a été
donné. Ces nominations étant temporaires, n'ont pas besoin
d'approbation supérieure pour être valables; mais les chefs
d'arrondissement doivent faire attention de ne nommer que
des personnes d'une probité reconnue et jouissant de l'es-
time publique. Le salaire de ces chanceliers est proportionné, ainsi que j'ai dit pour les pro-chanceliers, au travail
qu'ils ont fait (1). »

(1) Art. 36, § 5 du régl. consul. de 1835, et § 519, *infrà*.

§ 521. *Les pro-consuls ne peuvent accorder aux sujets
sardes la faculté de s'établir dans certaines échelles du
Levant et de Barbarie. — Les pro-consuls et les vice-
consuls ne délivrent les passeports que par déléga-
tion des chefs de district. — Visa des passeports de la
part des pro-consuls et des vice-consuls.*

Il est défendu aux pro-consuls d'accorder aux sujets du
Roi la faculté de s'établir sans l'autorisation des chefs de
district, dans les pays du Levant et de Barbarie, où il n'y
aurait pas des officiers consulaires de S. M. (1).

Les pro-consuls et les vice-consuls chefs d'arrondissement ne peuvent délivrer des passeports qu'au nom et par
autorisation de leurs chefs de district. Ces derniers expédient à cet effet aux chefs d'arrondissement, placés sous
leur dépendance, un certain nombre de passeports signés
en blanc, et ceux-ci les délivrent aux sujets sardes partant
de leur résidence, sans passer dans celle d'un consul (2). Ils
remplissent la date et autres lacunes des passeports et répètent en dessus de la signature du chef de district la date

à laquelle ils les ont délivrés. Ils indiquent le montant du droit reçu et apposent leur signature (3).

Ils visent en outre les passeports, soit des sujets sardes, soit des étrangers qui désirent entrer dans les États du Roi ; ils apposent sur les uns et sur les autres, ainsi que sur les passeports nouveaux, le cachet royal et y font mention du droit payé (4).

Les chefs de district, étant responsables des opérations de leurs pro-consuls ou vice-consuls (5), doivent leur donner les instructions nécessaires, afin qu'ils n'abusent pas de la faculté qu'ils leur accordent de délivrer et de viser des passeports (6).

En dehors des modifications que je viens d'énoncer, les instructions que les chefs d'arrondissement ont à suivre dans l'exercice de leurs fonctions, sont les mêmes que celles qui sont données aux chefs de district.

(1) Art. 27 des RR. PP. du 16 sept. 1816. (2) Art. 24 du tarif consul. du 12 janv. 1825. (3) Art. 26 ibid. (4) Art. 28 ibid. (5) V. § 514 *infrà*. (6) Art. 25 dudit Tarif.

§ 522. *Quelles sont les dépenses qui pèsent sur les chefs d'arrondissement ? — Frais de correspondance; frais de chancellerie. — Ils tiennent leur comptabilité avec les chefs de district.*

Les rétributions dues aux chefs d'arrondissement ont été indiquées aux §§ 54, 55 et 56. Il ne me reste plus qu'à en faire connaître les charges. — Lesdits officiers consulaires reçoivent du chef de district les registres, le papier imprimé pour les états périodiques et tous les autres objets qui exigent uniformité (1).

Pour éviter des complications dans la comptabilité, les chefs de district sont tenus de leur affranchir les lettres (2).

Les pro-consuls et les vice-consuls ont à leur charge la chancellerie, les employés pour les écritures, ainsi que les frais et risques pour la transmission des droits perçus revenant aux chefs de district, aux chanceliers de ces derniers et au trésor (3).

Enfin ils tiennent avec les consuls la même comptabilité que ces derniers tiennent avec le gouvernement et leur expédient les états périodiques en autant de copies qu'il y a d'administrations, auxquelles les états doivent être envoyés, y compris une copie qui reste déposée au chef-lieu de district pour que le consul puisse y recourir au besoin (4).

(1) Art. 10 du Tarif du 12 janv. 1825. (2) § 160 *infrà*. (3) Art. 59 du régl. consul. de 1835. (4) § 165 *infrà*, et circul. 15 du 17 déc. 1816.

§ 523. *Quelles sont les attributions des vice-consuls attachés aux chefs-lieux de district ?*

Les attributions des vice-consuls attachés aux chefs-lieux de district ne sont pas déterminées par les réglements, mais on peut déduire de ce qui se pratique, qu'elles consistent à seconder le consul dans les attributions qui lui sont propres, et puisqu'ils perçoivent à l'exclusion de tout autre officier consulaire (du moins hors du Levant et de Barbarie) le droit de vice-consulat, on pourrait aussi en conclure avec quelque raison, que l'attribution de l'expédition des navires soit plutôt confiée à eux qu'à tout autre.

Si les vice-consuls sont en même temps chanceliers, ils en remplissent aussi les obligations.

(1) Voy. § 525 ci-après, quant à l'enregistrement de la correspondance.

§ 524. *Les vice-consuls attachés à un chef-lieu de district agissent sous la responsabilité du chef. Ils n'ont aucune charge à supporter pour les frais de bureau.*

Les vice-consuls attachés à un chef-lieu de district agissent toujours sous la responsabilité du chef, et par conséquent c'est ce dernier qui en règle les mouvements — Ce que je dis de la responsabilité du chef doit être entendu d'une manière absolue, et est applicable aussi bien à ceux qui sont nommés par le Roi qu'à ceux qui reçoivent leur nomination du chef de district : il en est de même, en ceci, pour les attachés consulaires et les chanceliers.

Si les vice-consuls susdits n'ont à remplir que les seuls devoirs de vice-consuls, ils n'ont aucune charge à supporter ; si au contraire ils sont aussi chanceliers, ils supportent les charges que je signalerai ci-après.

Ceci n'est pas applicable aux consulats du Levant et de Barbarie, où tous ces frais sont supportés par les chefs de bureau (1).

(1) Voy. liv. 1er, chap. 8, *infrà*.

§ 525. *Quelles sont les attributions des chanceliers ?*

Le devoir des chanceliers consiste particulièrement à rédiger, enregistrer et expédier, sous la direction et responsabilité du chef, les actes reçus par lui, à percevoir les droits consulaires, à régler la comptabilité relative à ces droits et à enregistrer la correspondance du consulat, s'il n'y a pas d'autres officiers consulaires auxquels le chef veuille confier cette partie du service (1).

Enfin les chanceliers sont chargés de toutes les écritures du consulat.

(1) Voy. § précédent, l'art. 29 du régl. consul. de 1835 et l'art. 9 du tarif consul. de 1823.

§ 526. *Les chanceliers concourent avec les chefs à la conservation des dépôts et à la rédaction des procès criminels. — Quelles sont les dépenses à la charge des chanceliers ?*

Les chanceliers sont en outre tenus de concourir avec leurs chefs à garder les dépôts confiés à la chancellerie (1), et à la rédaction des procès criminels, ainsi qu'il est dit dans les réglements (2).

Les chanceliers n'ont à supporter d'autres frais que le paiement des collaborateurs dont ils ont besoin pour les aider à remplir tous les devoirs qui leur sont imposés par les réglements.

Lorsque ce besoin existe, le chef peut ordonner (par écrit) à son chancelier, de se procurer ces collaborateurs en nombre suffisant: et le chancelier, s'il en reconnaît la nécessité peut proposer au chef d'en appeler à son aide; mais dans tous les cas, les personnes choisies doivent être agréées par le chef (3).

(1) §§ 299, 300, *infrà* des dépôts. (2) Art. 29 du régl. consul. de 1835 et le tarif relatif aux procès criminels de 1818. (**3**) Art. 51 du régl. cons. de 1335, et § 64, *infrà*.

§ 527. *Quelles sont les attributions des attachés con-sulaires? — Quelles sont leurs charges?*

Les attachés consulaires n'ont aucune part dans l'exercice de la juridiction consulaire proprement dite, à moins qu'ils y soient délégués par écrit, quand cela peut se faire (1), par les consuls-généraux et autres chefs. Ceux-ci sont responsables de tout ce que les attachés auront fait en vertu de ces délégations et en dehors des cas exceptionnels indiqués par les réglements (2).

Ces officiers consulaires doivent concourir avec les chanceliers à rédiger et à copier les actes consulaires, à percevoir les droits, à dresser les états et les comptes, à copier et à enregistrer la correspondance, et enfin remplir au besoin tous les devoirs de la chancellerie (3). Les attachés consulaires n'ont aucune charge à supporter (4).

(1) Art. 30 du régl. de 1835. Voy. en outre plus haut les §§ 518, 523, Fonctions des vice-consuls, etc. (2) Voy. § 530 *infrà* des Régences. (3) Dans les consulats où il n'y en a qu'un sans vice-consul, il fait les fonctions de vice-consul et de chancelier; s'il y a un vice-consul, il le seconde dans ses fonctions de vice-consul et de chancelier. s'il y a plusieurs attachés, ils se partagent lesdits devoirs; voy. en outre les §§ 38 et 41 *infrà*. (4) Voy. § 524 *infrà*.

§ 528. *Quels sont les devoirs des volontaires?*

Les volontaires nommés par le ministre des affaires étrangères étant destinés à devenir attachés consulaires et à par-

courir ensuite tous les degrés de la carrière, doivent s'occuper aussi de la comptabilité, de la rédaction en sous
ordre, des actes de chancellerie et des autres travaux consulaires : remplir toutes les commissions qui leur seraient
données par les consuls (1) et se mettre à même de s'acquitter plus tard, par les secours des connaissances acquises,
des différentes fonctions qui pourraient leur être confiées.

(1) Circul. 74 du 2 mars 1840.

§ 529. *Quelles sont les attributions des drogmans?*

Les attributions des drogmans consistent à exécuter ponctuellement les ordres des consuls près lesquels ils résident,
à leur rendre un compte exact des affaires qu'ils ont à traiter avec les autorités locales, ainsi que des propositions et
des réponses qui leur auront été faites, relatant et tradui-
sant fidèlement et avec la plus grande précision, sans jamais
changer le sens des paroles qu'ils ont été chargés de rap-
porter, tant d'une part que de l'autre.

Ils doivent consigner à la chancellerie des consulats respectifs, les traductions faites par ordre des officiers consulaires, y joignant tous les documents originaux, afin qu'on
puisse y recourir au besoin (1).

(1) Art. 31 du régl. consul. de 1835 ; art. 10, 11, 12 des RR. PP.
du 16 sept. 1816, et §§ 33, 34, *infrà*.

LIVRE 9ᵐᵉ — CHAPITRE 2.

RÉGENCES.

§ 530. *Les officiers consulaires subalternes sont susceptibles d'être appelés à la Régence des consulats auxquels ils sont attachés. — A l'occasion de la vacance d'un consulat pour mort, suspension ou absence, le titulaire n'est remplacé par le subalterne que provisoirement. — Le vice-consul gérant, s'il est aussi chancelier, cède ces dernières fonctions à un autre employé.*

Les officiers consulaires subalternes sont tous susceptibles, suivant la supériorité et l'ancienneté de leur grade, d'être appelés à gérer, pour un temps plus ou moins long, les consulats auxquels ils sont attachés. Cette nouvelle qualité leur impose alors des devoirs qu'il est pour eux indispensable de connaître : je vais donc les relater dans les paragraphes suivants. — En cas de mort, de suspension ou d'absence du chef de district, le vice-consul, ou la personne qui en remplit les fonctions, le remplace provisoirement jusqu'à ce que le ministre des affaires étrangères lui ait fait parvenir ses ordres à cet égard (1).

Si le vice-consul ou tout autre officier consulaire, appelé à remplacer le titulaire, remplissait en même temps les fonctions de chancelier, cette partie du service devrait, en cas de Régence, être confiée à un autre vice-consul, s'il y en a plus d'un, ou à un attaché consulaire, ou bien à une autre personne que le vice-consul gérant puisse déléguer à cet effet, sauf toujours les décisions définitives du ministère des affaires étrangères.

(1) Art. 24 du régl. cons. de 1815.

§ 531. *Vacance d'un vice-consulat ou d'un pro-consulat.
— Devoirs du gérant. — Vacance d'un consulat. —
Régence d'un employé non reconnu par le gouverne-
ment local.*

S'il s'agit de la vacance d'un chef-lieu d'arrondissement et
s'il n'y a pas un employé qui puisse être chargé de sa direction provisoire, le supérieur immédiat, c'est-à-dire le chef
de district, désigne une personne pour remplir les fonctions
du vice-consul mort ou suspendu de ses fonctions. Lorsque
c'est un consulat qui devient vacant par la mort ou l'absence
du titulaire, si aucun employé, reconnu par le gouvernement local n'y est attaché, et si en outre il n'y en a pas dans
les ports de sa dépendance, l'employé qui s'y trouvera,
n'étant pas autorisé à en prendre publiquement la direction,
doit se borner à avoir soin des archives et à adopter toutes
les mesures conservatrices qui lui seront ordonnées par le
ministre des affaires étrangères (1).

(1) Art. 93, 94 du régl. cons. de 1835.

§ 532. *Le gérant d'un consulat informe de la vacance le
ministre des affaires étrangères, la légation près le
gouvernement local et les autorités locales. — Enterrement du titulaire d'un consulat en cas de décès.*

Dans tous les cas indiqués ci-dessus, le vice-consul ou
autre employé appelé à remplacer provisoirement le chef
de district, doit en informer immédiatement le ministère,
la légation de S. M. près le gouvernement local, les consuls
de la division, s'il s'agit de la mort, suspension ou absence
d'un consul-général, et de plus, le consul-général, s'il s'agit
de la mort, suspension ou absence d'un consul, ou d'un vice-
consul chef de district (1).

Cependant, en cas de simple congé du titulaire, l'officier
consulaire qui le remplace, se borne ordinairement à avertir

le ministère du jour du départ et de celui du retour du chef à son poste (2).

Toutes les fois qu'un consulat devient vacant et que le titulaire, pour quelque cause que ce soit, n'en a pas averti les autorités locales, le gérant doit lui-même remplir cette indispensable formalité. — Si le consulat devient vacant pour cause de décès du titulaire au lieu de sa résidence consulaire, le gérant en donne aussi avis aux collègues étrangers afin qu'ils puissent lui rendre les derniers honneurs, en conformité de l'usage établi dans la localité. Les collègues assistent ordinairement à l'enterrement en uniforme, et quatre d'entr'eux, pris parmi les plus anciens, ou les plus amis du défunt, tiennent les coins du drap mortuaire (3).

(1) Art. 95 du régl. cons. de 1835. (2) Art. 63. ibid. et art. 25 du régl. cons. de 1815. (3) Ceci a été pratiqué à Marseille en 1819 et en 1843, à l'égard des consuls des États-Unis d'Amérique et de Hollande. Les 6 plus anciens des collègues ont tenu les coins du poêle, à l'occasion de la mort du premier, et les quatre plus amis du défunt les tinrent à l'occasion de la mort du second. Du reste, chaque pays a ses usages à cet égard. — Dans le Levant, les nationaux accompagnent aussi leur consul décédé à sa dernière demeure, et les capitaines marchands mettent les vergues de leurs navires en pantenne, en signe de deuil. Ceci a aussi été fait à Marseille par les capitaines hollandais à l'occasion de la mort de leur consul en 1843.

§ 533. *Le gérant procède à l'inventaire des papiers et des autres objets du consulat en cas de mort, de suspension ou de destitution du titulaire.*

La personne qui remplit provisoirement les fonctions du chef de district ou d'arrondissement défunt, doit procéder de suite à l'inventaire des archives, des autres objets appartenant au consulat et des dépôts de toutes sortes qui peuvent s'y trouver, et en expédier copie au consul-général ou au consul, suivant qu'il dépend de l'un ou de l'autre, au ministre résidant près le gouvernement local, s'il s'agit de la mort d'un consul ou d'un consul-général, et en outre, dans ces deux derniers cas, il doit expédier aussi une copie au ministère des affaires étrangères. — Le consul-général, le consul ou la légation signent la copie qui leur a été remise et la rendent ensuite au gérant, après en avoir déposé dans leurs archives un extrait dont ils sont tenus d'expédier un double en forme authentique au ministère des affaires étrangères (1). — Outre les objets ci-dessus indiqués, le gérant doit encore porter dans l'inventaire les imprimés, papiers, etc., fournis par le titulaire, et en rembourser, s'il les garde, le prix aux ayant-droit.

Les réglements ne font mention, au sujet d'inventaire, que du cas de mort du titulaire; mais il y a lieu de croire qu'il doit aussi être fait, quand il s'agit de suspension, de destitution ou de changement du titulaire.

Cependant, il paraît qu'on devrait en dresser en ces cas une copie de plus, qui resterait entre les mains dudit titulaire, pour qu'il pût être déchargé, en temps convenable, de la comptabilité qu'il a envers le ministère pour les objets y désignés.

(1) Art. 96 du régl. cons. de 1835, et § 180, *infrà*.

§ 534. *Comment les gérants tiennent-ils leur comptabilité?*

Du reste, la comptabilité doit toujours être arrêtée dès le jour que l'exercice des fonctions du titulaire est passé entre les mains du gérant (1) et commencer immédiatement au nom de ce dernier. Celui-ci doit, par conséquent, s'il régit un chef-lieu de district, se nommer un procureur (2) dans les États sardes : en cas de congé cependant, sauf les droits du gérant dans la répartition des produits (3), la comptabilité est ordinairement réglée, pour plus de brièveté, par le titulaire à son retour, mais d'accord avec le gérant. — En cas de remplacement du chef, pour quelque cause que ce soit, le gérant doit, à l'arrivée du nouveau titulaire, lui consigner les archives et s'en faire délivrer un reçu qui doit lui servir à obtenir d'être déchargé par le ministère, de toute comptabilité.

(1) § 171, *infrà*. (2) § 53 *infrà* et modèle de procuration n° 4. (3) §§ 72, 73, *infrà*.

§ 535. *Charges et rétribution des Gérants.*

En raison de l'augmentation de travail et de responsabilité qui a lieu en cas de régence, l'employé qui en est chargé, a droit à une rétribution plus élevée que celle qui est attribuée à son grade ; mais cette augmentation est aussi destinée à le dédommager des plus grandes charges qu'il encourt par le fait de la régence (1).

(1) Voy. les §§ 72 à 76 *infrà* au sujet de la rétribution due aux gérants.

LIVRE DIXIÈME.

TARIFS CONSULAIRES ET TABLEAUX DIVERS. — MODÈLES D'ACTES CONSULAIRES.

CHAPITRE 1er.

INSTRUCTIONS RELATIVES A L'APPLICATION DES TARIFS CONSULAIRES.

§ 536. *Avant-propos.*

Depuis l'organisation des consulats, qui a eu lieu en 1815, plusieurs tarifs ont été établis pour la perception des droits consulaires, dont une quotité plus ou moins élevée, et même sa totalité a été assignée aux officiers consulaires en récompense de leur travail. Le tarif aujourd'hui en vigueur, est celui de 1825 avec les modifications qui lui ont été apportées depuis cette époque (1), et pour les affaires criminelles celui du 5 août 1818 (2).

Soit dans le tarif de 1825, soit dans ceux qui l'ont précédé, soit enfin dans des instructions particulières, l'autorité supérieure a donné sur divers points qui lui avaient paru douteux, des explications que j'ai réunies et que je vais relater ici avant de transcrire les tarifs eux-mêmes.

(1) Circul. 61 du 8 janv. 1836. (2) Voy. tableau 5, *infrà*.

§ 537. *Division des consulats en cinq classes pour la perception des droits consulaires.*

Les consulats de S. M. à l'étranger sont divisés, pour la perception des droits consulaires et de chancellerie, en cinq classes différentes.

La première classe comprend les consulats de l'Océan, de la mer du Nord, de la mer Baltique, des Indes orientales et de leurs îles

Dans la seconde sont compris les consulats de l'Espagne dans la Méditerranée, Cadix compris, les îles Baléares, Mogador, les îles Canaries, Gibraltar, Malte, les îles Ioniennes, les ports autrichiens sur la mer Adriatique, ceux de la mer Noire, du Levant et de Barbarie (1).

Les consulats de Naples, Palerme, Messine, Ancone sont de la troisième classe.

Les consulats de Toulon, Cette, Bastia et Rome appartiennent à la quatrième classe et ceux de Marseille et de Livourne, à la cinquième (2).

(1) En 1825, la Grèce étant encore considérée comme appartenant à la Sublime-Porte, le consulat à Athènes et les vice-consulats qui en dépendent, ont été compris dans la seconde classe et le sont encore à présent. (2) Voy. tableau 1er du tarif consul. de 1825.

§ 538. *Les droits que les consuls perçoivent, sont de deux espèces.*

Les droits à percevoir sont de deux espèces, c'est-à-dire, consulaires et de chancellerie (1).

Les droits consulaires se subdivisent en droits de consulat et de vice-consulat (2) et sont ceux que les capitaines et les patrons payent dans un port ou dans une échelle, en proportion de la portée de leurs navires pour l'assistance que les officiers consulaires doivent leur prêter (3).

Les droits de chancellerie se subdivisent aussi en deux espèces ; les uns sont relatifs à la navigation, et les autres aux actes juridiques ou notariés dressés par les officiers consulaires (4).

Quelques-uns des premiers varient aussi comme les droits consulaires, suivant la classe du consulat (5).

(1) Art. 2 du tarif de 1825. (2) Voy, pour la répartition des droits les §§ 54 et 55 *infrà*. (3) Art. 3 du tarif de 1825 et tabl. 1er. (4). Art. 4 ibid. et tabl. 2 et 3 du tarif. (5) Voy. tabl. 2 et le § précédent.

§ 539. *Les tarifs de 1825 et de 1827 relativement aux perceptions des droits consulaires, ont été modifiés.*

Les articles 13 à 20 inclusivement du tarif consulaire, du 12 janvier 1825, et les RR. PP. du 12 avril 1827, déterminaient les cas dans lesquels les navires devaient payer les droits consulaires, soit dans le Levant et en Barbarie, soit dans les autres pays de résidence consulaire. Il y avait cependant une différence entre ces diverses localités. La circulaire 97 du 21 octobre 1846 a apporté un changement complet auxdits tarifs de 1825 et 1827, et a établi la plus parfaite uniformité pour tous les consulats de S. M. à l'étranger (1). La circulaire 98 du 7 décembre de la même année a indiqué le moyen de vérifier l'importance d'une opération commerciale et a mieux expliqué les cas de relâche où le droit de vice-consulat est exigible ou non.

(1) Cette circulaire n'a rien varié aux cinq classes de consulats en ce qui touche au taux du droit proportionnel à exiger par chaque tonneau. Les dispositions de cette circulaire sont en vigueur depuis le 1er janvier 1847,

§ 540. *Dans quels cas et dans quelle proportion les capitaines et les patrons sardes paient les droits consulaires.*

Les bâtiments qui font une opération de commerce partielle, c'est-à-dire qui ne déposent ou n'exportent pas un entier chargement, indépendamment des droits ordinaires de chancellerie, paient, 1° le droit de vice-consulat , si le nolis des marchandises qu'ils chargent ou qu'ils déchargent ne dépasse pas 100 liv. n., ou si la marchandise ne dépasse pas en quantité ce qu'on considère ordinairement comme pacotille, car en ce cas, ils doivent être traités comme étant en relâche volontaire. Ils paient le droit *fixe* de consulat et celui de vice-consulat si le fret est de 100 liv. n. à 200 ;

La moitié du droit fixe et proportionnel de consulat et l'entier droit de vice-consulat si le fret est de liv. n. 201 à 500, la totalité des droits , si le fret dépasse les 500 fr.

Le droit fixe de 12 liv. n. que les navires payaient au consulat à leur passage aux Dardanelles est supprimé ; mais on continuera à y payer les 2 piastres et demie , dues par les navires de toutes les nations aux autorités turques : ce droit continuera aussi à être perçu à la chancellerie de la R. légation à Constantinople (1).

(1) Circul. 97. La piastre turque vaut 27 cent. de notre monnaie

§ 541. *Quels sont les droits que les capitaines et les patrons paient en cas de relâche.*

Les navires qui relâchent forcément dans un port étranger sans communiquer avec la terre , sont exempts de tous les droits consulaires ou de chancellerie. Ceux qui arrivant dans un port en relâche forcée , n'y feront aucune opération de commerce, mais auront besoin de l'assistance de l'officier consulaire local , paieront les droits de chancellerie établis par le tarif de 1823 , pour les documents et visas qu'ils auront demandés.

Ceux enfin qui relâcheront volontairement dans un port sans y faire aucune opération commerciale (les provisions d'eau et de vivres pour l'usage de l'équipage et celles des agrès du navire ne constituant pas une opération de commerce), paieront les droits de vice-consulat et de chancellerie (1).

(1) Circulaire 97.

§ 542. *Comment un officier consulaire peut connaître l'importance des opérations commerciales et en conséquence quels sont les droits qu'il doit exiger en chaque cas.*

Lorsqu'un navire voyage à nolis, il est très facile de connaître ce que le capitaine en a retiré ou convenu pour que le consul puisse ensuite exiger les droits consulaires dans les proportions voulues par la circulaire 97, relatée en cette partie dans le § 540. Il n'en serait pas de même, suivant cette circulaire, lorsqu'il s'agirait de navire non nolisé, mais dont les armateurs en société avec le capitaine et l'équipage, achèteraient et vendraient pour le compte de tous, les marchandises qu'ils chargent et déchargent, pour partager ensuite les bénéfices dans des proportions convenues, ce qui s'appelle naviguer *à la part*.

La circulaire 98 déjà mentionnée au § 539, a fait disparaître tous les doutes à ce sujet et voici son contenu :

Les officiers consulaires exigeront des capitaines et des patrons, la production du manifeste de chargement et de déchargement des navires naviguant *à la part*, lequel manifeste servira à établir le montant du fret, car dans toutes les places du commerce on en connaît le prix courant, soit au tonneau, soit à colis, entre un port et un autre. En cas de contestation, les capitaines ou patrons devront présenter, outre la copie du manifeste, une déclaration de l'administration de la douane, constatant la quantité de marchandises embarquées ou débarquées et au besoin, un bulletin commercial (dans les places où il y en a), dans lequel sont indiqués les prix courants du fret et faute de ce document, une déclaration d'un agent public de commerce. Mais, si malgré ces précautions l'officier consulaire et les capitaines ne pouvaient pas tomber d'accord et si le premier avait des motifs fondés de suspecter la bonne foi des seconds, il pourra faire procéder par le moyen d'experts, à une visite à bord, aux frais de celui qui y aura donné lieu.

Dans le cas ou un capitaine d'un navire affrété ou non débarquerait une partie de marchandises et en embarquerait ensuite une autre, le produit de ces deux opérations servira à établir la quotité des droits consulaires à payer (1).

(1) Circ, 97. 98.

§ 543. *Suite au § précédent*

Il y a des bâtiments qui touchent dans un port ou dans une rade, non pas pour y relâcher ou pour y faire une opération de commerce, mais pour se procurer les papiers nécessaires afin d'être admis à prendre leur chargement sur les plages voisines et comprises dans la juridiction consulaire des ports ou rades susdits. En ce cas les officiers consulaires ne feront payer que les droits de vice-consulat et de chancellerie, si dans le port ou dans la rade où le chargement doit avoir lieu, il y a un agent consulaire, laissant ainsi à ce dernier le soin de faire payer les droits susdits en conformité de la circulaire 97 (1). Si dans le port de chargement il n'y a pas d'officier consulaire, celui auquel sont demandés lesdits documents, exigera la totalité des droits. Si un capitaine charge dans un port où il n'y a pas d'officier consulaire et s'il a besoin d'un certificat d'origine pour jouir dans les Etats sardes du bénéfice des droits différentiels, en allant le demander à l'officier consulaire du port le plus voisin, dont dépend ledit port, il devra lui payer non-seulement le prix du certificat, mais encore les droits consulaires suivant la circulaire 97 (2).

(1) Voyez § 540. (2) Voy. § 540 et circul. 98.

§. 544. *Les capitaines ne payent rien lorsqu'ils ne sont pas reçus en libre pratique, si en ce cas ils n'ont pas eu besoin de l'assistance du consul. — Il en est de même lorsqu'ils prennent momentanément un pavillon étranger.*

Si les capitaines ne sont pas admis à la libre pratique,

s'ils ne jugent pas convenable de descendre à terre, soit à cause du mauvais temps qui les en empêche, soit afin de ne pas laisser échapper le moment favorable pour partir, ou s'ils touchent à un port autre que celui de résidence d'un officier consulaire, ils ne sont pas tenus de se présenter à la chancellerie et moins encore de payer des droits (1).

La même chose a lieu, lorsque les navires prennent un pavillon étranger, ce qui a eu lieu lors de l'expédition d'Alger en 1829 : à cette époque les bâtiments Sardes et autres ont pris le pavillon français. Pendant toute la durée de l'expédition il a été défendu aux consuls Sardes de percevoir de ces navires les droits consulaires et de chancellerie, parce que réellement ils ne leur prêtaient aucune des assistances dont ces droits sont la rétribution (2).

(1) Dépêche du ministère des affaires étrangères à un consul du Roi, du 20 janvier 1817; circulaire 36 du 16 fév. 1822; circulaire 71 du 26 avril 1839, et dépêche du ministre des affaires étrangères à un consul, du 13 mai 1840. Voy. aussi le § précédent. (2) Lettre dudit ministre au consul-général à Marseille, du 26 avril 1830.

§ 545. *Quels sont les droits que payent les navires qui portent du charbon et du bois de quelques ports de la Méditerranée dans les Etats sardes?*

Les bâtiments de toutes sortes, naviguant entre les états toscans et pontificaux pour fournir de charbon et de bois à brûler, ceux de S. M., ne payent que les droits fixés au tableau 4 du tarif de 1825.

§ 546. *A quels droits sont soumis les bateaux à vapeurs?*

Les bateaux à vapeur ne sont tenus de payer les droits de de consulat et de vice-consulat, qu'une seule fois par mois. Cependant s'ils passent plus de trois fois dans un port de résidence consulaire, à la quatrième et aux suivantes ils payent les droits ordinaires.

On entend par un mois, non pas une espace de trente jours à commencer du premier voyage du navire, mais une des douze parties de l'année, en sorte que si un navire arrivait dans un port dans les derniers dix jours d'un mois, et y retournait trois fois dans les premiers vingt jours du mois suivant, le premier voyage ne devrait pas être calculé avec les trois du mois suivant.

Néanmoins les droits de chancellerie sont toujours payables, quel que soit le nombre des voyages faits pendant un mois (1).

(1) Circul. 78 du 18 mai 1841 et 97 du 21 oct. 1846.

§ 547. *Quels droits payent les bateaux pêcheurs?*

Les bateaux de pêche ne payent qu'une seule fois tous les trois mois les droits consulaires, et pendant cet espace de temps ils ne les payent plus dans les autres ports du même district où réside un officier consulaire.

Ils ne sont soumis à aucun visa de rôle ou de passeport maritime, soit à la sortie, soit à la rentrée dans les ports du consulat, pendant qu'ils séjournent dans les parages qui en dépendent, pour faire la pêche, et ils sont seulement sujets à la formalité du visa, ou à l'époque de leur départ pour les Etats sardes, ou pour aller dans des lieux non dépendant du même consulat, ou à l'échéance de chaque trimestre (1).

(1) Art. 21 du tarif cons. de 1825.

§ 548. *Les officiers consulaires ne peuvent pas renoncer aux droits établis par les tarifs.*

Les droits de chancellerie sont perçus, comme je l'ai dit plus haut (1), pour les actes concernant plus particulièrement la navigation, ou bien les actes juridiques et notariés.

Ces droits aussi bien que les droits consulaires, doivent être payés par tous ceux qui ont recours aux officiers consulaires compétents pour recevoir les actes en question (2), et quoiqu'il se trouve sur les lieux un agent diplomatique, ce sont toujours les officiers consulaires qui les perçoivent (3).

Les chefs d'arrondissement exigent les mêmes droits que les chefs de district, pour tous les actes qu'ils sont autorisés à dresser, et pour les documents qu'ils peuvent délivrer (4).

(1) § 538 *infrà*. (2) Circul. 13 du 2 nov. 1816. (3) Art. 48 du régl. cons. de 1815 et circul. 58 du 5 sept. 1835. (4) Art. 27 à 30 du tarif cons. de 1825.

§ 549. *Exemption de payement du droit sur les passeports en faveur de quelques personnes.*

Cependant les réglements admettent, pour le payement des droits, des exemptions en faveur de quelques personnes et au sujet de quelques actes.

Ainsi, sont exempts du payement du visa des passeports 1° les agents diplomatiques sardes et étrangers, ainsi que les courriers de cabinet du Roi ; les inscrits à la levée militaire et les soldats en congé qui rentrent dans leurs foyers pour le service du Roi (1) ;

2° Sont également exempts de ce droit de visa, les indigents, soit nationaux, soit étrangers ; mais quant à ces derniers les consuls sont tenus de bien faire attention de n'accorder le visa, qu'à ceux qui prouvent d'une manière satisfaisante, qu'ils ont des motifs plausibles pour aller dans les états sardes (2) ;

3° Les consuls ne peuvent pas non plus faire payer les *passes provisoires* qu'ils délivrent, dans certains cas (3), aux sujets sardes pour rentrer dans leur pays (4).

Les porteurs de passeports déjà visés par un agent sarde pour une certaine destination, mais dont l'autorité locale ou les porteurs eux-mêmes demanderaient un second visa au consul du lieu de passage, sont soumis au payement du droit autant de fois que le visa est apposé pour lesdits motifs (5).

(1) Voy. §§ 345 à 347 *infrà*, circul. 61 du 8 janvier 1836 et art. 33 du tarif de 1825. (2) Lettre du ministère des affaires étrangères du 3 sept. 1834, à deux consuls du Roi. (3) Voy. § 341 *in fine, infrà*. (4) Dito circul. 61. (5) Circul. 95 du 9 oct. 1845, et dépêche du ministère des affaires étrangères de la même année à un consul qui demandait des instructions spéciales à ce sujet.

§ 550. *Exemption de quelques légalisations du droit établi pour cette formalité.*

Sont dispensées du droit y relatif les légalisations apposées par le consul à la signature de son chancelier pour tous les actes qui ont été reçus au consulat et dont expédition doit être livrée par ce dernier (1).

Sont aussi gratuites toutes les légalisations de documents qui doivent servir soit aux inscrits à la levée militaire, soit aux soldats en congé pour tout ce qui concerne le service auquel ils sont astreints par les lois militaires (2).

(1) Circul. 67 du 4 nov. 1837. (2) Circul. 95 du 9 oct. 1845.

§ 551. *Quelques inscriptions sont gratuites. — Etats de famille.*

Sont en outre gratuites les inscriptions au registre des naissances et des décès, ainsi que les deux copies que les consuls sont obligés d'envoyer dans les trois mois suivants au ministère des affaires étrangères; mais pour les autres copies qu'ils délivrent postérieurement, ils perçoivent les droits établis par l'art. 38 du tarif consulaire de 1825 (1).

Les états de famille prescrits par la circulaire 74 (2) ne sont soumis à aucun droit (3) par la raison qu'ils sont exigés par le gouvernement. Il en est de même de tous les documents dont ont besoin les individus soumis au service ou la levée militaire (4).

(1) Art. 34 et 38 du régl. pour l'état civil approuvé avec les RR. PP. du 20 juin 1837, et circul. 68 du 2 juin 1838. (2) § 245 *infrà.*

infrà. (3) Lettre du ministère des affaires étrangères de 1845 à un consul. (4) Circul. 95 du 9 oct. 1845.

§ 552. *A quels droits sont sujets les inscriptions au registre des sujets sardes et les certificats de nationalité ?*

Les inscriptions au registre des sujets sardes ne sont sujettes qu'à un seul droit par chaque famille, sauf à inscrire et faire payer plus tard le même droit à chacun des individus la composant qui s'en séparerait pour former une autre famille (1).

Les certificats de nationalité, à quelque usage qu'ils soient destinés, ne sont jamais soumis à d'autres droits que celui fixé par l'article 38 du tarif consulaire de 1825 (2).

(1) Circul. 81 du 22 mars 1842. (2) Même circul. 81.

§ 553. *Patentes de santé.*

Le droit de 3 francs établi par l'article 13 du tarif consulaire de 1825, pour chaque patente de santé, ne doit être perçu que lorsque le consul accorde lui-même ladite patente : ainsi il ne peut nullement se le faire payer dans le cas où il délivre seulement une permission pour aller la demander à l'autorité locale dans les pays où elle est accordée par cette dernière (1).

(1) Circul. 81 du 22 mars 1842.

§ 554. *Dans quelles circonstances les consuls peuvent exiger un droit en cas de ventes faites aux enchères ?*

Toutes les fois que les consuls de leur gré, ou pour se conformer aux lois du pays de leur résidence, confient aux fonctionnaires locaux à ce destinés, le soin de vendre une marchandise aux enchères publiques, ils ne peuvent s'attribuer le droit de 1 0/0 qui leur est accordé par l'article 28 du tarif de 1825 : ce droit leur étant dû dans le cas seulement où la vente aux enchères est opérée par leurs soins (1).

(1) Dépêche du ministère des affaires étrangères de 1843 à un consul. Voy. art. 28 susdit du tabl. 3.

§ 555. *Les copies de rôles d'équipage coûtent 90 cent. et les permis d'embarquement des passagers et des marins 50 cent.*

Dans quelques pays, à Marseille par exemple, les capitaines pour obtenir la patente de santé de l'autorité locale et les voyageurs pour s'embarquer sur un navire quelconque, sont tenus de présenter à l'autorité maritime et sanitaires, les premiers, la copie du rôle de leur équipage, et les seconds, deux permis d'embarquement faits par le consul : les matelots s'embarquant en leur qualité sur un navire étranger, doivent aussi être munis d'un de ces permis.

Le droit de ces documents n'est pas indiqué par les tarifs, mais le consul général à Marseille a été autorisé par dépêche ministérielle, à percevoir pour la copie des rôles 90 centimes et pour les permis 50 centimes (1).

(1) Voy. articles 50, 51 ajoutés au tarif cons. de 1825, tabl. 3

§ 556. *Visa d'un nouveau journal de bord ou de quelques feuilles ajoutées à l'ancien.*

Il arrive quelquefois que les capitaines, ayant rempli toutes les feuilles du journal nautique, qui leur est délivré au moment de l'armement par l'autorité maritime dans les états sardes, et même en cas d'armement à l'étranger opéré par un consul, ont besoin d'ajouter quelques feuilles au vieux journal ou d'en avoir un nouveau, le consul doit à l'instar des consuls de la marine, rendre valables le supplément ou le nouveau journal (1) et pour cette formalité, faute d'un droit spécial, il fait payer celui de 3 liv. n. établi au n° 49 du tarif consulaire de 1825, tabl. 3.

(1) § 447 *infrà.*

§ 537. *Les consuls doivent avoir un registre des perceptions. — Quelle est la forme de ce registre?*

Les officiers consulaires sont tenus de rendre au gouvernement, à des époques déterminées, un compte exact de
toutes espèces de perceptions qui ont eu lieu dans leur chancellerie ; à cet effet ils doivent avoir un registre, où ils ins-
crivent, par l'intermédiaire du chancelier, tous les droits
qu'ils perçoivent (1).

Ce registre doit être imprimé et porter un numéro d'ordre,
les nom et prénoms de la personne qui paye, le motif du
payement (2), la portée du bâtiment, s'il s'agit des droits de
consulat ou de vice-consulat (3), la date du paiement, la
nature du droit, c'est-à-dire, de consulat, de vice-consulat
ou de chancellerie, avec une colonne pour chacun, le total
en liv. n. (4), excepté pour les pays où la monnaie locale
correspond à la monnaie sarde (5).

(1) Voy. la circul. 22 du 31 août 1818, le tabl. 5, le modèle 17 et
le § 164 *infrà.* (2) Art. 36 du tarif consul. de 1816 ; Art. 47 et 51 du
régl. cons. de 1815, et art. 34 du tarif cons. de 1825. (3) Art. 43 du
tarif cons. de 1816, et art. 22 du tarif du 26 déc. 1815. (4) Art. 43 du
tarif cons. de 1816. (5) Voy. §§ 539 à 543 et 546, 547 *infrà.*

§ 538. *Dans quelles occasions les consuls sont-ils tenus
d'expédier au ministère des affaires étrangères un
tableau de comparaison entre la monnaie sarde et la
monnaie locale?*

Les consuls, aussitôt arrivés dans un pays, où il n'y a jamais eu d'officiers consulaires sardes, doivent faire une
copie du tarif avec une réduction exacte, de tous les droits
y indiqués dans la monnaie du pays et après l'avoir signée,
ils sont tenus de l'expédier aux ministre des affaires étrangères, qui leur en retourne un nombre suffisant revêtu de
son approbation, pour en fournir tous les officiers consulaires de leur district (1).

Les consuls résidant dans des pays où la monnaie locale est égale à la monnaie sarde, sont dispensés de cet envoi : mais ils doivent en indiquer le motif au ministère (2).

La monnaie établie pour les droits de toute espèce et pour les comptes des officiers consulaires avec le ministère des affaires étrangères, est la liv. n. de Piémont, (égale au franc de France), adoptée par les RR. PP. du 6 août 1816, rendues publiques par le manifeste de la Royale chambre des comptes du 12 des mêmes mois et année (3).

(1) Art. 44 du tarif cons. du 14 sept. 1816. (2) Art. 45 ibid., et art. 41, 42 du tarif cons. de 1825. (3) Art. 43 du tarif cons. de 1816.

§ 559. *Les consuls accusent réception de chaque droit perçu. — Leurs inexactitudes à l'égard de la perception des droits, sont sévèrement punies. — Registre pour les droits perçus à l'occasion des procès criminels.*

Chaque acte pour lequel un droit a été perçu, doit être revêtu du reçu y relatif et du timbre du consulat (1) : toute inexactitude qui serait découverte dans les registres des perceptions ou dans leurs copies, serait punie de destitution (2) de l'officier consulaire et suivant les cas de la peine décernée contre les concussionnaires (3).

Pour l'enregistrement des droits perçus à l'occasion des procès criminels, les consuls doivent avoir un registre à part (4).

(1) Art. 47 et 48 du régl. cons. de 1815; en oct. de l'art. 47 du régl. cons. de 1825. Chaque article de perception devait être signé par la persnne qui l'avait payée, avec une annotation de sa main indiquant la somme déboursée; et ne sachant écrire, la note devrait être faite par le chancelier, mais ceci n'est plus en usage. (2) Art. 51 du régl. cons. de 1815. (3) Art. 44 ibid, et art. 290, 291 du Code pénal. (4) Voy. § 164 *infrà* et circul. 22 du 31 août 1818.

LIVRE 10 — CHAPITRE 2.

Tableaux.

TABLEAU Nº 1.

DROITS CONSULAIRES.

PORTS	BATIMENTS au-dessous de 20 Tx.		BATIMENTS au-dessus de 20 Tx.	
	DROIT FIXE		Droit proportionnel pour chaque tonneau au dessus de 20.	
ÉCHELLES ou Rades.	de Consulat.	de V.-consul.	de Consulat.	de V.-consul.
	L. N. | Cent.	L. N. | Cent.	L. N. | Cent.	L. N. | Cent.
de 1re Classe .	16 | »	5 | 50	» | 45	» | 15
de 2e Classe .	7 | 80	2 | 60	» | 30	» | 10
de 3e Classe .	6 | 30	2 | 10	» | 20	» | 8
de 4e Classe .	3 | 60	1 | 20	» | 15	» | 5
de 5e Classe .	2 | 40	» | 80	» | 12	» | 4

Voy. §§ 537, 539, 540, 541, 543, 544, 546, 547, et pour le § 545 allez au tableau 4.

TABLEAU N° 2.

DROITS DE CHANCELLERIE RELATIFS A LA NAVIGATION.

	1re Classe.		2e Classe.		3e Classe.		4e et 5e Classe.	
	l.n.	C.	l.n.	C.	l.n.	C.	l.n.	C.
1 Pour une mutation sur le rôle d'équipage et le visa des papiers des bâtiments.	»	75	»	65	»	55	3	40
2 Pour un consulat d'avarie générale y compris la déposition des témoins.	18		15	»	12	»	10	»
3 Pour une déclaration faite par un capitaine ou par un patron en forme de consulat.	6	»	5	»	4	»	3	»
4 Pour l'enregistrement et la publication d'un consulat fait par un capitaine ou par un patron dans un port, où ils auront relâché pendant leur voyage, y compris les dépositions des témoins.	12	»	10	»	8	»	6	»
5 Pour un passavant d'un bâtiment dans le cas où le consul est autorisé à le délivrer ; si le navire ne dépasse pas les dix tonneaux.	10	»	8	»	6	»	4	»
6 S'il dépasse les dix tonneaux.	20	»	16	»	12	»	8	»
7 Pour une prorogation des papiers de bord des bâtiments.	9	»	7	50	6	50	5	»
8 Pour l'inscription du nouvel équipage en cas où le navire reprend la mer après avoir été désarmé.	4	50	3	50	3	»	2	50
9 Pour le désarmement d'un batiment dans le cas où il est permis de le faire.	3	»	2	50	2		1	50
Pour un calcul d'avarie au-dessous de 100 liv. neuves.	6	»	5	»	4	»	3	50
S'il dépasse ladite somme jusqu'à 2,000 livres.	12	»	10	»	8	»	7	»
Au-dessus de 2,000 l. 15 ces par 100 . l.	»	»	»	»	»	»	»	»
10 Pour un manifeste sans compter le papier timbré (1).	2	»	1	60	1	20	»	80

(1) Il n'y a pas de papier timbré dans les consulats. Voy. l'art. 91 du régl. cons. de 1815.

TABLEAU N° 3.

DROITS DE CHANCELLERIE RELATIFS AUX ACTES JURIDIQUES OU NOTARIÉS.

Art.		L. N.	C.
1	Pour un testament, y compris son inscription au registre	12	»
2	Pour l'acte de présentation d'un des deux originaux des testaments faits en mer	12	»
3	Pour l'ouverture et la lecture d'un testament secret, y compris le procès-verbal	12	»
4	Pour toute copie ou extrait d'un testament	6	»
5	Pour chaque acte de dépôt d'argent, bijoux, marchandises, etc., etc., fait au consulat et à l'époque de la consignation :		
	Si la somme est de 100 livres ou au-dessous	2	»
	Si elle dépasse les 100 livres	4	»
6	Pour le droit de dépôt quand on retire la somme ou les objets déposés		
	Si la somme ne dépasse pas les 400 livres	gratis.	
	Si elle les dépasse	1/2 p°/₀	
7	Pour la quittance en faveur du consul pour la somme retirée du dépôt		
	Si la somme est de 100 livres, ou moins	2	»
	Si elle est plus forte	4	»
8	Pour une procuration	5	»
9	Pour la copie d'une procuration	1	50
10	Pour la protestation d'une lettre de change	3	»
11	Pour la signification d'un protêt	1	»
12	Pour la copie du protêt et de la signification, en tout	1	50
13	Pour la patente de santé d'un navire (1)	3	»
14	Pour la patente de santé d'un voyageur	1	50
15	Pour un contrat de mariage	12	»
	Pour la copie du contrat de mariage	6	»
16	Pour un décret d'expertise et sa remise aux experts	10	»
	Pour la copie	5	»

(1) § 533 infrà.

Art.		L. N.	C.
17	Pour un compromis et par chacune des parties	3	»
	Pour la copie	1	»
18	Pour tout contrat de nolisement, aliénation, obligation, quittance, donation, cession, dation en paiement, commandite, change maritime, société, location, division, transaction, renonciation, permutation, placement à fond perdu, etc.		
	Jusqu'à la somme de 100 livres	2	»
	de 101 à 500	5	»
	de 501 à 1,000	10	»
	de 1,001 à 2,000	20	»
	de 2,001 à 5,000	30	»
	de 5,001 à 10,000	40	»
	de 10,000 à 20,000	50	»
	Et au-dessus de 20,000	100	
19	Pour la copie des actes ci-dessus indiqués, la moitié	»	»
20	Pour un certificat d'origine de marchandises	5	»
21	Pour un acte de décharge d'un acquit-à-caution	8	
22	Pour l'enregistrement d'un certificat d'un négociant	18	»
23	Pour l'enregistrement d'un certificat d'un commis	6	»
24	Pour un inventaire de marchandises ou autres, par chaque séance de 3 heures	10	»
25	Pour chaque copie d'inventaire qui ne dépasse pas les quatre pages	5	»
	Au-dessus de quatre pages et pour chaque page en sus	»	25
26	Pour assistance aux enchères publiques, par chaque séance de 3 heures, y compris le procès-verbal	10	»
27	Pour chaque copie d'acte d'enchères au-dessous de 4 pages	5	»
	Si elle dépasse les quatre pages, et par chaque page en sus	»	25

Art.		L. N.	C.
2	Pour vente d'objets laissés par une personne décédée *ab intestato* (1)	1 p. °/° du prod^t. de la vente.	
29	Pour toute vente qui a lieu de l'ordre, ou avec l'autorisation du consul (2)	id.	
30	Pour toute apposition de scellés, avec le procès-verbal	6	»
31	Pour chaque levée de scellés, avec le procès-verbal	6	»
32	Pour la copie des procès-verbaux d'apposition ou de levée des scellés qui ne dépasse pas les 4 pages	3	»
	Au-dessus des 4 pages et pour chaque page en sus	»	25
33	Pour un passeport de première catégorie délivré à un sujet sarde	10	»
34	Pour un passeport de seconde catégorie délivré à un sujet sarde	1	»
35	Pour un passeport aux indigents et aux marins naufragés	gratis	
36	Pour un visa d'un passeport sarde de première catégorie	1	50
	Pour un visa d'un passeport sarde de seconde catégorie	»	25
	Pour visa des passeports des agents diplomatiques sardes et étrangers, des indigents, et des courriers de cabinet de S. M.	gratis	
	Visa d'un passeport étranger de première catégorie (3)	4	»
	Visa d'un passeport étranger de seconde catégorie	2	»
37	Pour tout article inscrit aux registres pour faire résulter de la qualité de sujet sarde et pour tout autre objet pour lequel aucun droit spécial n'a été fixé (4)	3	»
38	Pour tout extrait d'acte de naissance, ou de mort, ou certificat de nationalité (5)	1	50
39	Pour la légalisation d'une signature (6)	5	»

(1) Voy. § 554. (2) Voy. § 554. (3) Voy. pour les n°s 33 à 36 le § 549 et la circul. 61. (4) Voy. § 554. (5) Voy. § 552. (6) Voy. § 550.

Art.		L. N.	C.
40	Pour un certificat de vie, y compris les déclarations des témoins	4	»
41	Pour les frais de nourriture, de voyage, dans le cas qu'un ou deux officiers consulaires doivent sortir de leur résidence pour cause de naufrages de navires sardes, ou pour d'autres motifs		
	Si le voyage, entre l'aller et le retour, est de six milles d'Italie ou au-dessous (1)	12	»
	S'il est de 7 à 12 milles	18	»
	Si la distance dépasse les 12 milles, on percevra comme pour une journée entière, et pour chaque journée	24	»
42	Pour une sentence en matière civile ou commerciale, lorsque l'objet de la discussion ne dépasse pas les 100 livres	6	»
	De 101 jusqu'à 200	15	»
	De 201 à 400	25	»
	De 401 en sus le 1/2 p. 0/0 pour la somme au-dessus de 400, pourvu qu'en comptant le droit fixe de 25 L., le total du droit ne dépasse pas 150 L.		
43	Pour une copie de sentence qui n'excède pas 4 pages	3	»
44	Si elle excède les 4 pages, et par chaque page en sus	»	25
	Pour les citations et significations de sentences ou autres ordonnances du consul, et par chacune	2	50
45	Pour une saisie	3	»
46	Pour une copie d'acte fait dans les chancelleries consulaires dont il n'est fixé aucun droit, on paiera la moitié du droit établi pour chaque acte.		
47	Pour une patente de protection	5	»
48	Pour un procès-verbal quelconque non indiqué dans le tarif	5	»

(1) Le mille d'Italie est de 1856 mètres, celui du Piémont est de 2533 mètres.

— 37 —

Art.		N. L.	C.
49	Pour toute protestation non prévue par le tarif	3	»
50	Pour un permis d'embarquement pour les passagers ou pour les marins (1)	»	50
51	Pour la copie d'un rôle d'équipage (2)	»	90

(1) Voyez le § 555. (2) Voy. § 555. Le droit de cette copie n'est pas le même pour tous les consulats. A Alger, par exemple, on la paye 1 fr.

TABLEAU N° 4.
DROITS CONSULAIRES

Pour les navires qui transportent le charbon et le bois dans les états Sardes, en conformité de l'article 19 du réglement du 17 septembre 1816.

PORTS, ÉCHELLES OU RADES de 4° et de 5° CLASSES.	BATIMENTS au-dessous de 20 Tx — DROIT FIXE				BATIMENTS au-dessus de 20 Tx — Droit proportionnel pour chaque tonneau au dessus de 20.			
	de Consulat.		de V.-consulat		de Consulat.		de V.-consulat	
	L. N.	Cent.	N. L.	Cent.	L. N.	Cent.	L. N.	Cent.
	1	»	»	30	»	8	»	2

TABLEAU N° 5. (*Tarif du 5 août 1818*).

Indiquant les droits dûs, pour les procès criminels , aux consuls-généraux , consuls, pro-consuls, vice-consuls , à leurs chanceliers, aux agents fiscaux , aux experts et aux huissiers, avec quelques instructions pour le recouvrement et la répartition de ces droits.

Art.		N. L.	C.
1	Pour toute information fiscale relative à des crimes et à des délits commis par des sujets sardes en pays étranger (1), dans l'instruction desquels doit toujours intervenir un agent pour le fisc (2), on paiera au consul-général	1	20
	Au consul	»	90
	A un vice-consul ou pro-consul	»	70
	A un chancelier d'un consul-général	»	70
	A un chancelier d'un consul	»	60
	A un chancelier d'un vice-consul ou d'un pro-consul	»	50
	A l'agent du fisc	»	50
2	1° Pour toute plainte avec visite de blessures et examen d'experts, ou avec présentation d'écritures ou d'autres corps de délit qui doivent être transcrits		
	2° Pour un procès-verbal de visite et reconnaissance de cadavre, procès-verbal de fracture ou autre , y compris l'examen des experts ou autres témoins		
	3° Pour les collations de certificats de baptème de décès, etc., y compris les informations sommaires sur la légalité des livres		
	4° Pour un procès-verbal de vérification de livres ou autres		
	5° Pour reconnaissance d'écritures avec l'examen des experts, s'il s'agit de faux ou d'altération, ou autre		

(1) Voyez art. 18 de ce tarif. (2) Voyez titre 4, livre 4, n° 1 des RR CC. de 1770.

Art.		N. L.	C.
	6° Pour chaque acte de vérification de fausses monnaies ou autres ▬ se rapportant à ce délit		
	7° Pour la réponse de chaque accusé pour chacun des actes susdits, on paiera au consul-général	4	»
	A un consul	3	»
	A un vice-consul ou pro-consul	2	25
	A un chancelier d'un consul-général	2	25
	Id. d'un consul	1	70
	Id. d'un vice-consul ou d'un pro-consul	1	40
	A l'agent du fisc	1	»
	Si cependant la plainte, dont il est parlé au n° 1, était simple, sans visite de blessure, ni rapport d'experts, ni présentation d'écritures ou du corps du délit, on paiera seulement les 2/5 des droits fixés ci-dessus		
	Les droits fixés ci-dessus pour les actes dont il est question aux n°° 1, 3, 4, 5 et 6 sont payés en entier toutes les fois que le consul doit sortir de sa maison; autrement on n'en paiera que les 3/5		
3	Pour le nouvel examen des accusés dans le cas où la cause est déléguée à l'officier consulaire qui a déjà procédé aux premières informations, on paiera au consul-général	2	40
	A un consul	1	80
	A un pro-consul ou vice-consul	1	35
	A un chancelier d'un consul-général	1	35
	Id. d'un consul	1	»
	Id. d'un vice-consul ou pro-consul	»	85
	A l'agent du fisc	»	60
	Si l'officier consulaire n'a pas besoin de sortir de sa maison, il ne peut percevoir, et les autres officiers ci-dessus désignés non plus, que les 2/5 des sommes susdites		
4	1° Pour l'examen d'un témoin à charge ou à décharge, on paiera :		

Art.		L. N.	C.
	A un consul-général	1	60
	A un consul	1	20
	A un vice-consul ou pro-consul	»	90
	Au chancelier d'un consul-général	»	90
	Id. d'un consul	»	70
	Id. d'un vice-consul ou pro-consul	»	50
	A l'agent du fisc	»	50
	2° Pour les citations verbales ou par écrit, pour leur exécution et la publication des copies relatives, avec affiches des mêmes, y compris la relation de chaque copie de citation ou de publication avec affiches ; si c'est hors de l'enceinte des villes ou bourgs voisins, on percevra par vacation (1) ; si c'est dans les villes ou bourgs voisins, on paiera à l'huissier	»	50
	3° Pour copie des informations et de tout acte relatif au procès criminel et par chaque feuille de deux pages, chaque page ayant vingt-deux lignes d'écriture ordinaire, on paiera au chancelier d'un consul-général	»	30
	A celui d'un consul, d'un pro-consul ou d'un vice-consul	»	30
5	1° Pour la confrontation d'un témoin avec d'autres témoins, ou avec l'accusé		
	3° Pour un procès-verbal d'évasion, saisie, inventaire des objets saisis, et autres du même genre :		
	Le consul-général percevra	3	20
	Le consul	2	40
	Le vice-consul ou pro-consul	1	80
	Le chancelier d'un consul-général	1	80
	Id. d'un consul	1	35
	Id. d'un vice-consul ou d'un pro-consul	1	10
	L'agent du fisc	»	80
	Si pour les actes susdits il y a nécessité de sor-		

(1) Voyez art. 6 du tarif *infrà*.

Art.		N. C.	C.
	tir de la maison consulaire, on percevra les deux cinquièmes en sus des droits fixés ci-dessus		
6	1° Toutes les fois que pour les actes désignés au 5° article on emploiera plus de deux heures, on percevra le droit à tant par vacation, et on n'aura en ce cas aucun égard à la circonstance d'être ou non sorti du consulat. Le chancelier indiquera dans l'acte, le nombre d'heures employées		
	2° Afin de pouvoir percevoir en entier les droits par vacation, on devra avoir employé six heures; et quand on en aura employé moins, on percevra les droits en raison du temps employé		
	3° Si les vacations ont lieu dans les villes et faubourgs de la résidence consulaire, ou dans les bourgs voisins. on percevra le seul droit de vacation ; si l'officier consulaire est obligé de se transporter plus loin, il percevra le droit de l'acte et celui de nourriture et de voiture.		
	4° Pour le droit de vacation seul :		
	Un consul-général percevra :	12	»
	Un consul	9	»
	Un vice-consul ou pro-consul	6	25
	Un chancelier d'un consul-général	8	»
	Id. d'un consul	6	»
	Id. d'un vice-consul ou pro-consul	5	10
	L'agent du fisc	3	»
	Dans le cas prévu par le n° 3 de cet article, pour nourriture et voiture, si elles ne sont pas fournies par les parties :		
	Un consul-général percevra	9	»
	Un consul	7	20
	Un vice-consul ou pro-consul	6	»
	Un chancelier d'un consul-général	5	40
	Id. d'un consul	4	85
	Id. d'un vice-consul ou pro-consul	3	60
	L'agent du fisc	2	40

Art.		L. N.	C.
	Les droits de vacation, de nourriture et de voiture, s'agissant de vice-consuls ou de pro-consuls, sont dûs en entier toutes les fois que ces officiers doivent se transporter hors des villes de leur résidence ou des faubourgs ; mais si la vacation a lieu en ville ou dans les faubourgs, ils perçoivent un quart de moins de ce qui leur est fixé ci-dessus.		
5°	Quant aux droits de vacation des huissiers, s'ils doivent aller hors de la ville ou des bourgs environnants, et employer toute la journée ou six heures au moins, il sera payé, y compris les frais de nourriture et de voiture	5	10
	Si l'huissier ne doit pas se transporter hors des villes ou bourgs de résidence du consul, ou hors du territoire à une distance de plus d'un mille, on ne lui paiera que	2	70
	Quand on perçoit par vacations, on ne doit plus exiger aucun autre droit.		
7	Pour les citations écrites, décrets et mandats d'amener, citations personnelles, ou arrestations, s'il en résulte par les actes, on paiera :		
	A un consul-général	1	60
	A un consul	1	20
	A un vice-consul ou pro-consul	»	90
	A un chancelier d'un consul-général	»	90
	Id. d'un consul	»	70
	Id. d'un vice-consul ou pro-consul	»	60
	S'il s'agit de deux accusés, on exigera de chacun le droit sus-indiqué ; s'il y en a plus de deux, on percevra de chacun de ceux qui dépassent ledit nombre, la moitié du droit sus-mentionné, payable le tout, en ce cas, par portions égales pour tous les accusés.		
8	Pour toute ordonnance sommaire dans les délits minimes, y compris la citation, le procès-verbal et toute autre chose, s'il n'y a pas lieu à des informations, on paiera :		

Art.		L. N.	C.
	Au consul-général	1	50
	Au consul	1	20
	Au vice-consul ou pro-consul	»	90
	Au chancelier d'un consul-général	»	90
	Id. d'un consul	»	70
	Id. d'un vice-consul ou pro-consul	»	55
	A l'agent du fisc	»	50
	S'il y a lieu de procéder à des informations, on fera payer pour chaque déposition, un tiers de moins de ce qui est fixé pour celles des témoins dont il est parlé à l'art. 4		
	Si on emploie plus de deux heures, on percevra par vacation ; si quelqu'un a porté plainte et que l'accusé soit acquitté, la partie plaignante doit payer lesdits droits		
9	Pour les actes susdits faits en contumace, il sera payé :		
	Au chancelier d'un consul-général	4	50
	Id. d'un consul	3	40
	Id. d'un vice-consul ou pro-consul	2	85
	A l'agent du fisc	1	80
	S'il y a plusieurs accusés, chacun d'eux paiera les droits en conformité de l'art. 7.		
10	Pour les mémoires à défense, on paiera :		
	Au chancelier d'un consul-général	»	75
	Id. d'un consul	»	45
	Id. d'un vice-consul ou pro-consul	»	30
	A l'agent du fisc	»	10
	Si les mémoires contiennent quelque réplique ou *déduction*, on paiera le double.		
	Pour tout autre mémoire, l'agent du fisc ne pourra pas exiger un droit plus fort que celui sus-mentionné.		
11	Pour un acte de constitution du procureur de l'accusé, s'il veut acquiescer aux informations et à l'assignation à défense, et s'il y a lieu de procéder à un tel acte séparément des réponses de l'accusé.		

Art.		L. N.	C.
	2° Pour tout acte de soumission, de désistement de la plainte, ou de conciliation :		
	Au consul-général, on paiera	1	60
	Au consul	1	20
	Au vice-consul ou pro-consul	»	90
	Au chancelier d'un consul-général	»	90
	Id. d'un consul	»	70
	Id. d'un vice-consul ou pro-consul	»	60
	A l'agent du fisc	»	40
12	Pour chaque présentation de BANDITS, y compris les informations sommaires, on paiera :		
	Au consul-général	2	80
	Au consul	2	40
	Au vice-consul ou pro-consul	1	80
	Au chancelier d'un consul-général	1	80
	Id. d'un consul	1	35
	Id. d'un vice-consul ou pro-consul	1	15
	A l'agent du fisc	»	80
	Si pour lesdites informations il y a lieu à sortir de la résidence consulaire, on percevra les 2/5 en sus.		
13	Pour les grâces en matière pécuniaire, dont la présentation, suivant les RR. CC. de 1770, liv. 4, tit. 35. § 2, peut être faite aux consuls-généraux, on paiera au consul-général	3	60
	Au chancelier du consul-général	1	80
	A l'agent du fisc	»	80
14	1° Pour la visite et le rapport du chirurgien, au sujet de blessures faites à une personne qui n'en serait pas morte, si la visite et le rapport ont lieu dans la maison du consul	»	90
	Si c'est dans la maison du blessé	1	20
	Si c'est à la distance de plus de 3 heures	2	40
	2° Pour la reconnaissance d'un cadavre et visite des blessures qui ont occasionné la mort avec le rapport par écrit	2	40
	En y employant une demi journée	3	60
	En y employant toute une journée, y compris la nourriture et la voiture	7	20

Art.		N. L.	C.
	3° Pour le rapport du chirurgien sur des relations transmises d'un pays à un autre	2	40
	4° Si quelqu'un des actes susdits est fait par un médecin exerçant, il pourra exiger la moitié de plus.		
	5° Aux sages-femmes pour visites et rapports d'un fait de leur état, on paiera le tiers de moins qu'aux chirurgiens.		
15	1° A un expert en monnaies, pour la reconnaissance de fausses monnaies et instruments pour les fabriques, en employant toute une journée dans la ville ou dans ses faubourgs,	9	»
	Hors du lieu de sa résidence, y compris ses frais de voiture	12	»
	2° A tout autre expert, comme orfévre, libraire, etc., on paiera un tiers de moins.		
	3° Aux experts pour prononcer sur l'inexactitude de poids et mesures ou sur leur altération, on paiera, si l'expertise a lieu dans la ville, pour toute la journée	4	80
	Si c'est pour moins de temps, en raison de celui qui a été employé		
	Hors de la ville, tout compris	8	»
	4° Aux experts, pour reconnaissance d'écriture lorsqu'il s'agira de faux ou d'altération, on paiera, savoir : si ce sont des notaires, la même taxe qu'au chancelier de l'officier consulaire (V. art. 2 de ce tarif); si ce ne sont que des copistes, ils n'ont droit qu'à la moitié.		
16	1° Pour les ordonnances de mise en liberté des détenus, même à la suite d'une sentence de l'amirauté portant soumission et caution de se présenter et de se représenter, de payer les frais du jugement et d'obéir à l'amirauté, on paiera au consul-général	4	»
	Au consul	3	»
	Au vice-consul ou pro-consul	2	25

Art.		L. N.	C.
Au chancelier du consul-général		2	25
Id. du consul		1	70
Id. du vice-consul ou pro-consul		1	40
A l'agent du fisc		1	50
2° Pour les sentences portant acquit, mise en liberté de l'accusé, ou de désistement de la part du fisc avec les frais du procès ou pour des sentences interlocutoires, on paiera :			
Au consul-général		6	»
Au consul		4	70
Au vice-consul ou pro-consul		4	70
3° Pour les honoraires (*sportule*), quand il s'agit de sentences de condamnation, on paiera, s'il y a lieu à arrestation :			
Au consul-général		12	»
Au consul		9	»
Au vice-consul ou pro-consul		9	»
S'il s'agit de peines pécuniaires :			
Au consul-général		6	»
Au consul		4	70
Au vice-consul ou pro-consul		4	70

4° Pour les sentences prononcées contre les fils de famille, les honoraires (*sportule*) seront réduits de moitié, excepté ceux d'acquit, de mise en liberté, d'abandon de l'accusation de la part du fisc avec dépens. Si le père de l'accusé meurt avant le paiement fait, ils seront dûs en entier.

5° Quand une sentence comprendra plusieurs condamnés pour un délit commun à tous et pour lequel ils seront condamnés, *in solidum*, aux frais (ce qui devra être exprimé), étant deux, ils paieront la moitié en sus des honoraires fixés ci-dessus ; s'ils sont plus de deux, ils paieront le double, à répartir sur tous les condamnés.

6° S'il s'agit d'un délit non commis en commun, chacun des condamnés payera les honoraires (*sportule*) en entier, suivant la peine à laquelle il aura été condamné.

Art.		L. N.	C.

17 | On ne pourra exiger dans les procès criminels, avant la sentence, que le remboursement des frais pour voiture et nourriture suivant le tarif, et pour le seul nombre de jours qu'on aura dû y employer pour la formation des actes et pour l'aller et le retour.

18 | Ces frais seront payés par les accusés, s'ils en ont les moyens, et à défaut par la caisse des Invalides, s'il s'agit d'un délit de la compétence de l'amirauté, et par le trésor royal, s'il s'agit d'un délit de la compétence des juges ordinaires, avec réserve de les faire rembourser par l'accusé à la fin du procès, suivant ce qui sera décidé.

19 | Tous les autres frais ne seront payables qu'après le prononcé de la sentence.

20 | Pour les conclusions du fisc, on se conformera au tarif du 7 novembre 1770, en vigueur dans les états du Roi.

21 | Le produit des peines pécuniaires prononcées par les officiers consulaires doit être versé au trésor royal, en compensation des dépenses auxquelles il est exposé en vertu de l'article 18 susdit.

DROITS DUS POUR LES CONCLUSIONS DU FISC.

Chapitre 4, titre 4 du tarif du 7 novembre 1770.

§ 1.

1° Pour toute conclusion relative à des procès criminels, qui n'excédera pas une feuille d'écriture, si la conclusion est la première qu'on fait sur les mêmes actes, quoique elle concerne plusieurs prévenus d'un même crime, il sera dû :

Art.		N. L.	C.
	A l'avocat fiscal général	6	»
	A l'avocat fiscal du consulat de Turin (1)	4	80
	Aux avocats de l'auditorat général de la guerre, de la cour et des chasses	4	35
	Aux avocats fiscaux de province	3	93
	2° Si la conclusion contient plusieurs feuilles, le droit sera augmenté en proportion, à la condition qu'il ne dépasse jamais:		
	Pour l'avocat fiscal général	30	»
	Pour l'avocat fiscal du consulat de Turin	24	»
	Pour les avocats fiscaux de l'auditorat général de la guerre, de la cour et des chasses	22	35
	Pour les avocats fiscaux de province	19	87

§ 2.

		N. L.	C.
	Pour toute autre conclusion dans lesdits actes, si elle est préparatoire, il sera dû :		
	A l'avocat fiscal général	3	60
	A l'avocat fiscal du consulat de Turin	2	80
	Aux avocats fiscaux de l'auditorat général de la guerre, de la cour et des chasses	2	65
	Aux avocats fiscaux de province	2	40

Si la conclusion est définitive, et si la peine est pécuniaire, il sera perçu le même droit.
Si la peine est afflictive, il sera perçu le droit indiqué au § précédent au n° 1.

§ 3.

Dans le cas où le procès comprend plusieurs prévenus d'un même délit, s'ils sont deux, on percevra pour chaque conclusion entre les deux, la moitié en sus de ce qui est fixé plus haut ; et s'ils sont plus de deux, on percevra le double. Si enfin ils ne sont pas coupables du même délit, on percevra le droit entier de chacun d'eux.

§ 4.

Toutes les fois que pour lesdites conclusions, eu égard à la gravité de la cause et à la qua-

(1) Le consulat de Turin est un tribunal de commerce.

Art.		N. L.	C.

lité des actes, les conclusions nécessiteront un travail extraordinaire et excessif de l'avocat fiscal général, le sénat en fixera la taxe ; la même chose aura lieu pour les autres conclusions des avocats fiscaux, si les causes dont il s'agit doivent, par leur nature, être portées à la connaissance du sénat. Dans le cas contraire, le consulat, les auditeurs généraux de la guerre, de la cour et des chasses, et les préfets fixeront eux-mêmes ladite taxe.

§ 5.

Pour toute conclusion à absoudre, d'ordonnance de non lieu et de mise en liberté, avec paiement des frais, il sera perçu :

	N. L.	C.
Par l'avocat fiscal général	2	80
Par l'avocat fiscal du consulat de Turin	2	40
Par lés avocats fiscaux de l'auditorat général de la guerre, de la cour et des chasses	2	7
Par les avocats fiscaux provinciaux	1	87

Le même droit fixé ci-dessus pour les conclusions de l'avocat fiscal général, lui sera payé pour le visa et l'examen qu'il doit faire des conclusions des avocats fiscaux des tribunaux subalternes, faites pour l'absolution, mise en liberté, ou ordonnance de non lieu, avec paiement des frais, pour des prévenus qui ne sont pas punis par des peines afflictives.

§ 6.

Le droit pour le visa et l'examen des conclusions des avocats fiscaux des tribunaux subalternes, sera toujours dû à l'avocat fiscal général, quelle que soit la sentence qui sera prononcée ensuite ; mais relativement aux autres conclusions, on réglera le droit, non d'après la qualité de la peine pour laquelle il aura été conclu, mais d'après celle à laquelle l'accusé sera condamné.

TABLEAU N° 6, *indiquant la circonscription des divisions, des districts et des arrondissements consulaires, ainsi que le lieu de résidence de leurs titulaires.*

1ʳᵉ CATÉGORIE.

Etats et lieux de résidence des Cons.-généraux Chefs de division.	Etendue des Consulats-généraux ou divisions.	Lieux de résidence des Consuls ou V. cons. chefs de distrct.	Etendue des Consulats ou Vice-consulats chefs lieux de distr.	Résidence des Pro-consuls chefs cantonales. (1)
EMPIRE OTTOMAN. Constantinople, Cons.-général.	En Europe, les côtes de la Mer Noire des frontières russes de la Basse Arabie jusqu'à celles du royaume de Grèce, y compris les rives du Danube, de la Moldavie et de la Valachie, ainsi que de la Bulgarie, les îles de l'Archipel sujettes à la Sublime-Porte et ensuite depuis la frontière grecque sur la M. Ionienne jusqu'à celle de Dalmatie. En Asie, des frontières russes sur les bords de la mer Noire, les côtes sud de la mer de Marmara, celles de l'Asie mineure y compris Tarsous et toute la Syrie. (2)	Constantinople.	En Europe, les côtes N de la mer Noire sur le territoire turc et de la mer de Marmara et celle de la Roumélie jusqu'aux frontières de la Grèce, les rives du Danube dans la Valachie, de la Moldavie et de la Bulgarie, les îles de l'Archipel sujettes à la Porte et le territoire compris entre les confins grecs sur la mer Ionienne et ceux de Dalmatie. En Asie, tout le territoire Ottoman sur la rive Sud des mers Noire, de Marmara et Ionienne jusqu'à Adramiti inclusivement dans l'Asie mineure, l'île de Métélin comprise.	Andrinople Gallipoli. Rodosto. Ténédos. Trébisonde.
		Dardanelles, Délégation. Varna, (3) Délégation. Salonique, (4) Délégation.		
		Smyrne, Consulat. (5)	Depuis Adramiti jusqu'à Tarsous, l'île de Rodi et les îles dépendantes de l'Anatolie et celle de Candie. (5)	Aivali. Candie. La Canée. Métélin. Rodi. Scio.
		Larnaca, V-Cˡ.	L'île de Chypre	Limassol.
		Galatz, Vice-consulat.	Les principautés de Moldavie et de Valachie. (6)	
		Ibrahil, dél.(6)		
		Jérusalem, Consulat.	Le territoire compris dans le gouvernement de Jérusal. (7).	Gaza. Jaffa.

(1) L'étendue des arrondissements doit être déterminée par les chefs de district. (2) Circ. 85 du 3 mars 1843. (3) RR. PP. du 21 janv. 1845. (4) Mêmes RR. PP. (5) Circ. 85. (6) RR. PP. du 28 avril 1846. (7) RR. PP. du 6 mai 1845.

SUITE DU TABLEAU 6.

1re CATÉGORIE.

Etats et lieux de résidence des Cons.-généraux Chefs de division.	Etendue des Consulats-généraux ou divisions.	Lieux de résidence des Consuls ou V. cons. chefs de district.	Etendue des Consulats ou Vice consulats chefs-lieux de distr.	Résidence des Pro-consuls chefs d'arrondissem.
EMPIRE OTTOMAN, *Suite.*		Beiruth, V.-consulat.	Le territoire compris entre Tarsous et Kaifa inclusivement et le gouvernement d'Alep, de Tripoli, de Damas et le Mont-Liban. (1)	Acri. Alep. Alexandrette Kaifa. Latackié. Ramla. Saida. Tarsous. Tripoli. Sur.
Alexandrie, Agence et Consulat général.	Depuis Tarsous dans la Caramanie jusqu'à la frontière de la régencé de Tripoli de Barbarie. (2)	Kaire, délégation.		Damiette.
		Tripoli de Barbarie, Consulat.	Tout le pays dépendant de la régence.	Bengasi.
REGENCE DE TUNIS Tunis, Agence et Consulat-général.	Les pays compris dans la régence de Tunis			Biserta. Gerbi. La Golette. Media et Monastir. Sfax. Suse.
		Alger, Consulat.	Toute l'an—cienne régence d'Alger. (3)	Bone. Bougie. Oran. Philippeville
EMPIRE DE MAROC. Tanger, Agence et Consulat-génér.	Tout l'empire de Maroc.			Casabianca Larache Mazagan. Mogador. Rabat. Saphi. Tetuan.

(1) RR. PP. du 6 mai 1845. (2) Voy. Circ. 85. (3) En fait le cons. d'Alger ne fait plus partie des cons. dits de Barbarie.

SUITE AU TABLEAU N° 6.

2ᵐᵉ CATÉGORIE.

États et lieux de résidence des Cons.-généraux Chefs de division.	Étendue des Consulats généraux ou divisions.	Lieux de résidence des Consuls ou chefs de district.	Étendue des Consulats ou Districts.	Résidence des Vice-Consuls chefs d'arrondiss. (1)
AUTRICHE. Milan, Cons.-général.	Le royaume Lombardo-Vénitien et les possessions autrichiennes sur l'Adriatique.	Milan.	Le royaume Lombard.	
		Venise, Consulat.	Du royaume Lombard au gouvernement de Trieste.	
		Trieste, Consulat.	L'Istrie, la Morlachie et la Dalmatie, jusqu'à la frontière Turque.	Zara. Lissa. Fiume.
TOSCANE. Livourne, Cons.-général.	Toutes les côtes du Grand Duché et les îles voisines, ainsi que le duché de Lucques.			Viareggio. Piombino. Sᵗᵒ-Stefano. Porto Ercole. Vada. Porto Ferrajo. Porto Longone. Marciana.
ÉTATS-ROMAINS.		Rome (2)	Le littoral Pontifical sur la mer Méditerranée.	Capo d'Anzio. Civ.-Vecchia. Cornetto. Fiumicino. Montalto. Ostia. Terracina.
		Ancone, Consulat.	Le littoral depuis Goro jusqu'au royaume de Naples.	Fermo. Pesaro. Sinigaglia et Fano.
		Ferrare, Consulat.	Le cours du Pô dans les États du Pape.	Goro.

(1) L'étendue des arrondissements doit être déterminée par les chefs de district. (2) Voy. l'art. 9 du régl. Cons. de 1835 et le § 8 du Manuel.

SUITE AU TABLEAU N° 6.

2ᵐᵉ CATÉGORIE.

Etats et lieux de résidence des Cons.-généraux chefs de division.	Etendue des Consulats-généraux ou divisions.	Lieux De résidence des Consuls ou chefs de districts.	Étendue des Consulats ou districts.	Résidence des Vic. consuls chefs d'Arrondissem.
DEUX-SICILES.		Naples, Consulat (1).		Bari. Barletta. Brindisi. Castellamare Cotrone. Gaëte. Gallipoli. Ischia. Manfredonia. Monopoli. Palmi. Pizzo. Ponza. Pozzuolo. Procida. Reggio. Salerno. Scilla. Taranto.
		Messine Consulat.	Depuis Terranova exclusivement jusqu'au cap Cefalie exclusivement.	Augusta. Catania. Mascali. Melazzo. Modica. Patti. Siracusa.
		Palerme, Consulat.	Depuis Cefalie jusqu'à Terranova inclusivement et les îles voisines.	Alicata. Castellamare Cefalù. Girgenti. Marsala. Sciacca. Sto-Stefano. Termini. Terranova. Trapani.

(1) Voy. § 8 du Manuel et l'art. 9 du réglement Consulaire de 1835.

SUITE AU TABLEAU N° 6.

2ᵐᵉ CATÉGORIE.

États et lieux de résidence des Cons.-généraux ou chefs de division.	Étendue des Consulats-généraux ou divisions.	Lieux de résidence des Consuls ou chefs de districts.	Étendue des Consulats ou districts.	Résidence des Vice-Consuls chefs d'Arrondissem.
ILES IONIENES. Corfou, Cons.-général.	Toutes les îles Ioniennes.			Cefalonia. Zante. Ste-Maure.
GRÈCE Athènes, Cons.-général.	Le royaume de Grèce.			Calamata. La Pyrée. Syra. Navarin. Milo. Patrasso. Zea.
RUSSIE. Odessa, Cons. général.	Les côtes russes dans les mers Noire et d'Azow.			Ismail. Sebastople. Kertch. Mariopol. Berdianscka. Taganrok.
		Moscou, Consulat.	Le gouvernement de Moscou et les gouvernements voisins.	
		St-Péterbourg.	Les côtes Russes dans le golfe de Finlande, de la frontière Suédoise à Roslep dans l'Estonie inclusivement.	
		Riga, Consulat. (1)	Depuis Roslep dans l'Estonie jusqu'aux confins de la Prusse avec les îles voisines.	
DANEMARCK.		Elseneur, Consulat.	Tout le royaume de Danemarck.	
SUÈDE.		Stockholm, Consulat.	Les côtes de Suède et de Norwège.	Bergen. Cristiansand. Cristiania. Drontheim.

(1) Vacant.

SUITE AU TABLEAU N° 6.

2ᵐᵉ CATÉGORIE.

États et lieux de résidence des Cons.-généraux ou chefs d'arrondis.	Étendue des Consulats généraux ou divisions.	Lieux de résidence des Consuls ou chefs de districts.	Étendue des Consulats ou districts.	Résidence des Vic. consuls chefs d'arrondissem.
VILLES HANSÉATIQUES.		Hambourg, Consulat.	Hambourg, Lübeck et Brême.	Lübeck. Brême.
HOLLANDE.		Amsterdam, Consulat.	La Hollande.	Rotterdam.
BELGIQUE.		Anvers, Consulat.	La Belgique.	Ostende.
SUISSE.		Genève, Consulat.	Toute la Suisse	
ANGLETERRE.		Londres, Consulat.		Bristol. Corck. Deal. Douvres. Dublin. Falmouth. Hull. Leith. Liverpool. Newcastle. Portsmouth. Ramsgate. Sheerness. Wight.
FRANCE. Marseille, Cons.-général.	La France, la Corse comprise	Rouen, Consulat.	De la frontière Belge jusqu'à Brest inclusivement.	Boulogne. Brest. Hàvre.
		Bordeaux, Consulat,	De Brest à la frontière d'Espagne sur l'Océan.	Bayonne.
		Cette, Consulat.	De la frontière d'Espagne sur la Méditerranée à Montpellier inclusivement.	Agde. la Nouvelle Port-Vendre
		Marseille.	De Aigues Mortes au département du Var.	Aigues Mortes Arles. Martigues. La Ciotat.

SUITE AU TABLEAU N° 6.

2ᵐᵉ CATÉGORIE.

États et lieux de résidence des Cons.-généraux ou chefs de division.	Étendue des Consulats-généraux ou divisions.	Lieux de résidence des Consuls ou chefs de division.	Étendue des Consulats ou districts.	Résidence de Vice-consuls chefs d'arrondissem.
FRANCE. Marseille, Cons.-général.		Toulon, Consulat.	Le département du Var et les îles voisines.	Bandol. Hyeres. St-Tropez. St-Raphael Cannes. Antibes.
		Lyon, Consulat.	Le département du Rhône	
		Bastia, Consulat.	La Corses et les îles voisines	Ragliano. Centuri. Ile-Rousse. Calvi. Ajaccio. Bonifacio. Porto Vecchio. St-Fiorenzo
ESPAGNE. Barcelonne, Cons.-général.	L'Espagne les îles Baléares comprises.	Barcelonne.	La Catalogne les royaumes de Valence, de Murcie et les îles Baléares.	Maon. Ciudadela. Palma. Friza. Cadagues. Rosas. Palamos. Mataro. Villanova Tarragone. Salon. Tortosa. Vinaros. Valentia. Denia. Alicante. Carthagène. Mazarron Aguilas.

SUITE AU TABLEAU Nº 6.

2me CATÉGORIE.

États et lieux de résidence des Cous.-généraux ou chefs de division.	Étendue des Consulats-généraux ou divisions.	Lieux de résidence des Consuls ou chefs de districts.	Étendue des Consulats ou districts.	Résidence des Vice-consuls chefs d'Arrondissem
ESPAGNE. *(Suite).* Barcelonne. Cons.-général.		Malaga, Consulat.	Le royaume de Grenade.	Almeria. Adra. Marbella.
		Cadix, Consulat.	L'Andalousie et les possessions Espagnoles sur la côte d'Afrique.	Algeziras. St-Lucar. Séville.
		Sainte-Croix de Ténériffe, Consulat.	Les îles Canaries.	
POSSESSIONS ANGL. Gibraltar, Cons.-général.	La ville et le territoire de Gibraltar.	La Valette, Consulat.	L'île de Malte et les îles qui en dependent.	
		Calcutta, Consulat.	Indes anglaises.	Singapore.
PORTUGAL.		Lisbonne, Consulat.	Le royaume de Portugal.	Faro. Fayal. Setubal. Figueira. Oporto. Belem. St-Michel.
		Funchal, Consulat.	Les îles Açores et de Madère.	
ETATS-UNIS de l'Amérique du Nord. New-York, Cons.-génér.(1)		New-York, Consulat.	Le Maine Newhamspire, Massacuchet, Connecticut New-York, New-Jersey jusqu'au fleuve Delaware.	Boston.
		Philadelphie, Consulat.	La Pensilvanie, le Maryland, le Delaware, la Virginie, les Carolines, la Georgie.	Baltimore. Norfolch. Charlestown Savanah.
		Nouv-Orléans, Consulat.	La Louisiane, le Mississipi, l'Alabama, les Florides.	Mobile.

(1) Circ. 77 du 17 mars 1841. Table annexée.

SUITE AU TABLEAU N° 6.

2me CATÉGORIE.

États et lieux de résidence des Cons.-généraux ou chefs de division.	Étendue des Consulats-généraux ou divisions.	Lieux de résidence des Consuls ou chefs de districts.	Étendue des Consulats ou districts.	Résidence des V.-consuls chefs d'Arrondissem.
POSSESSIONS ESP. et autres.		La Havane, Consulat.	Les îles de Cuba et de Porto-Rico avec leurs dépendances.	
HAÏTI.		Port-au-Prince Consulat.		
NICARAGUA.		Grenade. Consulat,	Tout le territoire de la république de Nicaragua.	
VENEZUELA.		Caracas, Consulat. (1)	Tout le territoire de la république.	
PÉROU BOLIVIE. Lima, (2) Cons.-général.	Les républiques du Pérou et de Bolivie.			
CHILI. Valparaiso, (3) Cons.-général.	La république du Chili et ses dépendances.			
RÉP. ARGENTINE. Buénos-Ayres, Cons.-général.	La république de ce nom.			
URUGUAY.		Montévidéo, Consulat. (4)	La république orientale de Uruguay.	
BRÉSIL.		Rio-Janeiro, Consulat. (5)	L'empire du Brésil.	Bahia. Campos Pernambouc Maranhao Para. Pto-Alegre Ste-Catherine Santos. St-Maria. Belem.
CHINE.		Canton, Consulat. Macao,		

(1) Voy. circ. 85 et R. P. du 4 août 1842. (2) Circ. 85. (3) Circ. 85. (4) Voy. circ. 87 du 11 janv. 1844. (5) A l'occasion de la dernière nomination du titulaire à ce poste consulaire énoncée par la circ. 85, il a été réduit à simple consulat.

DESCRIPTION

de l'Uniforme consulaire et instruction y relative (1).

Les officiers consulaires ont deux uniformes ; un grand et un petit, suivant le modèle annexé à la page précédente.

Le grand uniforme est en drap écarlate, et le petit en drap bleu.

L'habit est fermé sur la poitrine par une ligne de boutons en or avec l'empreinte de l'aigle de Savoie.

Le gilet, les culottes courtes et les bas sont blancs avec escarpins à boucles en or.

Avec le petit uniforme on peut porter des pantalons bleus en hiver, et blancs avec bottes en été.

Le chapeau monté avec ou sans plumes blanches pour le grand uniforme , et noires pour le petit, avec la cocarde bleue sur tous les deux.

Epée droite avec la garde dorée et garnie en nacre.

Les officiers consulaires doivent se servir tous de la même broderie.

Les consuls-généraux ont dans le grand uniforme la broderie sur le collet, le long de l'habit, sur les basques par derrière , aux parements et aux poches. Pour ceux de la 1re catégorie, la broderie est disposée sur la poitrine de manière à former sept œillets de chaque côté suivant le modèle.

Dans leur petit uniforme, la broderie est seulement sur le collet, aux parements et aux poches.

Les consuls de la 1re catégorie ont sur le grand et sur le petit uniforme les mêmes broderies que les consuls-généraux de la seconde.

Les consuls de la 2de catégorie et les vice-consuls de la 1re ont sur le grand uniforme les mêmes broderies que les consuls-généraux sur le petit ; et sur leur petit uniforme ils n'ont pas les broderies aux poches.

Les vice-consuls et les chanceliers de la 2de catégorie, les attachés consulaires et les pro-consuls de la 1re ont sur le grand uniforme les mêmes broderies que les consuls de la 2de catégorie sur le petit, et leur petit uniforme n'a que le collet brodé.

Sur tous les uniformes qui n'ont pas de broderies le long de l'habit et sur les basques de derrière, il y a une broderie entre les deux poches.

L'usage des épaulettes est défendu.

(1) Voyez § 81.

LIVRE 10. — CHAPITRE

IN NOME DI S. M. IL RE DI SARDEGNA,

DI CIPRO E DI GERUSALEMME,

Duca di Savoja e di Genova, etc. , principe di Piemonte , etc. , etc.

Noi (nome, cognome, titoli e qualità), della prelodata M. S. in residente a

In virtù degli articoli 23 e 25 del regolamento consolare del 23 luglio 1835 e dell' approvazione ottenuta dalla R. Segreteria di Stato di S. M. per gli affari esteri con dispaccio del   abbiamo eletto, costituito e deputato, come per le presenti eleggiamo, costituiamo e deputiamo il sig.   per nostro   in e dipendenze e ciò con tutte le prerogative, privilegj, utili, emolumenti e diritti a simile impiego spettanti, mediante che presti il giuramento prescritto dai regolamenti.

Ordiniamo pertanto a tutti i sudditi di S. M., ai nostri subalterni ed a chiunque si trovi sotto la giurisdizione dell' augusto nostro Sovrano di riconoscere, stimare e riputare il sudetto sig per nostro

Preghiamo inoltre le autorità (indicare l'autorità locale a cui spetta di accordare l'exequatur o di riconoscerlo) civili e militari di farlo e lasciarlogioire dei consueti diritti e prerogative, di non recargli impedimento e di assisterlo anzi nell'esercizio del suo impiego, offerendo pari corrispondenza in nome di S. M. il Re nostro augusto Signore.

In fede del che abbiamo spedite le presenti da noi firmate, munite del sigillo di questo   e controssegnate dal nostro cancelliere.

IL CONSOLE GENERALE O CONSOLE ,

Il Cancelliere o Vice-Console ,

o Cancelliere provvisorio se si tratta di nomina del Cancelliere.

N. B. Le patenti sudette sono spedite in carta semplice ed è in facoltà dei nominanti di farle scrivere a mano od incidere.

3. — MODÈLES.

par un chef de district. (Annexe B du régl. cons. de 1835.

Au Nom de S. M. le Roi de Sardaigne, de Chypre, de Jérusalem, Duc de Savoie et de Gênes, etc. Prince de Piémont, etc. etc.

Nous (nom, prénoms, titres et qualités de la personne) de S. dite M. à (indiquer le lieu) et dépendances, en vertu des articles 23 et 25 du réglement du 23 juillet 1835 et de l'approbation obtenue du ministère des affaires étrangère avec dépêche (jour, mois, an, et n° de la dépêche) avons élu, constitué et député le sieur (nom, prénoms et titres de la personne élue) pour notre (pro-consul, vice-consul ou chancelier) à (indiquer le lieu) et dépendances, et ce . avec toutes les prérogatives, priviléges, émoluments et droits appartenant à cet emploi, à la condition, qu'il prête le serment prescrit par les réglements.

Ordonnons en conséquence à tous les sujets de S. M., à nos subalternes et à tous ceux qui sont sous la juridiction de notre auguste Souverain, de reconnaître, d'estimer et de considérer ledit sieur (*ut supra*) pour notre (*ut suprà*). Prions en outre (indiquer les autorités locales à qui il appartient d'accorder l'*exequatur* ou de reconnaître l'officier consulaire nommé) de le faire et de le laisser jouir des droits et des prérogatives en usage, de ne lui apporter aucun empêchement et de l'assister au contraire dans l'exercice de son emploi, offrant la même réciprocité au nom de S. M. le Roi , notre auguste maître.

En foi de quoi nous avons expédié les présentes, signées par nous, revêtues du sceau de ce (consulat-général, consulat ou vice-consulat), et contre signées par notre chancelier.

Donné à   le

Le Consul. . . . .

Nota S'il s'agit de la patente du Chancelier, elle est contresignée par le vice-consul ou par un chancelier provisoire — Lesdites patentes sont expédiées sur papier ordinaire, et les chefs qui nomment auxdits emplois, ont la facultés de les faire imprimer ou écrire.

MODULO N° 2·

FORMOLA DI GIURAMENTO DA PRESTARSI PERSONALMENTE.

Giuramento del Sig.

L'anno del Signore mille . . . . . . ed alli . . . . . del mese di. . . . . . in (nome del luogo) (nel palazzo o casa, notando se è quella dell' ufìcio consolare) ed alla presenza dei sig. (nome e cognome dei due testimoni) testimoni, dinanzi a noi (nome e qualità della persona che riceve il giuramento), personalmente costituito il sig. (nome, cognome e qualità dell' uficiale consolare che presta il giuramento), il quale volendo prestare il giuramento prescritto per detto impiego, postosi colle ginocchia a terra e tenendo la mano destra sopra i santi Evangelj, ha giurato e giura come segue :

Io (nome e cognome della persona che giura) sopra questi sacrosanti Evangelj prometto e giuro a Dio onnipotente ed a S. M. il Re di Sardegna e nelle mani di (V. E. o V. S. Illustriss. secondo la qualità della persona che riceve il giuramento , se Ministro, oppure soltanto console generale , console o vice console capo d'ufizio) di esercire con ogni maggior attenzione l' impiego confertomi di (qualità dell' impiego) puntualmente eseguendo gli ordini , commissioni ed incumbenze che mi verranno dati dai miei superiori ; che non mi prevarrò giammai del mio ufìcio per commettere o permettere che si commetta cosa ingiusta od illecita, anzi mi adoprerò a tutto potere per assistere i sudditi di S. M. ed altri che godono della sua real protezione , con difenderli da ogni oppressione , violenza o vessazione e con rendere e far rendere loro pronta giustizia , senza mai aggravarli dal cantomio colla esazione di dritti non dovuti o col negligente ritardo de' recapiti e spedizioni che fossero di mia competenza ; che non rivelerò alcuna cosa, che in segreto sia per essermi dai miei superiori confidata o commessa e che mi condurrò con tale circospezione , che nemmeno indirettamente ne possa traspirare la notizia ; che non farò, nè permetterò , per quanto mi sarà possi-

Voy. § 49.

MODÈLE N° 2.

FORMULE DE SERMENT A PRÊTER PERSONNELLEMENT.

Serment du Sieur

L'an du Seigneur mil huit cent . . . . et le . . . . du mois de . . . . à (indiquer le lieu de résidence du chef qui reçoit le serment) dans (l'hôtel, indiquer si c'est celui du consulat), et en présence des sieurs (noms et prénoms des deux témoins) témoins, pardevant nous (nom et qualité de la personne qui reçoit le serment) est comparu personnellement le sieur (nom, prénoms et qualité de l'officier consulaire qui prête le serment), lequel voulant prêter le serment prescrit pour ledit emploi , s'étant agenouillé à terre et tenant la main droite sur les saints Évangiles , a juré et jure ce qui suit :

Moi, (nom et prénoms de la personne qui prête le serment) sur ces saints Évangiles promets et jure à Dieu tout-puissant et à S. M. le roi de Sardaigne et entre les mains de (V. E. ou V. S. suivant qu'il s'agit du ministre ou d'un consul-général, consul ou vice-consul chef de district) d'exercer avec la plus grande attention l'emploi, qui m'a été conféré de (qualité de l'emploi) exécutant ponctuellement les ordres et commissions, qui me seront donnés par mes supérieurs; que je ne me prévaudrai jamais de mes fonctions pour commettre ou permettre qu'il soit commis des choses injustes ou illicites ; que je ferai mon possible, au contraire, pour assister les sujets de S. M. et autres qui jouissent de sa R. protection, en les défendant de toute oppression, violence ou vexation, et en leur rendant et leur faisant rendre une prompte justice, sans jamais les surcharger en ce qui me concerne , par des droits indus , ni retarder par négligence les documents et expéditions , qui seraient de ma compétence; que je ne révélerai rien de ce qui pourrait m'être confié ou communiqué par mes supérieurs, et que je me conduirai avec une telle circonspection, que même indirectement on n'en ait pas connaissance ; que je ne ferai pas , ni ne permettrai , autant que possible , qu'on fasse des choses qui

bile, che si faccia cosa alcuna che possa ridondare in pregiudizio
della R. persona di S. M., della R. Famiglia e de' suoi stati nè
tampoco in pregiudizio delle franchigie e prerogative alla M. S.,
ai suoi sudditi ed all' impiego stesso di (qualità dall' impiego)
spettanti e che spettar possono, anzi; avvenendone il caso, ne
darò tosto ragguaglio ai miei superiori, ai quali parteciperò
anche tutto ciò che conoscerò poter esser utile al R. servizio; di
non appartenere ad alcune società disapprovata dalle R. Leggi,
di non inscrivermi ad alcuna di esse, nè di appartenervi in av-
venire; e finalmente che mi comporterò in tutto e per tutto
come si conviene ad un (qualità dell' impiego) onorato e giusto
e ad un buono e fedele servitore di S. M. e così Iddio mi ajuti.

 Firma della persona che presta il giuramento.

   Id. dei testimonj.

 (*L. S.*)   Firma della persona che lo riceve.

Voy. § 49.   **MODULO N° 3.**

FORMOLA DI GIURAMENTO DA PRESTARSI PER PROCURA.

 Giuramento del Sig.

 In qualità di mandatario del Sig.

 L'anno del Signore (v. la formola precedente) è comparso il
Sig. (nome e cognome della persona che giura), il quale nella
qualità di procuratore del Sig. (nome, cognome e qualità dell'
ufficiale consolare che rappresenta) dimorante a
risultante dal mandato di procura del (giorno, mese ed anno,
nome, cognome del notajo o autorità consolare che avrà ricevuto
l'atto di procura), volendo adempire a nome del suo mittente
alla prestazione del giuramento prescritto per detto impiego, postosi
colle ginocchia a terra e tenendo la mano destra sopra i santi
Evangelj ha giurato e giura ciò che segue:

 Io (nome e cognome della persona che giura), in qualità di puissent être préjudiciables à la R. personne de S. M. ; à sa R. famille et à ses états, ou aux franchises et prérogatives appartenant ou qui pourraient appartenir à S. dite M. ; à ses sujets, ou à l'emploi de (qualité de l'emploi) ; au contraire, le cas échéant, j'en donnerai de suite avis à mes supérieurs, auxquels je ferai part aussi de tout ce que je connaîtrai pouvoir être utile au R. service ; de n'appartenir à aucune société désapprouvée par les R. lois, de ne m'inscrire à aucune d'elles, ni de leur appartenir à l'avenir. Et enfin que je me conduirai en tout et pour tout, comme il convient à un (qualité de l'emploi) honnête et juste et à un bon et fidèle serviteur de S. M. et qu'ainsi Dieu me soit en aide.

Signature de la personne qui prête le serment.

Id.   des témoins.

Signature de la personne qui reçoit le serment.

(*L. S.*)

Voy. § 49.   **MODÈLE N° 3.**

FORMULE DU SERMENT QUI EST PRÊTÉ PAR PROCURATION.

Serment de

En qualité de mandataire du

L'an du Seigneur (voy. la formule précédente) a comparu le sieur (nom et prénoms de la personne qui prête le serment) lequel en qualité de procureur du sieur (nom, prénoms et qualité de l'officier consulaire qu'il représente), demeurant à
ainsi qu'il en résulte du mandat de procuration de (jour, mois et an, nom, prénoms du notaire ou autorité consulaire qui aura reçu l'acte de procuration), voulant prêter au nom de son mandant le serment prescrit pour ledit emploi, ayant mis les genoux à terre et tenant la main droite sur les saints Evangiles a juré et jure ce qui suit :

Je (nom et prénoms de la personne qui prête serment) en

procuratore del Sig. (nome della persona per cui si giura) ed a
nome del medesimo, sopra questi sacrosanti Evangelj, prometto
e giuro a Dio onnipotente ed a Sua Maestà il re di Sardegna in
mani di (v. la formola precedente), che egli eserciterà con ogni
maggior attenzione, etc. , v. la formula precedente, sostituendo
sempre la terza alla prima persona.

Voy. § 53. **MODULO N° 4.**

FORMOLA DI PROCURA AD USO DEGLI UFFICIALI CONSOLARI.

Mandato di procura di (nome e cognome dell' ufficiale consolare
che rilascia la procura) in capo del (nome, cognome e qualità
della persona o indicazione della ditta commerciale a cui si apog-
gia la procura) per esigere dalle casse delle regie finanze o da altra
qualunque gli assegnamenti od altre somme dipendenti dalla mia
qualità di ufficiale consolare di S. M. il Re di Sardegna all'Estero.

L'anno del signore mille . . . . li . . . . . . del mese
di . . . . . . in . . . . . . e nella cancelleria consolare di S. M.
il Re di Sardegna, io sottoscritto (nome e cognome del
costituente) del (nomi e cognome del padre coll'aggiunta della
parola *fu o vivente*) ed alla presenza degli infrascritti tre testimoni
dichiaro di costituire, come col presente atto costituisco in mio
procuratore speciale, ed ove sia necessario per l'oggetto infra es-
presso anche generale il (nome, cognome e qualità del procuratore) all'effetto di esigere dalle casse del R. Governo e da qualunque altra fosse spediente, ogni qualunque somma che mi sia dovuta
o concessa in ragione della mia qualità di ufficiale consolare di S.
M. all'estero, con facoltà di dare ogni quitanza che sarà necessaria
o richiesta e si e come farei io stesso se fossi presente e di costituire
uno o più procuratori, rivocarli e costituirne altri per l'oggetto
sovra specificato, promettendo di riconoscere per valido quanto in

qualité de mandataire du sieur (nom de la personne représentée)
et en son nom, sur ces saints Évangiles , je promets et jure à
Dieu tout-puissant et à S. M. le roi de Sardaigne , entre les mains
de (voy. la formule précédente), qu'il exercera avec la plus grande
attention , etc. , le reste comme dans la formule précédente , en
substituant toujours la troisième à la première personne.

Voy. § 53.   **MODÈLE N° 4.**

FORMULE DE PROCURATION A L'USAGE DES OFFICIERS CONSULAIRES.

Procuration de (nom et prénoms de l'officier consulaire qui donne
la procuration) faite au sieur (nom, prénoms et qualité de la personne , ou indication de la maison de commerce à laquelle est fait
le mandat) pour retirer des caisses du trésor ou autres les allocations ou autres sommes dépendant de ma qualité d'officier consulaire de S. M. le Roi de Sardaigne à l'étranger.

L'an du seigneur mille huit cent . . . . le . . . du mois
de . . . . . à (lieu dans lequel elle est faite) et dans la chancellerie consulaire de S. M. le Roi de Sardaigne, je soussigné (nom et
prénoms du mandant) fils de (nom et prénoms du père avec les indications *feu* ou *vivant*) et en présence des trois témoins soussignés,
déclare constituer, comme en vertu du présent acte, je constitue
mon procureur spécial en ce qui concerne l'objet suivant, et en
général, le sieur (nom. prénoms et qualité du procureur (à l'effet
de retirer des caisses du R. gouvernement et de quiconque besoin
sera, toute somme quelconque, qui me soit due ou accordée en
raison de ma qualité d'officier consulaire de S. M. à l'étranger, avec
pouvoir de délivrer toute quittance qui sera nécessaire ou demandée ainsi que je ferais moi-même, si j'étais présent, et de constituer un autre procureur ou plusieurs, les révoquer et en nommer
d'autres pour l'objet ci-dessus désigné, promettant de reconnaître

virtù del presente mandato avranno in mio nome operato sia il prelodato mio procuratore direttamente, sia le persone da esso sostituite ed in fede mi sottoscrivo.

« Firma del mandante

«   Id. dei tre testimonj.

Fatto e passato alla nostra presenza nella cancelleria ed alla data come sovra.

« Firma del cancelliere approvata dal capo d'ufficio e dove non vi
« sia cancelliere o persona che ne faccia le veci, firmerà il solo capo
« d'ufficio.
« Alle cancellerie distaccate dal consolato firmerà lo stesso uffi-
« ciale consolare solo.

pour valable tout ce qu'en vertu du présent mandat auront fait en mon nom, soit ledit procureur directement , soit les personnes nommées par lui. En foi de quoi je signe.

Signature du mandant.

Id.   des témoins.

Fait et passé en notre présence dans la chancellerie consulaire et à la date ci-dessus.

Signature du chancelier approuvée par le chef : et s'il n'y a pas de chancelier ou quelqu'un qui en remplisse les fonctions, le chef signe seul. Aux chancelleries détachées du consulat l'officier consulaire signe seul.

(1) Voyez § 141.

TABLEAUX Nᵒˢ 5 et 6.

ANNÉE 184

CONSULAT DE S. M. à

État des navires marchands de toutes les nations arrivés dans le port de . . ou partis du port de . . dans l'année 184

PROVENANCE ou Destination.	Navires.	Tonneaux	PAVILLONS.										Navires.	Tonneaux	OBSERVA-TIONS.
Tot. par Pavill.															

Total par Provenance ou destinat.

Voyez § 141.

TABLEAUX Nos 7 et 8.

ANNÉE 184

CONSULAT DE S. M. à

État des importations dans le port de . . ou des exportations du port de . . pendant l'année 184 (Valeur en L. N.)

MARCHANDISES	LIEUX DE PROVENANCE OU DE DESTINATION.								TOTAUX par Marchandises.	Observations.
Totaux par Pays										

Voy. § 161, 247 et 332 *infrà*.   MODÈLE N° 9 DU REGISTRE

DATA dell' ISCRIZIONE. *Date de l'inscription.*	N° D'ORDINE. *N° D'ordre.*	COGNOME E NOME dell' iscritto E DEI SUOI GENITORI. *Nom et prénoms de l'inscrit et de ses père et mère.*	LUOGO ED EPOCA *Lieu et Époque*		Età *âge.*
			della sua Nascita. *de sa Naissance.*	della sua attuale dimora. *de son dernier domicile.*	

ET DE L'ÉTAT D'INSCRIPTION DES SUJETS SARDES.

PROFESSIONE. *Profession.*	STATO *S'il est marié ou non.*	FAMIGLIA dell' ISCRITTO. *Famille de l'inscrit.*	NATURA dei beni che L'ISCRITTO POSSIEDE. *Qualité des biens que l'inscrit possède*	OSSERVAZIONI. *Observations.*

§ 161.

MODÈLE N° 10.

CONSOLATO DI S. M.
in

Consulat de S. M. à

STATO delle Sentenze profferite dal Consolato di S. M. in   nel   trim. 18

État des sentences prononcées par le Consulat de S.M. à   dans le   trim. 18

N° D'ORDINE N° d'ordre.	DATA delle SENTENZE. Date des Sentences.	COGNOME E NOME dell' Attore E DEL CONVENUTO. Nom et prénoms des parties.	OGGETTO DELLA LITE. Objet du procès.	SUNTO delle SENTENZE PROFFERITE. Résumé des sentences.	UFICIO CONSOLARE in cui le sentenze sono state profferite. Chancellerie consulaire où les sentences ont été prononcées.	OSSERVAZIONI. Observations.

§§ 161, 293 a 295.   MODÈLE N° 11.

CONSOLATO DI S. M.
in

Consulat de S. M. à

STATO delle successioni aperte durante il   trim. 18

État des successions ouvertes pendant le   *trim.* 18

N° D'ORDINE. / N° d'ordre.	DATA della MORTE. / Date du décès.	COGNOME E NOMI del morto E DE'SUOI GENITORI / Nom et prénoms du défunt et de ses père et mère.	PATRIA ed età del DEFUNTO. / Lieu de naissance et âge du défunt.	SUO ULTIMO domicilio nei R. stati od altrove. / Son dernier domicile dans les états sardes ou ailleurs.	PROFESSIONE / Profession.	NATURA E VALORE dei beni cadenti NELLA SUCCESSIONE / Nature et valeur des biens héréditaires.	EREDI presunti e loro DIMORA. / Héritiers présumés et leur demeure.	OSSERVAZIONI. / Observations.

§ 162.

MODÈLE N° 12.

CONSOLATO DI S. M.
in

STATO dei giovani soggetti alla leva militare della classe dell' anno 18

Consulat de S. M. à

État des jeunes gens soumis à la levée militaire de la classe de l'année 18

N° D'ORDINE delle iscrizioni N° d'ordre des inscriptions.	DATA. Date.	COGNOME E NOMI del' individuo soggetto alla leva E DEI SUOI GENITORI. Nom et prénoms de l'individu soumis à la levée et de ses père et mère.	DATA della nascita e patria dell' INDIVIDUO. Date de la naissance et patrie de l'individu.	DOMICILIO. Domicile.	PROFESSIONE. Profession.	STATO. S'il est marié ou non.	OSSERVAZIONI Observ.

§ 163.

MODÈLE N° 13.

CONSOLATO

di

Consulat de

____

Trimestre de

____

REGISTRO E STATO DELLE SOMME ESATTE.

Registre et état des sommes perçues.

Ricapitolazione dei diritti, e ripartizione fra i diversi partecipanti.

Récapitulation des droits et répartition entre les divers participants

UFFIZI. Bureaux.	DIRITTI DI Droits de			TOTALI. Totaux.	TANGENTI RISPETTIVE. Quotité respective.			
	Consolato. Consulat.	V.-Consolato. Vice-Consul.	Cancelleria. Chancelerie.		al Console. au Consul.	ai P.C. ou V.C. aux P.C ou V.C.	al Cancelliere. au Chancelier.	all' Erario. au Tresor.
TOTALI...								

Noi sottoscritti certifichiamo il presente stato di percezione conforme al registro del Consolato   ed agli stati dei Pro-C. ou Vice Consolati ascendente alla somma totale di lire nuove di Piemonte
centesimi   , sulla quale spetta al R. Erario quella di lire
centesimi   pel   18
  Dat   addi   18
            Firma di tutti gli ufficiali Consolari.

Nous soussignés certifions le présent état des perceptions conforme au registre du Consulat   et aux états des Pro-Cons. ou Vice-Consulats montant à la somme totale de livres neuves de Piémont   centimes,   sur laquelle appartient au trésor Royal, livres neuves   centimes.
  A   le   18
            Signature des officiers Consulaires.

N. B. En cas de vacance temporaire on ajoute une colonne entre les colonnes 6 et 7 pour les droits dus au gérant.

N° D'ORDINE per ogni Articolo N° d'ordre pour chaque article.	NOME E COGNOME DI CHI PAGA. Nom et prénoms de la personne qui paye.	MOTIVI PER CUI SI PAGA. Motifs des paiements.	PORTATA DEI BASTIMENTI.	DATA DELL'INCASSO Date de l'encaissement.

SOMME RICEVUTE. *Sommes reçues.*		DIRITTI DI *Droits de*			OSSERVAZIONI. *Observations.*
Moneta del Paese in cui e il Consolato. *Monnaie du Pays où se trouve le Consulat.*	Moneta di Piemonte. *Monnaie du Piémont.*	di Consolato. de *Consulat.*	di V.-consolato de *V.-Consulat*	di Cancelleria. de *Chancellerie*	

MODELE N° 14.

CONSOLATO DI S. M.
in

SITUAZIONE di Famiglia di

Consulat de S. M. à

Situation de Famille de

N° D'ORDINE N° d'ordre.	QUALITA' nella FAMIGLIA. *Qualités dans la famille.*	COGNOME E NOMI. *Nom et prénoms.*	NASCITA. *Naissance.*			INDICAZIONE della professione dei maschi mag- giori di 17 anni. *Indication de la profession des individus mâles âgés de plus de 17 ans.*	OSSERVAZIONI. *Observations.*
			Giorno. *Jours.*	Mese. *Mois.*	Anno. *Année.*		

Il Console   di S. M. Sarda a   , sentita la dichiarazione dei tre capi di casa a piè del presente sotto scritti e da lui conosciuti come persone dabbene e di notoria probità, certifica che la situazione di famiglia sovra descritta è in tutto conforme al vero.   a   li   18   seguono le firme.

Le   Consul de S. M. Sarde à   , d'après la déclaration à lui faite par trois pères de famille, soussignés et par lui connus comme personnes de bien et d'une probité notoire, certifie que la situation de la famille ci-dessus est en tout conforme à la vérité.   à   le   18.   suivent les signatures.

Voyez § 162-245-248.

PROVENIENZA. Provenance.	DESTINAZIONE. Destination.	PASSAPORTO marittimo. Passeport maritime.	ERVAZIONI servations

§ 164, 167. MODÈLE N° 15 DE REGISTRE ET ÉTAT DES ARRIVÉES ET DÉPARTS DES NAVIRES.

DATA / Date	MOTIVO / Motif	NOME, QUALITA' PORTATA DEL BASTIMENTO, e direzione a cui appartiene. / Nom, qualité, et portée du navire et direction à laquelle il appartient.	NOME, PATRIA, GRADO DEL COMANDANTE e numero della sua patente. / Nom, patrie, grade, du commandant et numéro de sa patente.	QUALITA DEL CARICO	PROVENIENZA / Provenance	DESTINAZIONE / Destination	DATE E NUMERI DELLE CARTE DI BORDO / Dates et numéros des papiers de bord				OSSERVAZIONI / Observations
dell'arrivo / de l'arrivée — della partenza / du départ	dell'arrivo / de l'arrivée — della partenza / du départ						PASSAPORTO marittimo / Passeport maritime	RUOLO d'equipaggio / Rôle d'équipage	PATENTE di nazionalità / Patente de nationalité	SCONTRINO / Sortrino	

Resumé du nombre des navires et des tonneaux à annexer à l'état ci-dessus qui est envoyé à l'intendance générale de la marine.

EFFETTI / Provenienza	ENTRATA / Entrée				USCITA / Sortie			
	NUMERO di bastimenti / Nombre de navires	TONNELLATE / Tonneaux — di operazione commerciale / operation commerciale	di rilascio (a relâche) / relâche	TOTALE delle Tonnellate / Total des tonneaux	NUMERO di bastimenti / Nombre de navires	TONNELLATE / Tonneaux — di operazione commerciale / operation commerciale	di rilascio / relâche	TOTALE delle Tonnellate / Total des tonneaux

N° D'ORDINE / N° d'ordre.	DATA. / Date.	DIRITTO del passaporto o del visto. / Droit du passeport ou du visa.	NOME E COGNOME / Nom et prénoms.	PATRIA / Lieu de naissance.	PROFESSIONE / Profession.	ETA' / Age.	STATURA / Taille.	CAPELLI / Cheveux.	OCCHI / Yeux.	NASO / Nez.	BOCCA / Bouche.	SEGNI / Signes.	DOMICILIO / Domicile.	PROVENIENZA / Provenance.	INDICAZIONE dell'ufficio d'espresso a cui si rilascia un passaporto o del passaporto vidimato — indicazione del passaporto visté ou du titre d'après lequel un passeport a été délivré. / indication du passeport visté ou du titre d'après lequel un passeport a été délivré.	PER DOVE È PARTITO. / certification.	SE PER TERRA OVVERO PER MARE con quale legno montato. / Si par terre ou par mer et avec quel navire.	OGGETTO PROBABILE e reale del viaggio. / Motif probable ou réel du voyage.

...OME	...IONE esso a cui si ...ssaporto o vidimato. ...on ...isé ou du ...s lequel ...été délivré.	PER DOVE È PARTITO. destination	SE PER TERRA OPPURE PER MARE e con qual bastimento. Si par terre ou par mer et avec quel navire.	OGGETTO PROBABILE. o reale del viaggio Motif probable ou réel du voyage.

Voy. §§ 164, 254, 559.   **MODÈLE N° 17.**

Du registre et de l'état des sommes perçues pour les procès criminels.

Diritti spettanti agli ufficiali del Consolato   in   secondo
la tariffa del 5 agosto 1818, per informazioni intorno (indicazione del nome
e cognome degli inquisiti e del fatto che da luogo al processo.)

*Droits appartenant aux officiers du Consulat   à
suivant le tarif du 5 août 1818, pour informations relatives (indiquer les
noms et prénoms des accusés et le fait qui donne lieu au procès).*

ARTICOLO DELLA TARIFFA a cui il diritto percepito si riferisce. *Article du tarif auquel se rapporte le droit perçu.*	OGGETTO per cui fu PERCEPITO. *Objet pour lequel il a été perçu.*	INDICAZIONE dell' UFFICIALE CONSOLARE o d'altri a cui spetta il diritto. *Indication de l'oficier Consulaire ou autre à qui le droit est dû.*	LN	C.	LN	C.
ART. 1	Per la notizia fiscale. *Pour la noficationfiscale*	Al Console generale. *Au Consul général.*	1	20		
		Al Cancelliere. *Au Chancellier.*	»	70	1	90
ART. 7	Per precetto di citazione di testimonj. *Pour la citation des témoins.*	Al Console generale. *Au Consul général.*	1	60		
		Al Cancelliere. *Au Chancelier.*	»	90	2	50
					4	50
		Il Console generale, *Le Consul général*,				

§ 166 N° 2. 3. 4. MODELE N° 18. *Du registre et de l'état des sommes remboursables.*

DATA dello SBORSO. *Date du paiement.*	NOME E COGNOME DELLA PERSONA o indicazione dello stabilimento a cui fu fatto lo sborso. *Nom et prenoms de la personne ou indication de l'établissement à qui le paiement a été fait.*	MOTIVO DELLO SBORSO. *Motif du paiement.*	AMMONTARE dello SBORSO. *Montant de la somme payée.*		OSSERVAZIONI. *Observations.*
			L. N.	C.	

§ 166 N° 4. **MODÈLE N° 19.** *Du registre et de l'état des secours donnés aux indigents.*

DATA dello SBORSO. *Date du paiement.*	NOME E COGNOME DELLA PERSONA che ha ricevuto il soccorso. *Nom et prénoms de la personne qui a reçu le secours.*	PATRIA *Lieu de naissance.*	DOMICILIO *Domicile*	PROFES-SIONE. *Profession.*	MOTIVO per cui fu dato IL SOCCORSO. *Motif de secours.*	AMMONTARE del SOCCORSO. *Montant de la somme donnée.*			PER DOVE é partito l'individuo che ha ricevuto il soccorso. *Indication du pays de destination de la personne secourue.*
						L.	N.	C.	

§ 166. N. 1. MODÈLE N° 20. *Du registre et d'état des frais de poste.*

N° D'ORDINE. N° d'ordre.	DATA. *Date.*		DESIGNAZIONE di chi spedisce edi colui a cui si spediscono le lettere. *Indication de la personne qui expédie ou de celle à laquelle les lettres sont expédiées.*	PROVENIENZA o DESTINAZIONE. *Provenance ou destination des lettres.*	TASSA delle LETTERE. *Prix des lettres.*	
	delle lettere. *Des lettres.*	dell' arrivo o dell' affrancamento. *De l'arrivée des lettres ou de leur affranchissement*			L. N.	C.

§§ 167. 470.   MODÈLE N° 21. *État des expéditions provisoires des navires.*

N° D'ORDINE. N° *d'ordre.*	DATA. *Date.*	NOME, QUALITA', PORTATA del bastimento e direzione a cui appartiene o sarà per appar- tenere. *Nom, qualité* *portée du navire* *et direction a la-* *quelle il appar-* *tient ou appar-* *tiendra.*	NOME, PATRIA, GRADO, del commandante e n° della sua patente. *Nom, lieu de* *naissance, grade* *du commandant* *et n° de* *sa patente.*	PROVENIENZA del BASTIMENTO. *Provenance* *du* *navire.*	MOTIVO per cui si rilas- ciano la spedizioni provvisorie. *Motif* *pour lequel on dé-* *livre les expé-* *ditions provi-* *soire.*	QUANDO e per qual mezzo si sono domandate le spe- dizioni regolari. *Quand et par* *quelle voie on a* *demandé les* *expéditions ré-* *gulières.*	OSSERVAZIONI *Observa-* *tions.*

MODÈLE N° 22. *État des navires vendus.*

N° D'ORDINE. N° d'ordre.	DATA della VENDITA. Date de la vente.	Voir la colonne 3 du modèle 21.	Voir la colonne 4 du n° 21.	NOME E COGNOME del VENDITORE. Nom et prénoms du vendeur.	NOME, COGNOME, PATRIA e domicilio del compratore. Nom, prénoms, lieu de naissance et domicile de l'acheteur.	PREZZO a cui fu fatta la VENDITA. Prix du navire.	OSSERVAZIONI Observa- tions.

§§ 483. 484. 167.   MODÈLE N° 23. *État des marins embarqués ou débarqués.*

N° D'ORDINE. N° d'ordre.	DATA *Date*		NOME, COGNOME, PATRIA, del marinaro imbar- cato o sbarcato. *Nom, prénoms et lieu de naissance du matelot em— barqué ou débarqué.*	TITOLI di cui è munito. *Titre* *dont il est porteur.*	NOME DEL BASTIMENTO E DEL CAPITANO *Nom du navire et du capitaine*		OSSERVA- ZIONI. *Observa- tions.*
	dell' imbarco. *de l'embar- quement.*	dello sbarco. *du débar- quement.*			da cui si sbarca. *avec lequel il était embarqué.*	con cui s'imbarca. *avec lequel il s'embarque.*	

§§ 188. 244. 332.

MODÈLE N° 24.

DE CERTIFICAT DE NATIONALITÉ SIMPLE.

(L. S.)

Le consul . . . . de S. M. sarde à . . . .

Déclare que le nommé (nom et prénoms) fils de (prénoms du père, et si le fils est né en pays étranger on ajoutera le lieu de naissance du père et sa qualité de sujet sarde) et de (nom et prénoms de la mère), né à . . . . . le . . . . . du mois de . . . . . mil . . . . . de profession . . . . . demeurant à . . . . . est sujet sarde et comme tel, inscrit au registre de ce consulat . . . sous le nᵉ

R. L. N.

A . . . . . le . . . . . - 18

(L. S.)

Le . . consul

Voy. §§ 202. 332.   **MODÈLE N° 25.**

Certificat de nationalité pour obtenir un permis de séjour.

<table>
<tr><td>

CONSULAT

DE S. M. SARDE.

à . . . . .

——————

N°

——————

Signalement.

———

Age. . . . . . ans.

Taille

Cheveux

Front

Sourcils

Yeux

Nez

Bouche

Menton

Visage

Teint

——————

Signes particul.

——————

Profession.

——————

Signat. du Porteur

</td><td>

CERTIFICAT

DE NATIONALITÉ.

——————

Nous . . . . Consul . . . de S. M. Sarde
à . . . .

Certifions que l

natif de
est sujet de S. M. Sarde; qu'   l nous a
déclaré être parti de

et qu' l désire se fixer dans cette ville, où
l loge , rue . . . . . . n° . . . . pour . . . .

En foi de quoi, nous lui avons accordé
le présent certificat
d'après

Fait à . . . . . le 18

Le . . . . consul .

(L. S.)

</td></tr>
</table>

§ 310.

MODULO N° 26.

DI LEGALIZZAZIONE.

Visto in questo R . . . . . . consolato . . . .
di Sardegna buono per legalizzazione della firma del sig . .
(qualitá della persona di cui si legalizza la firma).

    à . . . . li . . . 18 . . . .

(L. S.)

         Il . . . console . . . .

---

§ 316.

MODULO N° 27.

D'atto di nascita fatto da un console di S. M. sarda, di un fanciullo nato da legittimo matrimonio di un regio suddito in paese estero, ove non esistono pubblici registri dello stato civile, sulla dichiarazione del padre del neonato.

L'anno del signore mille ottocento . . . . . li . . . del
mese di . . . . . . in (nome del paese, della provincia e
stato) avanti noi (nome, cognome e qualitá dell'ufficiale consolare) di S. M. il Re di Sardegna è stato consegnato un
fanciullo di sesso (indicare se mascolino o femminino) nato
il . . . del corrente mese alle ore . . . di (sera o mattina (in questa città, figlio di (nome e cognome del padre)
suddito di S. M. nativo di . . . . provincia di . . . (1)
(indicare quì se è cattolico o protestante) di professione . .
. . . . . . domiciliato nella città di . . . . e di
(nome e cognome della madre), di professione . . . . .
domiciliata a . . . conjugi N. N., al quale il padre ha
dichiarato essere stato amministrato il battesimo il giorno
. . . . . alle ore (indicare se di sera o di mattina) nella
parrocchia di (nome della parrocchia) di questa città
(qualora non esista parrocchia o chiesa cattolica indicare
il nome, cognome e qualità della persona da cui il batte-

§ 310.   **MODÈLE N° 26.**

DE LÉGALISATION.

Vu au . . consulat . . . . . de Sardaigne, bon pour légalisation de la signature de . . . . (qualité de la
personne dont on légalise la signature).

    A . . . .   li . . . . 18 . . . .

(L. S.)

        Le . . . consul . . . .

---

§ 316.   **MODÈLE N° 27.**

*D'acte de naissance, fait par un consul de S. M. , d'un en-
fant né d'un mariage légitime d'un sujet sarde en pays
étranger, où il n'y a pas des registres de l'état-civil,
d'après la déclaration du père du nouveau-né.*

L'an du seigneur mil huit cent . . . , . le . . . du mois
de . . . à (nom du pays, de la province et de l'état) devant nous (nom , prénoms et qualité de l'officier consulaire) de S. M. le roi de Sardaigne a été présenté un enfant
du sexe (indiquer s'il est masculin ou féminin) né le . .
de ce mois à . . . . . heures du (soir ou du matin) en cette
ville, fils de (nom et prénoms du père) sujet de S. M. (indiquer s'il est catholique ou protestant), né à . . province de
. . . (1), de profession . . . . . domicilié dans la ville
de . . . et de (nom et prénoms de la mère) de profession
. . . . domiciliée à . . . époux . . . . auquel le père a
déclaré avoir été administré le baptème le . . . à . . heures (du soir ou du matin) dans la paroisse de (nom de
la paroisse) en cette ville (s'il n'y existe pas d'église catholique, ou de paroisse. indiquer les nom, prénoms et qualité
de la personne qui a administré le baptème) présents (indiquer les noms des parrain et marraine ou des témoins)

simo fu amministrato) presenti (indicare il nome del padrino e della madrina o dei testimonj) coi nomi di (indicare i nomi del fanciullo).

In conseguenza di tale dichiarazione fatta in presenza di (nome e cognome) suddito (indicare la nazione a cui appartiene) d'età d'anni . . . della città di . . . . e di . . . . suddito . . . . . d'età d'anni. . . . . della città di . . . . . entrambi qui (di passaggio o stabiliti), noi (qualità dell' ufficiale consolare) sudetto giusta la facoltà confertaci dell'art. 36. del regolamento annesso alle R. patenti 20 giugno 1837, abbiamo esteso il presente atto di nascita a richiesta ed alla presenza del padre del neonato e de' testimonj predetti, stato dai medesimi con noi sotto scritto (2), e di cui due copie autentiche verranno da noi trasmesse alla R. segreteria di stato per gli affari esteri, a termini dell'art. 38 del citato regolamento.

Fatto a . . . . . il giorno, mese ed anno come sovra.

Firma del richiedente.

id. dei due testimonj.

Firma dell'agente consolare (3).

E del cancelliere se ven' é uno.

N. B. Si avvertono i consoli che per la redazione degli atti di nascita debbonsi attenere a quanto viene disposto dagli art. 13 e 14 del regolamento, cosichè in caso di assenza o d'impedimento del padre di un fanciullo nato da legittimo matrimonio la dichiarazione può anche essere fatta da qualunque altra persona consapevole della nascita.

Si avverte inoltre che per pubblici registri dello stato civile s'intendono anche i registri parrochiali.

(1) Circ.re 70. del 4 genn° 1839. (2) § 317. *infrà* (3) med° § 317.

avec les prénoms de (indiquer les prénoms de l'enfant).

En conséquence d'une telle déclaration faite en présence de (nom et prénoms) sujet (indiquer la nation à laquelle il appartient) âgé de . . . ans, de la ville de . . . . et de . . . . sujet de . . . . âgé de . . . de la ville de . . . . tous les deux de (passage ou domiciliés) en cette ville, nous (qualité de l'officier consulaire) susdit d'après la faculté à nous conférée par l'article 36 du réglement annexé aux R. patentes du 20 juin 1837, avons rédigé le présent acte de naissance à la requête et en présence du père du nouveau né et des témoins précités, qui ont signé avec nous (2) et dont deux copies authentiques seront expédiées par nous à la R. secrétairerie d'état pour les affaires étrangères, aux termes de l'article 38 dudit règlement.

Fait à . . . le jour, mois et an ci-dessus.

Signature du requérant.

    id.   des deux témoins.

        id   de l'agent consulaire et du

            chancelier s'il y en a un. (3).

N. B. Les consuls sont avertis que pour la rédaction des actes de naissance ils doivent se conformer aux dispositions des articles 13 et 14 du réglement, de manière qu'en cas d'absence ou d'empêchement du père d'un enfant né d'un mariage légitime, la délaration peut aussi être faite par toute personne qui ait connaissance de la naissance.

Les consuls doivent en outre faire attention que les registres des paroisses sont aussi considérés comme registres publics de l'état-civil.

(1) Circ^re 70 du 4 janvier 1839. (2) § 317. *infrà*. (2) même § 317.

§ 316.

MODULO N° 28.

Di verbale di presentazione d'estratto d'atto di nascita di fanciullo nato all'estero ed in luogo dove esistono pubblici stabilimenti di registri dello stato civile.

L'anno del signore mille ottocento . . . addi . . . . . del mese di . . . . . (nome del paese, della provincia e stato) avanti noi (nome, cognome e qualità) di S. M. il Re di Sardegna, é comparso il sig. (nome e cognome) suddito (indicare se é cattolico o protestante) della città di . . . . domiciliato a . . . . . il quale ci ha presentato per l'opportuna trascrizione l'estratto dell'atto di nascita di un di lui figlio nato in . . . il   del mese di   il quale é del tenore seguente (1) :

Di quale trascrizione eseguitasi in conformitá dell' art. 37 del regolamento annesso alle RR. PP. del 20 giugno 1837 ed in presenza di esso richiedente e di (nome e cognome) d'anni . . . della città di (nome della patria), di professione . . . e di (nome e cognome) d'anni . . . . della città di · . . . di professione . . . . , abbiamo esteso il presente verbale stato dal comparente e dai testimonj sottoscritto e di cui giusta il disposto del successivo art. 38 verranno da noi trasmesse due copie autentiche alla R. segreteria di stato per gli affari esteri, avendo intanto depositato l'estratto originale predetto negli archivi di quest' uficio (2).

Fatto a . . . il giorno, mese ed anno come sovra.

Firma del richiedente.

Firma dei due testimonj.

Firma dell' agente consolare.

(1) Si potrebbe aggiungere come nel modulo 32. (alin. del § 317.) « il quale dopo traduzione autentica fattane dalla lingua etc. » (2) V. il § 318 *infrà*.

§ 316.   **MODÈLE Nᵒ 28.**

*D'un procès verbal de présentation d'un extrait d'acte de
naissance d'un enfant né à l'étranger et dans une localité, où il y a des registres publics de l'état-civil.*

L'an du seigneur mil huit cent . . . . le . . . du mois
de . . . à (nom du pays, de la province et de l'état) devant nous (nom, prénoms et qualité) de S. M. le Roi de
Sardaigne, a comparu le sieur (nom et prénoms) sujet (indiquer s'il est catholique ou d'un autre culte) de la ville
de . . . . et domicilié à . . . . . lequel nous a présenté
pour être transcrit, l'extrait d'acte de naissance d'un de ses
enfants né à . . . . le . . . . . du mois de. . . . qui est
de la teneur suivante (1) :

De laquelle transcription faite en conformité de l'art. 37 du
réglement annexé aux RR. PP. du 20 juin 1837 et en présence du requérant et de (nom et prénoms). âgé de . . . .
de la ville de (nom du lieu de naissance) de profession . .
et de (mêmes indications) nous avons rédigé le présent procès-verbal signé par lesdits requérant et témoins et dont
suivant l'article 28 dudit réglement deux copies authentiques seront expédiées par nous à la R. secrétairerie d'état
pour les affaires étrangères, l'extrait original susdit ayant
en attendant été déposé dans les archives du consulat (2).

Fait à . . . les jours, mois et an que dessus.
Signature du requérant et des deux témoins.
Signature de l'agent consulaire.

---

(1) On pourrait ajouter comme dans le modèle 32. (A) : « lequel
après traduction authentique de la langue . . . avons transcrit
comme suit : » (2) V. le § 318 infine (A) V. le 2 alin. du § 317.

§ 316.

MODULO N° 29.

Di verbale di rimessione di copia d'atto di nascita di fanciullo figlio di suddito di S. M. nato a bordo di un bastimento nazionale approdato in un porto straniero. (1)

L'anno del signore mille otto cento . . . . . addi . . . del mese di. . . . . . in . . . . avanti noi (nome, cognome e qualità dell'agente consolare) di S. M. il Re di Sardegna in questo porto, è comparso il sig. (nome, cognome e qualità), il quale ci ha presentato copia autentica dell'atto di nascita di (nome e cognome del fanciullo) nato a bordo del (qualità e nome del bastimento) di bandiera sarda, il . . . del mese di . . . . . e da esso comparente esteso, del tenore seguente :

Di quale documento abbiamo fatto seguire il deposito negli archivi di questo consolato e verranno da noi spedite due copie autentiche alla R. segreteria di stato per gli affari esteri, in conformità dell'art. 34 del regolamento annesso alle RR. PP. del 20 giugno 1837.

Fatto a . . . . il giorno, mese ed anno come sovra.

Firma del richiedente.

Firma dell'agente consolare.

(1) § 454 *infrà*.

§ 316.   **MODÈLE N° 29.**

De procès-verbal de remise d'une copie d'acte de naissance d'un enfant fils d'un sujet sarde né à bord d'un navire national touchant à un port étranger (1).

L'an du seigneur mil huit cent . . . le . . . . . . du mois de . . . . . à . . . . . . devant nous (nom, prénoms et qualité de l'agent consulaire) de S. M. le Roi de Sardaigne en ce port, a comparu le sieur (nom, prénoms et qualité) lequel nous a présenté une copie authentique de l'acte de naissance de (nom et prénoms de l'enfant) né à bord du (qualité et nom du navire) portant pavillon sarde, le . . . du mois de . . . . et rédigé par le requérant dans la teneur suivante :

Duquel document avons fait opérer le dépôt dans les archives de ce consulat . . . et deux copies authentiques du présent acte seront expédiées par nous à la R. secrétairerie d'état pour les affaires étrangères, en conformité de l'art. 34 du règlement annexé aux RR. PP. du 20 juin 1837.

Fait à . . . . les jour, mois et an que dessus.

Signature du requérant.

Signature de l'agent consulaire.

(1) § 454. du manuel.

Voy. § 316.   MODULO N° 30.

*D'atto di nascita fatto da un R. ufficiale consolare, d'un fan-
ciullo naturale dichiarato dal padre stesso interveniente
all'atto, in paese estero, ove non esistono pubblici stabilimenti di registri dello stato civile (1).*

L'anno del signore etc.

È stato consegnato un fanciullo di sesso (mascolino o femminino) nato il . . . del mese di . . . alle ore . . . (d
sera o di mattina) in questa città, figlio di (nome e cognome) R. suddito (indicare se è cattolico o di qual altro
culto) di professione . . . della città di . . . e domiciliato in . . . e di (nome e cognome), nubile, di professione . . . domiciliata in questa città, al quale il padre ha
dichiarato voler imporre i nomi di . . .

In conseguenza etc. (V. il modulo **27**.

N. B. Si avverta che a tenore dell'art 14 del regolamento
quando il padre del figlio naturale non si presenta egli stesso
personalmente o non esiste dichiarazione formale per parte
sua, non si potrà mai inserire la dichiarazione altrui ri-
guardo alla paternità, quand' anche fosse fatta dalla madre.
Si ammetterà tuttavia la dichiarazione di quest' ultima per
cio'che la concerne personalmente, quando essa non sia pe-
rò'unita con altri in legittimo matrimonio.

(1) V. il N. B. del modulo 27.

Voy. § 316

MODÈLE N° 30.

D'acte de naissance, rédigé par un officier consulaire, d'un enfant naturel, déclaré par le père lui-même intervenant à l'acte dans un pays étranger, où il n'existe pas des registres publics de l'état-civil (1).

L'an du seigneur, etc.

A été présenté un enfant du sexe (masculin ou féminin) né le . . . du mois de . . . à . . . heures du (matin ou soir) en cette ville, fils de (nom et prénoms) sujet sarde (catholique ou protestant, etc.) de profession . . . de la ville de . . . et domicilié à . . . et de (nom et prénoms) non mariée, de profession . . . . domiciliée en cette ville, auquel le père a déclaré vouloir donner les prénoms de . . . .

En conséquence, etc. (V. le modèle 27).

N. B. Il faut observer qu'en conformité de l'art. 14 du réglement, quand le père de l'enfant naturel ne se présente pas en personne, ou ne fait aucune déclaration formelle à ce sujet, on ne peut jamais insérer la déclaration d'une autre personne à l'égard de la paternité, quand même elle serait faite par la mère. On admettra cependant la déclaration de cette dernière pour ce qui la concerne personnellement, si elle n'est pas mariée avec un autre.

(1) V. le N. B. du modele 27.

Voy. § 316.

MODULO N° 31.

D'atto di decesso fatto da un console di S. M. Sarda d'un individuo morto in paese, dove non esistono pubblici stabilimenti di registri dello stato civile.

L'anno del signore etc.

Davanti noi etc. è stata fatta la seguente dichiarazione di decesso :

Il giorno . . . del mese di . . . del corrente anno, alle ore (indicare se di mattina o di sera) in questa città, nella casa propria del sig. . . . . é morto (1) (nome e cognome) di religione (indicarla) d'età d'anni . . . di professione . . . nativo e domiciliato in . . . . di passaggio (o dimorante) in questa città (vedovo in prime nozze di N. N.) maritato con N. N. figlio del vivente (o del fu) N. N. di professione . . . . e della vivente (o fu) N. N. di professione . . . domiciliata in

Dichiaranti (nome e cognome) d'età d'anni . . . . domiciliato in . . . . di professione . . . . . e N. N. d'età d'anni . . . domiciliato in . . , . di professione . . . . . ambi sudditi (indicare la nazione).

A seguito di quale dichiarazione ricevuta da noi in conformità della facoltà confertaci dall'art. 36 del regolamento annesso alle R. patenti 20 giugno 1837, abbiamo esteso il presente atto di morte stato dai testimonj sottoscritto e di cui due copie etc. V. il modulo n° 27.

Firma dei due testimonj.

Firma dell'ufficiale consolare.

Consta a noi (qualità dell'agente consolare) che il cadavere del sudetto N. N, è stato sepolto nel cimitero dei cattolici (od in quell'altro in cui avrà avuto luogo la sepoltura).

N. B. Si richiama l'attenzione dei consoli sulle disposizioni contenute negli art. 21 23 e 24 del regolamento sudetto.

(1) munito o no dei SS. Sacramenti.

§ 316.

MODÈLE N° 31.

D'un acte de décès fait par un consul de S. M. sarde, d'un individu mort dans un pays, où il n'existe pas d'établissements publics de registres de l'état-civil.

L'an du seigneur, etc.

Devant nous, etc., a été faite la déclaration suivante de décès :

Le jour . . . du mois de . . . de cette année, à . . . heures du (matin ou du soir) en cette ville, dans la maison du sieur . . . . . est mort (muni ou non des SS. sacrements) le sieur (nom et prénoms) de religion . . . âgé de . . . . de profession . . . . né à . . . domicilié à . . . de passage (ou demeurant) en cette ville (veuf en premières noces de , en secondes noces de (marié avec . . . . fils de vivant (ou feu) . . . de profession . . . et de la vivante (ou feue) . . . de profession . . . domiciliée à . . .

Déclarants (nom et prénoms) âgé de . . . domicilié à . . . . de profession . . . . . et . . . (comme l'autre), tous les deux sujets . . . . .

A la suite de laquelle déclaration reçue par nous en conformité des pouvoirs à nous conférés par l'art. 36 du réglement annexé aux RR. PP. du 20 juin 1837 avons rédigé le présent acte de décès signé par les témoins, et duquel acte, etc. (V. le modèle n° 27.

Signature des deux témoins.

Signature de l'agent consulaire.

Il est constant pour nous que le cadavre du susdit . . . . a été enseveli dans le cimetière des catholiques (ou autre).

N. B. L'attention des consuls est rappelée sur les art. 21 23 et 24 du réglement susdit.

§ 316.

MODULO N° 32.

Di verbale presentazione d'estratto d'atto di morte d'individuo deceduto in paese estero ove esistono pubblici stabilimenti di registri dello stato civile.

L'anno del signore etc., avanti noi, etc., é compaso il sig. N. N. , il quale ci ha presentato per essere trascritto, l'estratto d'atto di decesso di (nome e cognome) morto in questa città il . . . del mese di . . . il quale previa traduzione autentica dalla lingua (indicare la lingua in cui é scritto) abbiamo trascritto come segue:

V. la chiusa del modulo n° **28**.

Firma del richiedente, dei due testimonj e dell'agente consolare.

---

§ 316.

MODULO N° 33.

Di verbale di remissione di copia d'atto di morte d'individuo deceduto a bordo di bastimento nazionale approdato in un porto straniero.

L'anno del signore, etc., avanti noi, é comparso il sig. . . . capitano di marina, il quale ci ha presentato copia autentica dell'atto di decesso di N. N. morto a bordo del (qualità e nome del bastimento) , di bandiera sarda il . . . del mese di . . . e da esso comparente esteso, del tenore seguente :

V. la chiusa del modulo **29**.

Firma del comparente e dell'agente consolare.

§ 316.

MODÈLE N° 32.

D'un procès-verbal de présentation d'un extrait d'acte de décès d'un individu mort en pays étranger, où il y a des registres de l'état-civil.

L'an du seigneur etc., devant nous etc., a comparu le sieur . . . lequel nous a présenté pour être transcrit, l'extrait d'acte de décès de (nom et prénoms) mort en cette ville le . . . du mois de . . . lequel, après traduction authentique, qui en a été faite, de la langue (indiquer la langue dans laquelle il est écrit) nous avons transcrit ainsi qu'il suit :

V. la clôture du modèle n° **28.**

Signature du requérant, des deux témoins et de l'agent consulaire.

---

§ 316.

MODÈLE N° 33.

D'un procès-verbal de présentation d'une copie d'acte de décès d'un individu mort à bord d'un navire national ayant touché dans un port étranger.

L'an du seigneur, etc., devant nous etc., a comparu le sieur, etc., capitaine marin, lequel nous a présenté une copie authentique de l'acte de décès de . . . mort à bord du (qualité et nom du navire) portant pavillon sarde, le . . . du mois de . . . et rédigé par le comparant, ainsi qu'il suit :

V. la clôture du modèle n° **29.**

Signature du capitaine requérant.

Signature de l'agent consulaire.

§ 327.

MODULO N° 34.

D'AUTORIZZAZIONE DA ACCORDARSI AD UN R. SUDDITO PER AMMOGLIARSI CON UNA DONNA STRANIERA.

CONSOLATO....

DI S. M. SARDA

in

N° Il Console . . . di S. M. Sarda residente a

Autorizza il (nome e cognome) figlio di (nome e cognome del padre) e di (nome e cognome della madre) nato a . . . . domiciliato a . . . d'anni . . di professione . . a contrarre matrimonio con la . . . (damigella o vedova in prime nozze di . . in sconde nozze di . . . figlia di . . e di . . (nome e cognome del padre e della madre) nata a dimorante a d'anni . . . . di professione . . . a condizione di conformarsi per la celebrazione del suo matrimonio, ai riti della santa chiesa cattolica.

A li 18

(L. S.)

Il console

§ 327.

MODÈLE N° 34.

D'AUTORISATION A ACCORDER A UN SUJET SARDE POUR SE MARIER AVEC UNE FEMME ÉTRANGÈRE.

CONSULAT.......

DE S. M. SARDE

à

——————————

N.

Le consul . . . de S. M. Sarde résidant à

Autorise le sieur (nom et prénoms) fils de (nom du père) et de (nom et prénoms de la mère) né à . . . domicilié à . . . âgé de . . . de profession . . . . à contracter mariage avec la nommée (nom et prénoms) (demoiselle ou veuve en premières noces de . . . en seconde noces de . . .) fille de . . . et de . . (nom et prénoms du père et de la mère) née à . . . demeurant à . . . âgée de . . de profession . . . à la condition de se conformer pour la célébration de son mariage, aux rits de la sainte église catholique.

A . . . le. . . . 18

(L. S.)

Le consul

§ 331.   MODÈLE

ÉTAT DES INDIVIDUS QUI DEMANDENT D'ÊTRE

N° D'ORDINE. *N° d'ordre.*	NOME E COGNOME dei soldati. *Nom et prénoms des soldats.*	COMUNE E PROVINCIA in cui hanno la loro dimora nei R. stati. *Commune et province des états Sardes dans lesquelles ils ont leur domicile.*	MANDAMENTO in cui sono te nute di presentarsi per la rassegna. *Canton dans lequel ils doivent se présenter à la revue.*	CLASSE DI LEVA a cui apparten- gono. *Classe de levée à la- quelle ils appartien- nent.*	N° DELLA LORO matricola. *Leur numéro de matricule.*

N° 35.

EXEMPTÉS DES REVUES MILITAIRES ANNUELLES.

NOME del corpo di cui fanno parte. *Nom du corps auquel ils appartiennent.*	LUOGO in cui dimorano all'estero. *Lieu de leur demeure à l'étranger*	PROFESSIONE *Profession.*	Se si sono presentati alle precedenti rassegne o se ne furono dispensati. *S'ils se sont présentés aux revues précédentes ou s'ils en ont été dispensés.*	AUTORITA' politica o religiosa estera che rilasciò il certificato di buona condotta. *Autorité politique ou ecclésiastique qui leur a délivré le certificat de bonne conduite.*	OSSERVAZIONI. *Observations.*

 ## MODÈLE N° 36. DE PASSEPORT.

PASSEPORT valable pour un an. **CONSULAT** DE S. M. SARDE à . . . . *Registre* N° *Signalement.* Agé de ans. Taille Cheveux Sourcils Front Yeux Nez Bouche Menton Visage Teint *Signes particul.* *Profession.* *Dernier domicile.* *Signat. du Porteur* *Soumis au visa de l'autorité compétente de cette ville.* *Droit du passeport L. N. du Piém.*	**AU NOM DE S. M. LE ROI DE SARDAIGNE** Nous (nom, prénoms et titres de l'officier consulaire), son . . . . consul . . . . . . à la résidence de . . . . Requérons tous ceux qui dépendent de l'autorité de S. M. et prions les ministres, gouverneurs, commandants et autres employés des puissances amies de laisser librement passer et séjourner (nom et prénoms de l'individu auquel le passeport est délivré et prénoms de son père) né à . . . . allant à . . . . et de lui accorder aide et protection en cas de besoin. Délivré sur . . . . A . . . . . le . . . . 18 Le . . . Consul. . . . (L. S.)

Voy. § 341. **MODÈLE N° 37. DE PASSE-PROVISOIRE.**

Passe-provisoire valable pour......	**PASSE-PROVISOIRE** *pour se rapatrier dans l'espace de.* . .
CONSULAT DE S. M. SARDE à	
REGISTRE N°	AU NOM DE S. M. LE ROI DE SARDAIGNE.
Signalement. Age..... ans. Taille Cheveux Front Sourcils Yeux Nez Bouche Menton Visage Teint	Nous (nom, prénoms et titre de l'officier consulaire) son . . . . consul . . . à la résidence de . . . . Requérons tous ceux qui dépendent de S. M. (*ut retro*) de laisser librement passer
Signes particul.	né à . . . . . qui va à . . . . . . directement et (*ut retro*)
Profession.	Délivré sur
dernier domicile.	A . . . . . le 18
Signal. du Porteur	Le . . . . consul . (L. S.)
Soumis au visa de l'autorité locale compétente. GRATIS.	

§ 345.

MODÈLE N° 38.

DE PERMIS D'EMBARQUEMENT.

Nous (nom, prénoms, titres et qualité de l'officier consulaire) de S. M. sarde, résidant à

Permettons à

de profession . . . né à . . . âgé de . . . ans
venant de . . . domicilié à . . . de s'embarquer en
qualité de (passager ou matelot) sur le (qualité, nom et nationalité du bâtiment) commandé par le capitaine . . .
pour aller à

A . . . le . . . 18

(L. S.)

Le consul

---

§ 347.

MODÈLE N° 39.

DE VISA DES PASSEPORTS.

Vu au Royal Consulat . . de Sardaigne, bon pour . . . .

A . . . le . . . 18

L. S.

Le consul

§§ 230. 248. 332.

MODÈLE N° 40.

DE PATENTE DE PROTECTION.

CONSULAT . . .

DE S. M. SARDE

à

Signalement.

Nous consul . . . de Sardaigne à . . certifions que le (nom et prénoms de l'individu et prénoms de son père, nom et prénoms de la mère) né à . . . . de profession . . . demeurant à . . . . est sous la protection de ce consulat . . . de S. M. Sarde (indiquer le motif) et pour ce motif il est inscrit dans les registres du consulat et admis à jouir de tous les avantages accordés aux sujets sardes en cette ville.

à . . . le

(L. S.)

Le consul

§ 447. 556.

MODULO N° 41.

DI AUTENTICA DEL GIORNALE DI BORDO.

Si autorizza l'aggiunta di n° . . . fogli al giornale di bordo del . . . capitano . . . i quali furono da noi parafati e bollati col sigillo di questo consolato . . . .

à . . li 18

Ln. tre.

Il console

(L. S.)

---

§ 449.

MODÈLE N° 42.

DI VERBALE DI STAZZA D'UN BASTIMENTO COMPRATO ALL'ESTERO.

Noi (qualità dell'ufficiale consolare) di S. M. il Re di Sardegna, residente a

In esecuzione delle disposizioni contenute nel R. biglietto dei 27 octobre 1838, delle modificazioni prescritte col successivo R. rescritto del 20 decembre 1842 e delle relative istruzioni dell' Eccmo consiglio amministrativo di marina sedente in Genova dei 28 decembre suddetto.

A richiesta del (marinaro o padrone o capitano, etc) . . . di . . . proprietario del . . . denominato . . . avendo proceduto alla stazza di detto . . . . giusta le misure sancite col prelodato R. rescritto del 20 decembre 1842, abbiamo ottenuto le seguenti dimensioni :

Lunghezza . . Larghezza . . Altezza . .

Dalle quali dimensioni risulta che il sudetto . . . è della capacità di . . , T°. 100

à . . . li 18

(L. S.)

Il console

Dritto 8. Ln.

§ 447. 556   **MODÈLE N° 41.**

DE LÉGALISATION DU JOURNAL DU BORD.

Le capitaine . . . commandant le . . . a été autorisé par nous à ajouter à son journal de bord n° . . . feuilles que nous avons paraphées et timbrées avec le sceau de ce consulat . . .

a . . . le . . 18

(L. S.)

Le consul

§ 449.   **MODÈLE N° 42.**

DE PROCÈS-VERBAL DE JAUGE D'UN NAVIRE ACHETÉ À L'ÉTRANGER.

Nous (qualité de l'officier consulaire) de S. M. le Roi de Sardaigne, résidant à

En exécution des dispositions contenues dans le R. billet du 27 octobre 1838, des modifications prescrites par le R. rescrit du 20 décembre 1842 et des instructions du conseil administratif de la marine séant à Gênes, du 28 décembre susdit.

A la requête du . . .
né à . . propriétaire du . . nommé le . . . ayant procédé à la jauge dudit . . suivant ce qui est prescrit par le susdit R. rescrit du 20 décembre 1842, avons obtenu les dimensions suivantes :

Longueur . . Largeur . . Hauteur . .

Desquelles dimensions il résulte, que ledit . . est de la capacité de . . tx. 100

A . . . le . . 18

(L. S.)

Le consul

§§. 451. 501.

MODULO N° 43.

DI REGISTRO E DI COPIA DI MANIFESTO PER I BASTIMENTI SARDI.

Manifesto di (entrata o di uscita)

del (qualità e nome del bastimento) (sotto bandiera sarda)
di tonnellate . . ./100, equipaggiato di . . . persone, comandato dal
che (viene da o va a) . . carico delle seguenti merci

(L. S.)   li . . . 18

Il . . console .

-----

§. 451. nota 4.

MODULO N° 44.

DI RICEVUTA DELLE CARTE DI BORDO.

Esibite le carte in questo R. consolato . . di Sardegna.

li . . . 18

Il console

§§ 431-501.

MODÈLE N° 43.

DE REGISTRE ET DE COPIE DU MANIFESTE POUR LES NAVIRES SARDES.

———

Manifeste de l'entrée ou de sortie,

du (qualité et nom du navire) (sous pavillon sarde)
de . . . . tonneaux   /100 , équipé de . . . personnes,
commandé par le. . . .
venant de (ou allant à) . . . chargé des marchandises
suivantes :

A . . . . . le · . . . .

(L. S.)   Le consul.

———————

§ 451, note 4.

MODÈLE N° 44.

DE REÇU DES PAPIERS DE BORD.

Les papiers de bord ont été présentés en ce consulat
de Sardaigne.

A . . . . . le . . . 18   .

Le   . . consul. . . .

§ 500.

MODULO N° 45.

DI VISTO DEL PASSAPORTO MARITTIMO.

Visto in questo R. consolato. . . . di Sardegna, buono per . . . e se vi é luogo a proroga, si aggiunge : si prorogano le carte per mesi . . . li 18

Il console.

§ 500.

MODULO N° 46.

DI VISTO DEL RUOLO D'EQUIPAGGIO.

Visto in questo R. consolato . . . . . di Sardegna con persone . . . . d'equipaggio; più s'imbarcano di passaggio . . . Percepito per diritti di consolato, vice-consolato e cancelleria (secondo che si percepiscono tutti o parte di questi diritti).

a . . . . li 18

Il console.

§ 500.

MODÈLE Nº 45.

DE VISA DU PASSEPORT MARITIME.

Vu en ce consulat . . . de Sardaigne , bon pour . . . .
(et s'il y a lieu de proroger les papiers de bord , on
ajoute : les papiers sont prorogés pour) .   .   .

A .   .   . le.   .   . .18

Le consul

§ 500.

MODÈLE Nº 46.

DU VISA DU ROLE D'ÉQUIPAGE.

Vu en ce consulat .   .   .   de Sardaigne , avec .   .   .
personnes d'équipage ; plus de passage les nommés . . . .
Perçu pour droits de consulat , de vice-consulat et de
chancellerie .   .   .   .   (suivant qu'on perçoit la totalité
ou une partie de ces droits).

A . . . . le 18

Le . . . . consul.

§ 467.

MODULO 47.

DI REGISTRO E COPIE DI RUOLI D'EQUIPAGGIO.

CONSOLATO   ESTRATTO

DI S. M. SARDA   DAL REGISTRO DEI RUOLI

   in   n°

Ruolo d'équipaggio del   nominato l
di Tonnellatte   /100. Comandato dal   il quale
parte da questo porto per andare a   ; valevole
per   ; di spettanza del

COGNOME E NOME.	Patria.	Domicilio.	Età.	Statura.	Capelli.	Occhi.	Grado.	NUMERO DI		PARTE o salario accordati all' équipaggio.
								Matricola.	Iscrizione.	

Quali   e marinari in numero di   persone
in tutto compreso il   sono   nazionali e
esteri, e vanno accordati

      Dato a   li   18

                              Il Console,

§ 467.

MODÈLE N° 47.

DE REGISTRE ET DE COPIES DE ROLES D'ÉQUIPAGE.

CONSULAT
DE S. M. SARDE
à

EXTRAIT
DU REGISTRE DES RÔLES.
n°

Rôle d'équipage du   appelé   de
Tonneaux   /100, commandé par le   qui part de
ce port pour aller à   ; valable pour   :
appartenant à

NOM ET PRÉNOMS.	Lieu de naissance.	Domicile.	Age.	Taille.	Cheveux.	Yeux.	Grade.	NUMÉRO DE		PART ou salaire accordés à l'équipage.
								Matricule.	inscription.	

Lesquels   et matelots au nombre de
personnes en tout , le   compris   , sont
nationaux et   étrangers et se sont accordés à
    A   le   18

Le Consul ,

§ 468. 70 71

MODULO N° 48.

DI PASSAVANTI PROVVISORIO.

CONSOLATO
DI S. M. SARDA
in
____

Noi . . . . . di S. M. il Re di Sardegna, residente a. . . . in virtù delle facoltà a noi concesse dai regi regolamenti.

Concediamo il presente passavanti provvisorio al (capitano o padrone). . . . . comandante il . . . . denominato . . . della portata di. . . . tonn^te . . /100, di proprietà di . . . iscritto nella direzione di. . . . . sotto il n° . . . , ed essendo detto bastimento stato ammesso a far parte della marina mercantile ed autorizzato ad inalberare la bandiera di S. M., permettiamo al detto . . . . . di comandarlo e navigare col presente passavanti provvisorio per recarsi direttamente da questo porto a. . . direzione di . . . senza variarne il cammino salvo il caso d'urgenza.

Il presente passavanti gli é stato da noi rilasciato (indicare il motivo per cui fu rilasciato. Vedi li § 468. 470, 471).

Preghiamo tutti gli amici ed alleati di S. M. ed i loro sudditi non che i comandanti della R. Marina militare e qualunque altra autorità a cui apparterrà, di lasciar liberamente passare il detto . . . . col bastimento sopradescritto senza dargli, nè soffrire che gli venga dato ritardo ed impedimento veruno, prestandogli anzi ogni possibile ajuto e soccorso quando ne venissero richiesti.

Dato dalla Cancelleria il presente passavanti provvisorio da noi sottoscritto e munito del sigillo consolare. . . . . . a . . . . . . li 18

Il   Console

Segue la descrizione dell' equipaggio. (V. modulo 47).

MODÈLE N° 48.

§ 468. 70. 71.

DE PASSAVANT PROVISOIRE.

CONSULAT

DE S. M. SARDE

à

Nous . . . . . de S. M. le Roi de Sardaigne, résidant à . . . . . en vertu des pouvoirs qui nous sont conférés par les réglements royaux,

Accordons le présent passavant provisoire au (capitaine ou patron) . . . . commandant le . . . . nommé le . . . de la portée de . . . Tx . . . /100, appartenant au . . . . inscrit dans la direction de . . . . . . sous le n° . . . et ledit navire ayant été admis à faire partie de la Marine marchande et autorisé à arborer le pavillon de S. M.; permettons audit . . . . de le commander et de naviguer avec le présent passavant provisoire pour aller directement de ce port à . . . . . direction de . . . . . sans changer de route sauf le cas d'urgence.

Le présent passavant lui a été délivré par nous (indiquer le motif qui a déterminé le consul à le délivrer. Voy. les § 468, 470, 471).

Prions tous les amis et alliés de S. M. et leurs sujets, ainsi que les commandants de la marine royale et toute autre autorité a qui il appartienne, de laisser librement passer ledit . . . . . avec le navire sus-indiqué sans lui causer ou souffrir qu'il lui soit causé un retard ou empêchement quelconque, lui prêtant au contraire aide et assistance en cas de besoin.

Donné à la Chancellerie le présent passavant provisoire, signé par nous et muni du sceau consulaire, à . . . . . le 18

Le Consul.

Suit l'inscription de l'équipage. (Voy. le modèle 47.)

Voy. § 501.

MODULO N° 49.
DI CERTIFICATO D'ORIGINE.

CONSOLATO

DI S. M. SARDA

à

____

N°

Noi (nome, cognome, titoli et qualità dell' ufficiale consolare) di S. M. il Re di Sardegna, residente à

Certifichiamo che il (nome, cognome e qualità) comandante l . . . . . denominat . . . . . ha levato in questo porto la quantità di

Certifichiamo inoltre che le sudette derrate sono prodotto di questo suolo.

A li 18

(L. S.)

Il Console,

____

Voy. §§ 503. 555.

MODULO N° 50.
DI COPIA DI RUOLO D'EQUIPAGGIO.

CONSOLATO   COPIA

DI S. M. SARDA

in

____

Del ruolo d'equipaggio del . . . . sotto bandiera sarda, chiamato l . . . . . di tonnellate . . . /000, con . . . . . persone d'equipaggio destinato per

Il capitano (nome, cognome et patria).
Il marinaro   idem.

A il 18
Per copia conforme,
Il Console

§ 501.

MODÈLE N° 49.
DE CERTICAT D'ORIGINE.

CONSULAT

DE S. M. SARDE

à

N°

Nous (nom, prénoms, titres et qualité de l'officier Consulaire) de S. M. le Roi de Sardaigne, résidant à

Certifions que le (nom, prénoms et qualité) commandant l . . . . . . nommé . . . . a chargé en ce port la quantité de

Certifions en outre que lesdites denrées sont le produit de ce pays.

À   le   18
                Le   Consul
            (L. S.)

---

§§ 503. 555.

MODÈLE N° 50.
DE COPIE DE ROLE D'ÉQUIPAGE.

CONSULAT   COPIE

DE S. M. SARDE

à

Du rôle d'équipage d . . . . . sous pavillon sarde, appelé l . . . . . . de la portée de . . . . tx . . . . 000, équipé de . . . . . . personnes, allant à

Le capitaine (nom, prénoms et lieu de naissance).
Le matelot   idem.

À   le   18
                Pour copie conforme,
        (L. S.)   Le   Consul

§§ 503. 504.

MODULO N° 51.

DI PATENTE DI SANITA'

CONSOLATO....   PATENTE

DI S. M. SARDA   DI SANITA'.

in   N°

Noi . . . . console . . . . di S. M. Sarda in . . . . .
residente a . . . . certifichiamo che oggi parte da questo
porto di . . . . per l   nominat . . . .
comandat dal . . . . . . equipaggiat di   persone,
il . . . . compreso, oltre n° . . . . passeggieri e carico
di . . . .

Attestiamo che in questo giorno la salute pubblica in
questa città è . . . .

Preghiamo e richiediamo i governatori, comandanti,
corpi amministrativi ed officiali di lasciarlo liberamente
passare, andare e ritornare, soggiornare e negoziare
senza dargli né soffrire che gli sia dato impedimento o
molestia di sorta.

In fede del che abbiamo firmato la presente, controsse-
gnata dal cancelliere di questo . . . . . consolato . . . . e
fattovi apporre il sigillo consolare.

Data a . . . li . . . . del mese di . . . 18

                     Il . . console . . .

        (L. S.)

Il cancelliere.

Segue dall' altra parte la descrizione dell' equipaggio e
dei passeggieri coi loro connotati.

§§ 503. 504.

MODÈLE N° 51.

DE PATENTE DE SANTÉ

CONSULAT

DE S. M. SARDE

à . . . . .

PATENTE

DE SANTÉ.

N°

Nous . . . consul . . . de S. M. Sarde à . . . . résidant à . . . . . certifions qu'aujourd'hui part de ce port de . . . pour . . . l . . . dénommé . . . . . commandé par le . . . équipé de . . . personnes. le . . . compris, outre . . . . passagers, et chargé de . . . .

Attestons qu'aujourd'hui la santé publique en cette ville est . . .

Prions et requérons les gouvernements, commandants, corps administratifs et officiers de l laisser librement passer, aller et retourner, séjourner et commercer sans lui donner ou permettre qu'il lui soit donné aucun em-pêchement.

En foi de quoi nous avons signé la présente, contresignée par le chancelier de ce consulat . . . . . et y avons fait apposer le sceau du . . . . consulat.

Donnée à . . . . le . . . . du mois de 18

Le consul

(L. S.)

Le chancelier,

Suit d'autre part la désignation des passagers et de l'équipage avec leur signalement.

§ 305.-506.

MODULO N° 52.

DI CERTIFICATO DI SANITA'

CONSOLATO

DI S. M. SARDA
  in

Noi (nome, cognome, titoli e qualità dell' ufficiale consolare) di S. M. Sarda, residente a

Certifichiamo che il . . . . . comandante il . . . . . .
destinato per . . . . . ha levato in questo porto le seguenti
merci (descrizione delle merci e indicazione del modo in cui
sono arrivate e se hanno fatta o no quarantena).

A . . . li . . . 18

(L. S.)

Il   Console

---

§ 508.

MODULO N° 53.

DI SCARICAMENTO DI QUITANZA CON CAUZIONE. (1)

Noi . . . . . . di S. M. in questa residenza dichiariamo,
che le merci retrodescritte giunte in questo porto . . . . .
li . . . 18 . . . sul . . . capitano. . . . sono state scari-
cate li . . (o trasbordate sul . .) per essere condotte a . . .

A . . . le . . . 18

(L. S.)

Il   Console

(1). Questa dichiarazione si fa sul dorso della quitanza
a cauzione della Dogane sarda.

MODÈLE N° 52.

DE CERTIFICAT DE SANTÉ.

CONSULAT
DE S. M. SARDE.
à

Nous (nom, prénoms, titres et qualité de l'officier Consulaire) de S. M. Sarde, résidant à

Certifions que le . . . . commandant le . . . . nommé le . . . . . destiné pour . . . . . . a chargé en ce port les marchandises suivantes : (suit la désignation des marchandises, indiquer ensuite le moyen par lequel elles sont arrivées et si elles ont été soumises à une quarantaine ou admises en libre pratique).

A   le   18

(L. S.)

Le   Consul

---

§ 508.

MODÈLE N° 53.

DE DÉCHARGE D'ACQUIT-A-CAUTION. (1)

Nous . . . . . . de S. M. Sarde en cette résidence, déclarons que les marchandises désignées ci-contre, arrivées en ce port le . . . 18 . . . . sur le . . capitaine. . . . , ont été déchargées le . . . ou transbordées sur le . . . . pour être conduites à

A   le   18
(L. S.)

Le   Consul

(1) Cette déclaration doit être faite sur le verso de la quittance ou acquit-à-caution des Douanes sardes.

§ 51. MODÈLE N 51 de registre pour les légalisations.

N D'ORDINE N° d'ordre.	DATA. Date	NOME E COGNOME della persona che pre- senta l'atto. *Nom et prénoms de la personne qui pré- sente l'acte.*	NOME E QUALITA' del funzionario di cui si legalizza la firma. *Nom et qualités du fonctionnaire dont on légalise la signature.*	NATURA DELL' ATTO. *Nature de l'acte.*	NOME E QUALITA' del funzionario da cui l'atto fu redatto. *Nom et qualités du fonc- tionnaire qui a rédigé l'acte.*	NOME E COGNOME delle persone interessate nell' atto. *Nom et prénoms des parties par qui l'acte a été stipulé.*

§§ 501, 505, 506. MODÈLE N° 55 de registres pour les certificats d'origine et de santé.

N° D'ORDINE	DATA.	NOME E COGNOME della persona che spedisce la la mercanzia. *Nom et prénoms de la personne qui expédie la marchandise.*	NOME DEL BASTIMENTO, nome e cognome del Capitano. *Nom du navire. Nom et prénoms du capitaine.*	DESTINAZIONE. *Destination.*	QUALITA' E QUANTITA' delle merci spedite e titoli presentati per constatarne l'origine o la provenienza. *Qualité et quantité des marchandises expédiées et titres présentés pour en constater l'origine ou la provenance.*
N° d'ordre.	Date				

§§ 299, 300.   MODÈLE N° 56. *De registre pour les dépôts faits aux Consulats.*

N° D'ORDINE. N° d'ordre.	NOME E COGNOME DEI DEPONENTI. *Noms et prénoms* *des déposants.*	MOTIVO per cui fu fatto il deposito e indicazione degli og- getti depositati. *Motif du dépôt* *et indication des objets* *déposés.*	ÉPOCA in cui fu fatto il depo- sito e numero dell' atto relativo. *Époque* *à laquelle le dépôt a été* *fait et n° de l'acte* *y relatif.*	ÉPOCA in cui il deposito fu restituito e n° dell' atto di quitanza. *Époque* *à laquelle le dépôt a été* *rendu et n° de l'acte* *de quittance.*

§ 454.

MODÈLE N° 57.

MARINE

DU JOURNAL DE BORD

D (nom et qualité du navire le
commandé par M.
et armé à
a été extrait ce qui suit :

EXPÉDITION

AUTHENTIQUE

D'un *Acte de naissance* dressé, pendant un voyage de mer, conformément à l'article 32 du réglement sur la tenue des registres de l'état civil annexé aux RR.PP. du 20 juin 1837.

Cejourd'hui le   du mois d
de l'an mil huit cent   , à   heure
du   , étant à

Pardevant nous

(2). Si le père était à bord, on indiquerait, selon l'art. 12 et 13 dudit réglement, ses prénoms, sa profession et son domicile. On indiquera aussi les nom, prénoms, profession et domicile de la mère, du parrain et de la maraine. Suivant l'art. 14 dudit réglement on doit s'abstenir d'indiquer le nom du père s'il n'est pas connu en vertu d'un acte de mariage ou de ce qu'il existe une déclaration de paternité émanée de lui.

remplissant à bord les fonctions d'officier de l'état-civil, en vertu de l'art. 32 du réglement pour la tenue des registres de l'état-civil annexé aux RR. PP. du 20 juin 1837,

Est comparu (2)

âgé de   ans, domicilié, avant son embarquement, à   province d
lequel nous a déclaré que (indiquer le jour et l'heure) est né à   sur ledit navire un enfant du sexe (masculin ou féminin) fils de lui comparant et de   auquel a été administré le baptême le   , les parrain et marraine étant les   et auquel on a donné les prénoms de

lesdites déclaration et présentation faites en présence d

En foi de quoi nous avons dressé, dans le journal de bord dudit bâtiment , le présent acte de naissance, qui a été signé, après lecture, par nous et par les (noms et prénoms des témoins) (1).

(1) Suivant l'art. 32 dudit réglement ces témoins doivent être pris de préférence parmi les officiers du bord.

A bord, les jour, mois et an que dessus.

Signé

Pour expédition conforme à l'acte de naissance inscrit dans le journal de bord dudit bâtiment (folio   ), laquelle a été délivrée par nous (2) en conformité de l'art. 34 du réglement susdit.

A   le

(2) Ce sera la personne qui aura rédigé l'acte comme officier de l'état-civil.

MODÈLE N° 58.

§ 454.

MARINE

EXPÉDITION

AUTHENTIQUE

D'un *acte de décès*
dressé pendant
un voyage de
mer, conformé-
ment à l'art. 33
du règlement an-
nexé aux RR. PP.
du 20 juin 1837,
pour la tenue des
registres de l'état
civil.

DU JOURNAL DE BORD.

D (espèce et nom du navire) l
commandé par M.
et armé à
a été extrait ce qui suit :

Cejourd'hui   du mois d
de l'an mil huit cent   , à   heure
du   , étant à

Nous

remplissant à bord les fonctions d'officier de
l'état-civil, en vertu de l'art. 33 du règlement
annexé aux RR. PP. du 20 juin 1837,
En présence de M.

âgé de   ans, domicilié, avant son embarquement, à   province d
et de M.

âgé de   ans, domicilié, avant son embarquement, à   province d

déclarons et attestons, après avoir
constaté l'identité du cadavre, que le nommé

fils d   et de
né le   mil
à   province d
            , domicilié, avant son
embarquement, à   province d

enregistré sur le rôle d'équipage   le
(date)   et inscrit au quartier d
province d   en qualité d
est décédé à bord d
à   heure   du

En foi de quoi nous avons dressé, sur le journal de bord dudit bâtiment, le présent acte de décès, qui a été signé, après lecture. par nous et par les sieurs

A bord, les jour, mois et an que dessus.

Signé

Pour expédition conforme à l'acte de décès inscrit sur le journal de bord dudit bâtiment (folio   ), laquelle a été délivré par nous (1) en conformité de l'art. 34 du réglement annexé aux RR. PP. du 20 juin 1837.

(1) Ce sera la personne qui aura rédigé l'acte en qualité d'officier de l'état-civil.

A   le   18

§ 454.

MODÈLE N° 59.

MARINE

*L. (indiquer la qualité et le nom du navire.)
armé à
commandé par M.*

À dresser (1)

soit pendant le cours d'un voyage de mer, soit dans les ports et rades du royaume ou des pays étrangers dans le cas où un individu disparaîtrait du bord par suite d'un événement quelconque.

(2) Endroit, parage ou hauteur où se trouve le navire

(3) Consigner la déclaration textuelle des témoins de l'événement.

S'il est tombé à la mer, relater si c'est en vue ou hors de vue *des côtes ou de bâtiments.*

PROCÈS-VERBAL DE DISPARITION (1).

Cejourd'hui le   du mois de
de l'an mil huit cent quarante-   à
heure   de   étant à (2)

Pardevant nous

comparu   I   quel
nous   déclaré que   fils d
et d   âgé de   ans,
né à   province d   ,
domicilié, avant son embarquement, à
province d   inscrit sur le rôle d'é-
quipage en qualité de   , (3).

Et pour constater l'événement dont il s'a-
git, nous avons dressé sur le journal de bord,
le présent procès-verbal, qui a été signé par
les sieurs   et par
nous, après leur en avoir donné lecture.

A bord, les jour, mois et an que dessus.

*Pour copie conforme au procès-verbal de
disparition inscrit dans le journal de bord,
(folio   ).*

A   le   18

APPENDICE

Contenant les extraits des traités de la Sardaigne avec
différentes puissances étrangères, qui ont été cités
dans le texte du Manuel Consulaire.

ACTES JUDICIAIRES, *voyez jugements.*
ACTES PUBLICS, *voyez jugements, aubaine.*
AMITIÉ, *voyez commerce.*
AUBAINE, *Détraction, Émigration, etc.*

AUTRICHE.

Traité du 31 août 1763. — Convention du 19 novembre
1824.

L'art. 1 du traité de 1763, abolit le droit d'aubaine et
rend les sujets respectifs des deux pays aptes à acquérir
toute propriété par toute sorte d'actes entre vifs ou de dernière volonté, sauf, quant à certains biens situés en
Hongrie et en Bohème, ce qui est prescrit par des lois
spéciales et qui est observé par les sujets de l'Empereur
eux-mêmes, quand ils ont à en devenir propriétaires
(art. 3).

L'art. 2 déroge aux dispositions du titre 12, livre 6,
des RR. constitutions, où il est dit que les étrangers ne
peuvent posséder des biens à une certaine distance des
frontières, et les décrets qui ont été publiés par l'Autriche
en voie de rétorsion contre ces dispositions : ce traité laisse
subsister les droits de détraction et d'émigration (art. 5).

Mais le traité de 1824 étend les dispositions de l'art. 1 du traité de 1763 , à tous les pays des deux monarchies et abolit en outre les droits imposés, y est-il, dit sur l'exportation des *fortunes, héritages et successions d'un état à l'autre,* en tant que ces droits *entreraient dans les caisses du souverain.*

Sont conservés les droits appartenant à ce sujet, aux états provinciaux ou à des corporations (art. 8), les droits sur les émigrations et ceux qui sont payés même par les sujets (art. 3).

BAVIÈRE.

Convention du 5 octobre 1830.

Cette convention abolit les droits d'aubaine et celui de détraction qui avait été conservé par la convention du 3 septembre 1772, elle conserve cependant le droit d'émigration sur les sujets respectifs.

En vertu de la convention de 1830, il n'y aura plus aucune différence de traitement entre les sujets respectifs possédant des biens à quelque titre que ce soit dans l'autre état.

BELGIQUE.

Convention du 20 décembre 1838.

Sont abolis les droits de détraction , de gabelle héréditaire, d'émigration, lorsqu'en cas de succession, donation, vente, émigration, il y aura lieu à une translation de biens d'un état dans l'autre (art. 1).

Ni le gouvernement, ni aucune corporation, ni particuliers ne pourront percevoir lesdits droits , et les sujets respectifs ne paieront que ceux de succession , mutation ou autres auxquels sont soumis les originaires du pays où les biens sont situés (art. 2).

Cette convention s'étend à toutes les successions à échoir à l'avenir et à toutes les translations de biens en général , dont l'exportation n'a pas encore été effectuée, sauf en ce qui concerne les successions déjà échues, les dispositions de la convention faite avec les Pays-Bas le 21 mai 1821.

DANEMARCK.

Convention du 23 décembre 1826.

Cette convention abolit les droits d'aubaine, de détraction et autres semblables (art. 1). Les sujets respectifs peuvent exporter librement et sans payer aucun droit, tous les biens qu'ils auront acquis dans les possessions de l'autre à titre de succession, donation, échange ou autres quelconques (art. 2). Sont exceptés de ces dispositions les prélèvements faits ou à faire par le gouvernement ou par des corporations, fondations ou particuliers, sur les héritages à tout autre titre que celui de l'exportation, et affectant les indigènes aussi bien que les étrangers.

DEUX-SICILES.

Convention du 3 mai 1818. Art. additionnel du 29 janvier 1822.

L'art. 1 du traité de 1818, abolit les droits d'aubaine, de détraction et tout autre contraire à la liberté des successions, et l'art. 2 déclare valables tous les contrats, testaments et autres actes ou dispositions, soit entre vifs, soit de dernière volonté, revêtus des formalités voulues par les lois du lieu où chaque acte a été passé. Cet art. poursuit en ces termes : « Par ces dispositions on n'entend pas déroger aux lois en vigueur, ou qui seront promulguées à l'avenir dans les états respectifs, à l'égard des effets légaux et de l'exécution légale desdits contrats et testaments, non plus qu'à l'égard des lois personnelles concernant l'état et la capacité des personnes contractantes ; bien entendu que les sujets des deux puissances pourront succéder et contracter dans les domaines de l'autre, comme les sujets respectifs. »

Cette convention n'ayant put être ratifiée en 1818, elle a été confirmée par un article additionnel du 29 janvier 1822, et ratifiée avec cet article le 17 février 1822 par le Roi de Sardaigne, et le 28 par le Roi de Naples, et l'exécution en a été fixée au 1er juin 1818.

ESPAGNE.

Traité du 27 novembre 1782.

L'art. 1 de ce traité dit que les sujets des deux parties contractantes auront le droit de disposer de leurs biens situés dans les états respectifs, par toute sorte de contracts et par testament, et de succéder comme les sujets de la puissance dans les états de laquelle se trouve l'héritage, sans payer plus de droits ou être soumis à plus de formalités que ces derniers. L'art. 2 supprime expressément les droits de détraction et tous autres de cette nature ; l'art. 3 déroge à toute disposition contraire à celles du traité; l'art. 4 déclare que les testaments ne seront soumis à d'autres formalités que celles prescrites dans les deux pays pour cette sorte d'actes, et que les contestations à ce sujet seront décidées par les tribunaux compétents du pays où l'acte a été passé.

ÉTATS-UNIS D'AMÉRIQUE.

Traité du 26 novembre 1838, article 18.

Les sujets ou citoyens de chacune des parties contractantes, pourront librement disposer par testament, par donation ou autrement, des biens personnels qu'ils posséderont dans les États de l'autre, et leurs héritiers qui seront sujets ou citoyens de l'autre nation, pourront succéder à leurs biens personnels, soit en vertu d'un testament soit *ab intestat*, et en prendre possession, soit en personne soit par d'autres agissant en leur nom : ils pourront en outre en disposer à leur gré, en ne payant à cet effet que les mêmes impositions, taxes ou droits auxquels sont assujettis dans des cas semblables les habitants du pays où se trouvent lesdits biens. En cas d'absence des héritiers, on donnera pour la conservation desdits biens, les mêmes dispositions qu'on prendrait en pareil cas pour les propriétés des natifs du pays jusqu'à ce que le propriétaire ait fait les arrangements nécessaires pour recueillir l'héritage. S'il s'élevait des contestations entre différents prétendants quant aux droits que chacun d'eux soutiendrait d'avoir sur la succession, elles seront décidées en dernier ressort par les juges et selon les lois du pays où ces biens seront situés. Et si par la mort d'une personne possédant des biens-fonds sur le territoire d'une des deux parties contractantes, ces biens-fonds venaient à passer par la dernière volonté de leur possesseur, à un citoyen ou sujet de l'autre partie, qui par sa qualité d'étranger serait inhabile à les posséder, on lui accordera un délai convenable pour les vendre, pour en retirer et emporter le produit sans obstacles d'aucune sorte et sans qu'on lui impose au profit du gouvernement respectif aucune taxe, imposition ou droit plus forts que ceux auxquels seraient soumis en pareil cas les habitants du pays où ces biens sont situés.

FRANCE.

Traité du 24 mars 1760, art. 21.

Art. 21. « Pour cimenter toujours plus l'union et la cor-
« respondance intime que l'on désire perpétuer entre les
« sujets des deux cours, le droit d'aubaine et tous autres
« qui pourraient être contraires à la liberté des succes-
« sions et des dispositions réciproques, restent désormais
« supprimés et abolis pour tous les états des deux puis-
« sances, y compris les duchés de Lorraine et de Bar. »

GRÈCE.

Déclarations des 3 janvier et 7 février 1839.

Egales à la convention faite avec le Danemarck.

HAMBOURG.

Déclarations des 30 juillet et 10 septembre 1837.

Par ces déclarations les sujets des deux pays sont exemptés en cas de successions, des mêmes droits d'émigration, détraction, aubaine et autres, dont sont exempts les sujets respectifs dans les deux états.

HANOVRE.

Déclarations des 21 octobre et 29 décembre 1837.

Egales à la convention faite avec le Danemarck.

HESSE ELECTORALE.

Déclarations des 29 juillet et 6 novembre 1839.

Identiques à la convention faite avec le Danemarck.

HESSE, GRAND DUCHÉ.

Déclarations des 29 juillet et 6 novembre 1839.

Egales à la convention faite avec le Danemarck.

HOHENZOLLERN HECHINGEN.

Déclarations des 18 avril et 16 mai 1838.

Identiques à la convention faite avec le Danemarck.

HOHENZOLLERN SIGMARINGEN.

Déclarations des 5 et 28 décembre 1837.

Identiques à la convention passée avec le Danemarck.

LUCQUES.

Convention du 7 mars 1826.

Art. 1. Suppression des droits d'aubaine, détraction et

autres quelconques de cette nature. Art. 2. Facultatif aux sujets des deux états d'acquérir dans l'autre et de transmettre toutes sortes de biens par acte entre vifs, et de dernière volonté ou pour cause de mort, comme les habitants eux-mêmes, sans qu'ils aient besoin d'aucune permission, dont les sujets du pays n'auraient pas besoin. Art. 3. Tous les actes passés dans un des deux états, seront valables dans l'autre, pourvu qu'on ait observé les formalités établies dans le pays où ils ont été passés.

MODÈNE.

Convention du 18 janvier 1817.

Par l'art. 1er sont supprimés les droits d'aubaine, de détraction et autres quelconques contraires à la liberté des successions; et les héritiers et légataires seront traités en ceci, comme les habitants du pays où les biens sont situés.

Art. 2. Les lois de l'Etat de Modène défendant aux étrangers d'acquérir des biens immeubles, même par achat, cession, etc., sauf pour les étrangers sujets de princes, avec lesquels existent des conventions particulières, ou la consuétude d'acquérir et de succéder réciproquement, il est convenu que, n'étant point défendu aux Modénais d'acquérir par actes entre vifs dans les domaines de S. M. Sarde, sauf l'exception contenue dans les §§ 6 et 7, titre dernier des RR. CC. de 1770; les sujets de Sadite M. devront, dans les Etats de Modène, être considérés comme compris par réciprocité, non dans la règle, mais dans la limitation de ladite loi prohibitive, et que cette disposition doit être étendue à tous les cas au sujet desquels il n'est encore intervenu aucun jugement ni transaction.

L'art. 3 déclare que les testaments et les contrats seront valables quand on aura observé les formalités prescrites dans les pays où ces actes auront été passés. La convention du 27 février 1830 étend les dispositions ci-dessus à la principauté de Masse et Carrare.

MONACO.

Déclaration du 18 novembre 1760.

Par l'art. 3 de cette déclaration il est établi que le droit d'aubaine et tous autres qui pourraient être contraires à la liberté des successions et dispositions réciproques demeureront abolis entre les sujets respectifs.

OLDENBOURG.

Aticle additionnel au traité de navigation et de commerce du 21 avril 1846, sous la date du 14 mai suivant.

Les sujets de chacune des PP. CC., pourront librement disposer par testatament, donation ou autrement, des biens personnels qu'ils posséderont dans les états de l'autre. et leurs héritiers qui seront sujets de l'autre nation, pourront succéder à leurs biens personnels, soit en vertu d'un testament, soit *ab intestat*, et en prendre possession, ou en personne, ou même par le moyen d'une autre personne agissant en leur nom; ils pourront de plus disposer comme il leur plaira, desdits biens, ne payant pour cela que les mêmes impositions et taxes auxquelles sont sujets en pareille circonstance, les habitants du pays où lesdits biens se trouvent. En cas d'absence des héritiers, on prendra pour la conservation desdits biens, les mêmes mesures qu'on prendrait en pareil cas pour les propriétés des habitants du pays, jusqu'à ce que le propriétaire ait pris lui-même les mesures nécessaires pour être mis en possession de la succession. Si des contestations avaient lieu entre plusieurs prétendants sur les droits que chacun d'eux soutiendrait avoir dans la succession, elles seraient décidées en dernière instance par les juges, et suivant les lois du pays où ces biens seraient situés. Si par la mort d'une personne possédant des biens immeubles dans le territoire de l'une des deux PP. CC., ces biens venaient à passer, par un acte de dernière volonté de son possesseur, à un sujet de l'autre partie, lequel étant étranger, ne pourrait pas les posséder, on lui accorderait un délai convenable pour les vendre, en retirer et en exporter le prix, sans aucun obstacle et sans qu'on lui imposât au profit du gouvernement respectif aucune taxe, imposition ou droits plus élevés que ceux auxquels sont soumis en pareille circonstance les habitants du pays où se trouvent les biens.

PARME ET PLAISANCE.

Traité du 3 juillet 1817.

Voyez Lucques.

PAYS-BAS.

Convention du 1 janvier 1830.

Suppression des droits d'aubaine et maintient du droit de succession ou autres auxquels les sujets respectifs eux-mêmes sont soumis.

PORTUGAL.

Traité du 11 septembre 1787.

Voyez Espagne.

PRUSSE.

Conventions des 9 septembre 1797 et 18 février 1820.

La convention de 1797 est conçue dans les mêmes termes que les traités déjà mentionnés faits avec l'Espagne et le Portugal. L'art. 5 fait participer les principautés de Neufchâtel et de Vallengin aux effets de cette convention. Celle de 1820 confirme la précédente et en étend les dispositions aux pays annexés depuis 1797 aux états des puissances contractantes.

ROME.

Convention du 20 juillet 1818.

L'art. 1 contient la suppression des droits d'aubaine, de détraction et autres du même genre : l'art. 2 met les sujets réciproques dans les mêmes conditions, quant aux droits de posséder, sans aucune restriction.

SAXE.

Convention du 5 décembre 1825.

Cette convention abolit les droits d'aubaine, de détraction et autres semblables (art 1) : les sujets respectifs peuvent acquérir sans distinction aucune, toute sorte de biens dans les états de l'autre gouvernement par toute sorte d'actes (art. 2). « Les sujets d'un état peuvent ex-
« porter librement et sans paiement d'aucun droit, tous
« les biens qu'ils auront acquis de la manière ci-dessus
« dans l'autre état. » (art. 3).

Sont exceptés les prélévements faits par le gouvernement, ou par des corporations, fondations ou particuliers prescrits ou à prescrire et auxquels sont aussi soumis les sujets du pays.

RUSSIE.

Convention du 12 juillet 1841.

Cette convention confirme les déclarations échangées à Turin le 4 avril 1829; relativement à l'abolition du droit de détraction (art. 1); et par les art. 2 et 3, les deux HH. PP. CC. s'engagent à ne point établir dans leurs états le droit d'aubaine sur les héritages sis dans leurs états et échéant aux sujets de l'autre, soit que lesdits héritages viennent de leurs sujets respectifs ou d'autres étrangers par testament ou *ab intestat*. L'art. 4 dit qu'il est entendu que les stipulations des art. 2 et 3, ne dérogent point aux législations particulières aux états des deux HH. PP. CC.

en ce qui concerne les conditions sous lesquelles il est
permis aux étrangers en général, de recevoir en héritage
des biens-fonds ou immeubles quelconques. (Voyez pour
ce qui concerne la Sardaigne les art. 18 et 28 du code civ.
et §§ 6 et 7. titre dernier des RR. CC. de 1770.

SAXE WEIMAR.

Déclarations des 28 décembre 1838 et 22 janvier 1839

Égalesi la convention faite avec le Danemarck

SUÈDE ET NORWÈGE.

Convention du 20 septembre 1842.

Par cette convention sont abolis tous les droits d'aubaine
et de détraction perçus par les gouvernements, villes,
corporations, arrondissements ou communes, en cas de
donation entre vifs, succession, vente, émigration ou
autre (art. 1) : les sujets respectifs pourront acquérir par
testament, par succession *ab intestat*, ou par tout autre
moyen, des biens meubles et immeubles dans les états de
l'autre P. C. (art. 2), et ne seront assujettis qu'aux droits
auxquels sont soumis les habitants des deux états (art. 3).
Cette convention est applicable à toutes les transmissions
de biens dont l'exportation n'a pas encore été effectuée.

SUISSE.

Traité du 16 mars 1816.

L'art. 16 de ce traité supprime nominativement les
droits d'aubaine, de détraction et autres de même nature
qui se trouveraient en vigueur dans les deux pays.

TOSCANE.

Traité du 5 janvier 1818.

Voyez Lucques.

URUGUAY.

Traité du 29 octobre 1840, art. 32.

Art. 32. Les sujets ou citoyens de chacune des deux HH. PP. CC. pourront disposer librement par vente, permutation, donation, testament ou de toute autre manière d'une partie ou de la totalité des biens qu'ils possèdent dans les deux états respectifs, et les sujets ou citoyens de l'une des deux nations qui seraient héritiers d'individus morts dans le territoire de l'autre, pourront succéder dans les biens personnels, par testament et *ab intestat*, et en prendre possession en personne ou par procureur fondé, et en disposer librement, ainsi qu'il leur plaira, sans payer d'autres droits ou impositions que ceux qui, en pareil cas, seraient payés par les habitants du pays où les biens sont situés. Si les héritiers seront absents, on prendra pour la conservation de l'hérédité, les mêmes dispositions que l'on prendrait pour des nationaux, jusqu'à ce que les intéressés ou leurs fondés de pouvoir soient arrivés. Si des contestations s'élevaient entre les ayant-droits, on aura recours aux tribunaux et à leurs décisions suivant les lois du pays où les biens sont situés. Si par la mort d'un individu propriétaire de biens immobiliers dans les territoires appartenant à l'une ou à l'autre des PP. CC., lesdites propriétés passaient, par testament, à un sujet ou citoyen de l'autre, lequel dans sa qualité d'étranger ne pût les posséder, on lui accordera un délai convenable, afin qu'il puisse les vendre et en exporter la valeur, sans aucun obstacle et sans être soumis à aucune taxe ou à des droits plus élevés que ceux payés dans le même cas par les nationaux.

WURTEMBERG.

Convention du 24 juin 1826.

Voyez Danemarck

Commerce, Navigation, etc.

ANGLETERRE.

Du 6 septembre 1841, ratifié par S. M. Sarde le 16 octobre suivant.

Art. 1. Les bâtiments Sardes qui arriveront chargés dans les ports du Royaume-Uni de la Grande-Bretagne et d'Irlande venant des ports du Royaume de Sardaigne, et réciproquement les bâtiments Britanniques, qui arriveront chargés dans les ports du Royaume de Sardaigne, venant des ports de la Grande-Bretagne ainsi que les bâtiments sardes ou britanniques qui arriveront sur lest d'un voyage quelconque dans les ports de l'un, ou de l'autre de ces deux royaumes, y seront traités à leur entrée, pendant leur séjour et à leur sortie, sur le même pied que les bâtiments nationaux quant aux droits de tonnage, de port, de phare, de pilotage, de quarantaine, de balise, de quaïage, de signaux, et autres droits de navigation quels qu'ils soient qui affectent le navire et sont perçus au nom ou au profit du gouvernement, de fonctionnaires publics, de communes ou d'établissements quelconques.

Art. 2. Afin d'éviter tout malentendu à l'égard des règles, d'après lesquelles sont fixées les conditions qui établissent la nationalité des bâtiments, il est convenu que l'on considérera comme bâtiments Sardes tous les navires construits dans les Etats de S. M. le Roi de Sardaigne ou qui ayant été pris à l'ennemi par des vaisseaux de guerre de S. M., ou par ses sujets munis de lettres de marque, auront été régulièrement déclarés de bonne prise par l'une des Cours des prises du royaume de Sardaigne, de même que tous les bâtiments, qui auront été condamnés par une Cour compétente quelconque pour contravention aux lois contre la traite des Noirs, pourvu qu'ils soient possédés, navigués, et enregistrés selon les lois dudit royaume, qu'ils soient la propriété entière d'un ou de plusieurs sujets de S. M. le Roi de Sardaigne, et que le patron et les trois quarts de l'équipage soient sujets Sardes. Seront également considérés comme bâtiments britanniques tous les navires construits dans les Etats de S. M. Britannique, et tous ceux qui ayant été pris à l'ennemi par des vaisseaux de guerre de S. M., ou par ses sujets, munis de lettres de marque des lords commissaires de l'amirauté, auront été régulièrement déclarés de bonne prise par une des Cours des prises de S. M. Britannique, ainsi que tous bâtiments qui auront été condamnés par une Cour compétente quelconque pour contravention aux lois contre la traite des Noirs, pourvu qu'ils soient possédés, navigués et enregistrés selon les lois de la Grande-Bretagne, qu'ils soient la propriété entière d'un ou de plusieurs sujets de S. M. la Reine de la Grande-Bretagne et que le patron et les trois quarts de l'équipage soient sujets Anglais.

Art. 3. En tout ce qui concerne le placement des navires, leur chargement et déchargement dans les ports, bassins, rades ou hâvres de l'un des deux états, il ne sera accordé aucun privilége aux navires nationaux, qui ne le soit également à ceux de l'autre état, la volonté des Parties Contractantes étant que sous ce rapport aussi, les bâtiments soient traités sur le pied d'une parfaite réciprocité.

Art. 4. Les bâtiments des deux états pourront décharger en totalité ou en partie seulement leur cargaison dans un des ports des Etats de l'une ou de l'autre des Hautes Parties Contractantes, selon que le capitaine, le propriétaire ou tell' autre personne qui serait dûment autorisée dans le ; t à agir dans l'intérêt du bâtiment ou de la cargaison, le jugeront convenable, et se rendre ensuite avec le reste de leur cargaison dans les autres ports du même état.

Art. 5. S'il arrivait que quelques vaisseaux de guerre, ou

navires marchands de l'un des deux états fissent naufrage sur les côtes de l'autre, ces bâtiments, ou leurs parties ou débris, leurs agrés, et tous les objets qui y appartiendront, ainsi que tous les effets et marchandises, qui en auront été sauvés ou le produit de leur vente, seront fidèlement rendus aux propriétaires, ou à leurs ayant-droit sur leur réclamation. Dans les cas ou ceux-ci ne se trouveraient point sur les lieux, lesdits objets, marchandises, ou leur produit seront consignés, ainsi que tous les papiers trouvés à bord de ces bâtiments au consul sarde, ou britannique dans le district duquel le naufrage aura eu lieu, et il ne sera exigé soit du consul, soit des propriétaires ou ayant-droit, que le paiement des dépenses pour la conservation de la propriété et la taxe du sauvetage, qui serait également payé par un bâtiment national. Les marchandises et effets sauvés du naufrage, ne seront assujettis aux droits établis qu'autant qu'ils seraient déclarés pour la consommation.

Art. 6. Il est expressément entendu que les articles précédents ne sont point applicables à la navigation de côte ou cabotage de chacun des deux pays, que l'une et l'autre des deux Hautes Parties Contract se réservent exclusivement.

Art. 7. Les bâtiments Sardes qui se rendront dans les ports de l'ile de Malte et de Gibraltar, y jouiront de tous les avantages qui leur seront assurés en vertu de la présente convention dans le Royaume-Uni de la Grande-Bretagne et d'Irlande, et réciproquement les bâtiments Anglais provenant de Gibraltar ou de Malte jouiront dans les ports de S. M. le Roi de Sardaigne des mêmes avantages qui y sont accordés à ceux provenant du Royaume-Uni de la Grande-Bretagne et d'Irlande.

Art. 8. La présente convention sera en vigueur pendant dix ans à compter de la date de l'échange des ratifications et au delà de ce terme jusqu'à l'expiration de douze mois après que l'une des deux Parties Contractantes aura annoncé à l'autre son intention de la faire cesser, chacune des Parties se réservant le droit de faire à l'autre une telle déclaration au bout des dix ans sus-mentionnés.

AUTRICHE.

Plusieurs traités ont été faits à différentes époques, entre la Sardaigne et l'Autriche, relativement au commerce et au traitement des sujets des deux États respectifs dans l'autre; mais il en est quelques uns dont la connaissance n'est pas d'une utilité directe pour les consuls des deux pays, le soin de les faire exécuter, n'entrant pas dans leurs attributions. Tels sont, le traité de Worms du 13 septembre 1743, par lequel, à la suite de la cession de diverses localités faite par l'Autriche à la Sardaigne, il a été arrêté que la navigation des rivières communes aux deux États dût rester libre aux sujets des deux HH. PP. CC.; le traité du 4 octobre 1751, par lequel a été réglé le traitement des sujets respectifs ayant des biens dans les localités de l'autre État qui ont été détachées du Milanais ; le traité du 4 décembre 1834, réglant la police de la navigation des rivières communes et du lac Majeur afin d'éviter la contrebande. Restent les traités pour la suppression du droit d'aubaine et autres droits semblables, dont il a été parlé au mot aubaine, ceux pour l'extradition des malfaiteurs et des déserteurs, dont il sera parlé au mot extradition, la convention pour la garantie de la propriété littéraire, qui sera rapportée au mot propriété littéraire, et les déclarations pour les cas de relâche forcée des navires de l'un des deux états dans l'autre, dont un extrait est donné ci-après.

Déclaration échangée pour l'exemption réciproque des droits de navigation et de port en cas de relâche forcée.

Vienne, 17 avril 1840. — Turin, 26 avril 1840.

A partir du 1ᵉʳ août de l'année courante et pour l'avenir, tout navire de commerce sarde, entrant en relâche forcée dans un port des états de S. M. I. et R. A., y sera exempt de tout droit de port et de navigation perçu ou à percevoir au profit de l'État, si les causes qui ont nécessité la relâche sont réelles et évidentes, pourvu qu'il ne se livre dans le port de relâche à aucune opération de commerce en chargeant et déchargeant des marchandises; bien entendu toutefois que les déchargements et rechargements motivés par l'obligation de réparer le navire, ne seront point considérés comme opérations de commerce donnant ouverture au paiement des droits, pourvu que le navire ne prolonge pas son séjour dans le port au-delà du temps nécessaire d'après les causes qui auront donné lieu à la relâche. Il en sera de même pour les navires autrichiens relâchant dans les ports sardes.

BELGIQUE.

Convention établissant la réciprocité des droits de navigation à la date du 10 octobre 1838; ratifiée le 30 des mêmes mois et année par S. M. Sarde.

Art. 1. A partir de la date du présent traité, les navires sardes qui arriveront chargés ou sur lest dans les ports de la Belgique, et réciproquement les navires belges, dans les ports du royaume de Sardaigne, seront traités dans les deux pays à leur entrée, pendant leur séjour et à leur sortie, sur le même pied que les bâtiments nationaux, pour tout ce qui concerne les droits de tonnage, de pilotage, de balisage, de quaïage, et généralement pour tous les droits de navigation quelconques qui affectent le navire, que ces droits soient perçus par l'État, les provinces, les communes, etc., ou qu'ils le soient par des établissements publics, ou corporations quelconques.

Art. 2. Seront considérés comme navires sardes et belges, ceux qui naviguent avec des lettres de mer de leur gouvernement, et qui seront possédés conformément aux lois et réglements en vigueur dans leurs pays respectifs.

Art. 3. Même disposition que dans l'art. 3 du traité de navigation avec la Grande-Bretagne.

Art. 4. Les bâtiments de l'une des deux HH. PP. CC. qui entreront dans les ports de l'autre, pourront se borner à ne décharger qu'une partie de leur cargaison, selon que le capitaine ou le propriétaire le désirera et ils pourront librement quitter le port avec le restant.

Art. 5. Même disposition que dans l'art. 5 du traité de navigation fait avec la Grande-Bretagne.

Art. 6. Durée de la présente convention, six ans avec faculté aux PP. CC. de la faire cesser moyennant avis préalable donné par l'une d'elles dans les douze mois qui suivent l'expiration dudit terme. En ce cas au bout des douze mois cette convention n'aura plus aucune valeur.

DANEMARCK.

Traité de commerce et de navigation, en date du 14 août 1843, ratifié par S. M Sarde le 9 novembre même année.

Art. 1. Les navires sardes arrivant chargés ou sur lest dans les ports du royaume de Danemarck et réciproquement les navires danois arrivant chargés ou sur lest dans les ports du royaume de Sardaigne ; seront traités, quel que soit le lieu de leur départ ou celui de leur destination, sur le même pied que les navires nationaux, pour tout ce qui concerne les droits de tonnage, de phare, de pilotage, de balissage, de quai, de port, de péage, de quarantaine, d'expédition et autres, et généralement pour tous les droits ou charges quelconques qui affectent le navire, soit que ces droits soient perçus au profit de la couronne, soit qu'ils le soient au profit des autorités locales, d'établissements publics ou particuliers, ou de corporations.

Art. 2. Les navires sardes et les navires danois, ne pourront profiter des immunités et avantages qui leur sont respectivement assurés par le présent traité qu'autant qu'ils se trouveront munis des papiers et certificats exigés par les règlements, existant dans chacun des deux pays, pour constater leur nationalité. Et dans ce but les HH. PP. CC. se communiqueront ces divers documents, d'une manière claire et précise dans le moindre délai possible, se réservant de se donner mutuellement connaissance des modifications que chacune d'elles pourrait juger à propos d'y apporter dans la suite.

Art. 3. Voyez art. 3 du traité de navigation avec la Grande-Bretagne

Art. 4. Voyez art. 4 de la convention de navigation avec la Belgique.

Art. 5. En cas de relâche forcée d'un navire sarde, dans un port de Danemarck, ou d'un navire danois dans un port sarde, il y jouira, tant pour le bâtiment que pour la cargaison des faveurs et immunités que la législation de chacun des deux pays accorde à ses propres navires en pareille circonstance, pourvu que la nécessité de la relâche soit dûment constatée. Le même traitement de faveur sera réciproquement accordé aux navires échoués en cas de bris ou naufrage. Il est d'ailleurs entendu que les consuls et agents consulaires respectifs seront admis à surveiller les opérations relatives à la réparation, au ravitaillement ou à la vente, s'il y a lieu, des navires entrés en relâche, échoués ou naufragés à la côte.

Art. 6. Toute espèce de marchandises et objets de commerce provenant du sol ou de l'industrie des états de S. M. Sarde et de tout autre pays qui pourront être légalement importés dans les états de S. M. Danoise par des bâtiments Danois ;

Et réciproquement toute espèce de marchandises et objets de commerce, provenant du sol ou de l'industrie des États Danois ou de tout autre pays, qui pourront être légalement importées dans les États Sardes par des bâtiments sardes, soit que ces bâtiments viennent directement des ports du pays dont ils portent le pavillon, soit qu'ils viennent de tout autre pays étranger, pourront également y être importés par les bâtiments de l'autre partie contractante, sans être tenus à payer d'autres ou de plus forts droits, de quelque espèce ou dénomination que ce soit, perçus au nom ou au profit du gouvernement, des autorités locales, ou d'établissements particuliers quelconques, que ceux que ces mêmes marchandises ou produits paieraient, dans le même cas, s'ils étaient importés par des bâtiments nationaux.

De la même manière, toute espèce de marchandises et objets de commerce, qui pourront être légalement exportés des ports de S. M. Sarde sur des bâtiments sardes, pourront également en être exportés sur des bâtiments danois et réciproquement, sans payer d'autres ou de plus forts droits ou charges de quelque espèce ou dénomination que ce soit, perçues au nom ou au profit du gouvernement, des autorités locales, ou d'établissements particuliers quelconques, que ceux qui seraient payés pour les mêmes marchandises ou objets de commerce, s'ils étaient exportés sur des bâtiments nationaux.

Art. 7. Aucune priorité ou préférence ne sera accordée, directement ou indirectement, par l'une ou l'autre des PP. CC., ni par aucune compagnie, corporation ou individu, agissant en son nom ou sous son autorité, pour l'achat d'aucun objet de commerce légalement importé dans le territoire de l'autre, en considération de la nationalité du bâtiment qui aurait importé lesdits objets, soit qu'il appartienne à l'une ou à l'autre des parties, dans les ports de laquelle ces objets de commerce auront été importés, l'intention et la volonté précise des HH. PP. susmentionnées étant qu'aucune différence ou distinction quelconque n'ait lieu à cet égard.

Art. 8. Les navires de commerce sardes seront admis dans les colonies de S. M. Danoise, y compris les iles de Ferroe, l'Islande et le Groënland, aux mêmes conditions que les navires de commerce de toute autre nation favorisée le sont actuellement ou le seront à l'avenir.

Art. 9. Au passage du Sund et des Belts, les navires et cargaisons sardes ne paieront que les mêmes droits, et seront traités de la même manière que ceux des nations les plus favorisées.

Art. 10. Il ne pourra être imposé par une des PP. CC. au commerce et à la navigation de l'autre, aucun droit nouveau ou plus élevé, ni aucune entrave ni restriction quelconque, qui ne s'appliquerait pas également, et dans la même mesure, au commerce et à la navigation de tout autre pays.

Il ne pourra être accordé aucune faveur par l'une des PP. CC. au commerce ou à la navigation d'une nation étrangère, que cette faveur ne devienne de droit et *ipso facto* commune au commerce ou à la navigation des sujets de l'autre puissance, gratuitement si la faveur est gratuite, ou moyennant compensation équivalente, si elle est conditionnelle.

Art. 11. Le présent traité sera en vigueur pendant dix ans à compter du jour de l'échange des ratifications. Si un an avant ce terme l'une des deux HH. PP. CC. n'avait pas annoncé à l'autre, par une notification officielle, son intention d'en faire cesser l'effet, ledit traité restera obligatoire pendant douze mois au delà de ce terme, et ainsi de suite jusqu'à l'expiration des douze mois qui suivront une semblable déclaration, quelle que soit l'époque où elle aurait lieu.

ARTICLE SÉPARÉ.

S. M. Sarde jugeant convenable par des motifs particuliers de continuer à percevoir pour à présent, des droits

différentiels , au détriment des pavillons étrangers sur les
blés , l'huile d'olive et le vin importés directement de la
mer Noire , des ports de la mer Adriatique et de ceux de la
mer Méditerranée jusqu'au cap Trafalgar , non obstant les
articles 1 et 6 du présent traité, il est spécialement entendu
et établi entre les HH. PP. CC. que S. M. Danoise aura
pleine et entière liberté d'établir au détriment du pavillon
sarde , des droits différentiels équivalents sur les mêmes
articles importés des mêmes pays , dans le cas où la perception des droits différentiels continuerait à être exercée
au détriment du pavillon Danois par S. M. Sarde , au-delà
de l'espace de 4 ans à compter du jour de l'échange des ratifications du présent traité et article séparé. Mais ces
droits différentiels équivalents , de quelque espèce qu'ils
soient , sur lesdits articles de commerce , cesseront d'être
perçus du moment où le gouvernement Danois aura été in-
formé d'office de la cessation des droits différentiels de la
part de S. M. Sarde.

DEUX-SICILES.

Traité de commerce et de navigation , en date du 7 février
1846, ratifié par S. M. Sarde le 14 des mêmes mois et année.

Art. 1. Il y aura entre les Etats des deux HH. PP. CC.
liberté réciproque de commerce et de navigation ; leurs sujets respectifs pourront librement voyager , résider et commercer en quelque partie que ce soit des états de chacune d'elles, et à cet effet ils jouiront de la même sûreté et
de la même protection dont jouissent les habitants du pays
où ils résident, à la condition d'être soumis aux lois et aux
réglements présents ou à venir.

Les sujets des deux états ne seront obligés sous aucun
prétexte à payer d'autres taxes ou impositions que celles
qui sont ou seront payées par les nations les plus favori-

sées. Ils seront exempts de tout service de terre ou de mer, des prêts forcés et de toute contribution extraordinaire si elle n'est pas générale et établie par une loi ; leurs maisons d'habitation, les magasins et tout ce qui en fait partie et ce qui leur appartient, comme effets de commerce ou de résidence seront respectés ; ils ne seront soumis à aucune visite ou perquisition vexatoires ; on ne pourra faire aucun examen ou inspection arbitraire de leurs livres, papiers ou comptes commerciaux et ces opérations ne pourront avoir lieu qu'à la suite d'une sentence des tribunaux.

Chacune des HH. PP. CC. promet de garantir en toute occasion aux sujets de l'autre, résidant dans ses états, la conservation de leurs propriétés et de la sûreté personnelle de la même manière qu'elle est garantie à ses propres sujets et aux sujets ou citoyens des nations les plus favorisées.

Art. 2. Les sujets de S. M. le Roi de Sardaigne ne seront pas soumis dans les États de S. M. le Roi des Deux-Siciles, à un système plus rigoureux d'examen et de perquisition de la part des officiers de la douane, que les sujets de S. M. Sicilienne.

Il y aura réciprocité de traité de traitement vis-à-vis des sujets de S. M. Sicilienne allant dans les états de S. M. Sarde.

Art. 3. Les sujets de l'une des deux HH. PP. CC. pourront, dans les états de l'autre, traiter librement leurs affaires par eux-mêmes ou en confier la gestion aux personnes qu'il leur plaira de nommer comme leurs courtiers ou agents, et ils ne seront point entravés dans le choix des personnes qui pourront agir en cette qualité, ni tenus de payer un salaire ou une rénumération quelconque à une personne qui ne serait pas de leur choix.

Une liberté absolue est accordée en toute circonstance à l'acheteur et au vendeur de traiter ensemble et de fixer le prix d'un objet ou d'une marchandise quelconque importée dans les états de l'une des deux PP. CC. ou exportée, sauf en général les affaires pour lesquelles les lois ou l'usage du pays exigent l'action d'agents spéciaux.

Art. 4. Les produits du sol et de l'industrie de l'un des deux pays importés dans l'autre, soit par terre, soit par mer, seront taxés de la même manière que les produits importés d'un autre pays quelconque, et ne seront soumis à aucun droit différent ou plus élevé.

LL. MM. susdites s'interdisent d'accorder aux sujets ou citoyens d'une autre puissance, en matière de commerce ou de navigation, aucun privilége, faveur ou immunité, sans l'accorder en même temps au commerce et à la navigation de l'autre pays, gratuitement si la concession a eu lieu à titre gratuit, et moyennant un équivalent, pour ce qui sera possible de valeur et d'effet, qui sera établi d'un commun accord, si la concession a été faite à titre onéreux.

Art. 5. Toutes les productions du sol et de l'industrie des deux pays ou de leurs domaines respectifs, provenant de l'un d'eux et pouvant être légalement importées, déposées ou mises en magasin dans l'autre, seront soumises aux mêmes droits et jouiront des mêmes priviléges, soit qu'elles soient importées, par navire Sarde ou par navires des Deux-Siciles dans les ports des états des deux HH. PP. CC.

Toutes les productions qui seront exportées ou réexportées légalement de l'un des deux pays dans l'autre, seront soumises aux mêmes droits et jouiront des mêmes priviléges, réductions, bénéfices, concessions et restitutions, soit qu'elles soient exportées ou réexportées par navire Sarde ou des Deux-Siciles.

Art. 6. Les navires sardes arrivant dans les ports des états de S. M. Sicilienne et réciproquement les navires siciliens arrivant dans les ports de S. M. Sarde , seront traités dans les deux pays à leur arrivée, pendant leur séjour et à leur départ sur le même pied que les navires nationaux pour tout ce qui concerne les droits de tonnage, de pilotage, de port, de phare, de quarantaine, de darse et patente, et autres charges qui pèsent sur la quille du navire, sous quelque dénomination que ce soit , que les droits susdits soient payés en faveur de l'état, ou en faveur d'une ville ou de tout autre établissement particulier , pourvu que ces navires proviennent directement de l'un des ports des Deux-Siciles dans un port sarde ou d'un port sarde dans un port sicilien, s'ils sont chargés, et de quelque port que ce soit s'ils sont en lest.

Art. 7. La nationalité des navires respectifs sera reconnue et admise réciproquement , suivant les lois et les réglements particuliers de chaque état , par le moyen des patentes et papiers de bord délivrés par les autorités compétentes aux capitaines et aux patrons.

Art. 8. Pour l'effet des stipulations qui précèdent, toute prime, remise ou remboursement de droits qui existent dans le royaume de Sardaigne au préjudice du commerce et de la navigation des Deux-Siciles , sont et demeurent supprimés.

Il est expressément entendu qu'aucune prime , remise ou remboursement de droits ne pourront, pendant la durée de ce traité, être accordés dans le royaume de Sardaigne au préjudice du commerce et de la navigation des Deux-Siciles et réciproquement.

En conséquence, S. M. Sarde déclare qu'aux termes des conditions stipulées par l'art. 5. tous les droits différentiels du tiers des droits d'entrée établis dans ses états par l'édit du 17 janvier 1825 , sur les eaux-de-vie, le vin, le blé, les huiles, les chataignes et leur farine, les grains et céréales , le riz et les légumes cassés, ainsi que pour l'huile à l'exportation et tout autre droit différentiel qui pourrait être établi avec d'autres lois, tant à l'importation qu'à l'exportation, en faveur de son pavillon, et au préjudice de celui des Deux-Siciles, sont et demeurent supprimés pendant toute la durée du présent traité.

Et de son côté, S. M. Sicilienne déclare que pendant la durée de ce traité, la réduction du 10 p' 100 dont jouit son pavillon sur les droits établis par le tarif des douanes, sera étendu aux produits du sol et de l'industrie des états sardes, qui seront importés dans ses états de ceux de S. M. Sarde par des navires marchands sardes.

La réciprocité établie par ce traité ne s'étend pas aux primes que les HH. PP CC. voudraient accorder à leurs sujets pour l'encouragement de la construction de navires sous leur pavillon respectif.

Art. 9. Il est en outre convenu que les fromages sardes apportés de la Sardaigne dans les Deux-Siciles avec navire sarde ou sicilien, seront assimilés aux fromages de toute sorte de tout autre pays étranger le plus favorisé, et par conséquent soumis aux mêmes droits qui sont ou qui seront établis à l'avenir sur ces derniers, et qu'en compensation de cette assimilation, on n'imposera pendant la durée de ce traité et du jour de sa ratification, sur les bateaux siciliens qui exercent la pêche du corail dans les mers de la Sardaigne, aucun droit plus élevé ou différents de ceux auxquels sont ou pourront être soumis les bateaux pêcheurs de corail sardes, que ces droits soient exigés au profit du gouvernement, des communes ou de qui que ce soit.

Art. 10. Les stipulations de ce traité ne seront pas applicables à la navigation de la côte, c'est-à-dire au cabotage qui se fait d'un port à l'autre dans chacun des deux pays pour le transport des personnes ou des marchandises par navires à voile ou à vapeur, ce mode de transport étant uniquement réservé aux navires nationaux.

Néanmoins les navires de chacune des deux HH. PP. CC.

pourront prendre et débarquer une partie de leur charge·
ment dans un port des états de l'autre, et compléter ensuite
leur chargement ou débarquer le reste dans un ou plusieurs
ports des mêmes états sans cependant payer un droit différent de celui que paient les navires du pays ou ceux des
nations les plus favorisées.

Art. 11. En cas de naufrage d'un navire de l'un des deux
états sur les côtes de l'autre, non-seulement il sera prêté
toute sorte d'assistance aux naufragés, mais les navires,
leurs parties ou débris, leurs agrès et tous les objets qui
leur appartiennent, les papiers trouvés à bord, ainsi que les
objets et les marchandises jetés à la mer ou sauvés, ne
seront pris ou retenus sous aucun prétexte.

Lesdits navires, effets et marchandises seront conservés
et rendus, moyennant le paiement des frais de sauvetage
et de conservation ainsi que des droits de douane, de quarantaine et autres, qui seraient payés dans le même cas par
un navire national. La même chose aura lieu pour le produit
de la vente desdits objets si les circonstances exigeaient
qu'elle ait lieu immédiatement.

Dans ledit cas les Consuls, Vice-Consuls et Agents commerciaux respectifs seront autorisés à intervenir pour prêter
l'assistance nécessaire à leurs nationaux. Si cependant il y
avait des réclamations légales au sujet du naufrage, des
effets et des marchandises du navire naufragé, elles seraient
soumises à la décision des tribunaux du pays.

Art 12. Les Consuls, Vice-Consuls et Agents commerciaux des deux pays jouiront dans l'autre des mêmes priviléges et attributions dont jouissent ceux des nations les
plus favorisées, mais dans le cas où ils exerceraient le
commerce, ils seraient soumis aux mêmes lois et usages
que leur nationaux dans le lieu de leur résidence.

Les Consuls, Vice-Consuls et Agents commerciaux
des deux pays pourront, comme tels, être arbitres
dans les questions civiles dépendant de contrats faits ailleurs

entre les capitaines et les équipages de leur nation, toutes les fois qu'aucun des sujets de la puissance près de laquelle ils résident, n'y sera intéressé. Les autorités locales ne pourront intervenir ou y prendre part que dans le seul cas ou la conduite du capitaine ou des équipages troublerait l'ordre public ou la tranquillité du pays. Néanmoins cet arbitrage ne pourra pas priver les parties du droit de recourir, à leur retour, aux autorités judiciaires de leur pays.

Art. 13. Les Consuls et Agents commerciaux de chacune des deux H.H. PP. CC. résidant dans les états de l'autre, recevront des autorités locales toute l'assistance qui pourra leur être légalement accordée pour la remise des déserteurs des navires de guerre ou marchands des deux pays.

Art. 14. S. M. Sicilienne consent à étendre les stipulations de ce traité à la principauté souveraine de Monaco placée sous le protectorat de S. M. Sarde, moyennant réciprocité de la part de ladite principauté.

Art. 15. Le présent traité sera en vigueur pendant 10 ans qui commenceront à courir du jour de l'échange des ratifications, et au-delà de ce terme jusqu'à l'expiration de douze mois après que l'une des deux HH. PP. CC. aura donné à l'autre avis de son intention de le faire cesser, chacune des deux HH. PP. CC. se reservant le droit de donner pareil avis à la fin des neuf premières années ; et il est convenu qu'à l'échéance des douze mois, après que cet avis aura été reçu par l'autre, le présent traité cessera d'être obligatoire.

ESPAGNE.

Traité dit d'Italie fait à Aranjuez, entre S. M. Charles Emmanuel III, roi de Sardaigne, l'empereur d'Autriche et le roi d'Espagne, à la date du 14 juin 1752.

Art. 10. Pour le bien commun et mutuel des sujets des HH. PP. CC., il est convenu qu'il jouiront dans les ports des états respectifs des mêmes priviléges dont jouissent les nations les plus amies et que l'on fera à cet égard, à l'avenir tout ce qui sera convenable pour resserrer de plus en plus les liens d'amitié qui unissent lesdites HH. PP. CC.

ÉTATS-UNIS.

Traité de commerce et de navigation du 26 octobre 1838, ratifié par S. M. Sarde le 18 mars 1839.

Art. 1. Il y aura entre les territoires des hautes parties contractantes, liberté et réciprocité de commerce et de navigation. Les habitants de leurs états respectifs, pourront entrer librement dans les ports des territoires de chacune d'elles, partout où le commerce étranger est permis. Ils pourront séjourner ou résider librement dans quelque partie que ce soit desdits territoires, pour y vaquer à leurs affaires, et ils jouiront à cet effet de la même sécurité et protection que les habitants du pays dans lequel ils résident, à la condition toutefois de se soumettre aux lois et aux réglements qui y sont en vigueur.

Art. 2. Les batiments sardes arrivant chargés ou sur lest dans les ports des États-Unis d'Amérique, et réciproquement les bâtiments des États-Unis d'Amérique arrivant chargés ou sur lest dans les ports de S. M. le roi de Sardaigne, seront traités à leur entrée, pendant leur séjour et à leur sortie, sur le même pied que les bâtiments nationaux venant des mêmes parages, par rapport aux droits de tonnage, de fanaux, de pilotage, de péage, aux droits de port, vacation d'officiers publics, ainsi qu'à toutes les taxes et charges de quelque espèce ou dénomination que ce soit, perçues au nom ou au profit du gouvernement, des autorités locales ou d'établissements particuliers quelconques.

Art. 3. Toute espèce de marchandises et objets de commerce provenant du sol ou de l'industrie des États-Unis d'Amérique, ou de tout autre pays, qui pourront légalement être importés dans les ports des états de S. M. le roi de Sardaigne par des bâtiments sardes, pourront également y être importés par des bâtiments des États-Unis, sans être tenus à payer d'autres ou de plus forts droits de quelque espèce ou dénomination que ce soit, perçus au nom ou au profit du gouvernement, des autorités locales ou d'établissements particuliers quelconques, que ceux que ces mêmes marchandises ou produits paieraient dans le même cas, s'il étaient importés sur des bâtiments sardes. Et réciproquement, toute espèce de marchandises et objets de commerce provenant du sol ou de l'industrie du royaume de Sardaigne ou de tout autre pays, qui pourront être légalement importés dans les États-Unis d'Amérique par des bâtiments de ces mêmes états, pourront également y être importés par des bâtiments sardes, sans payer d'autres ou de plus forts droits de quelque espèce ou dénomination que ce soit, perçus au nom ou au profit du gouvernement, des autorités locales ou d'un établissement particulier quelconque, que ceux que ces mêmes marchandises ou produits paieraient dans le même cas, s'ils étaient importés sur des bâtiments des États-Unis d'Amérique.

Art. 4. Afin de prévenir toute espèce de mésentendu, il est convenu que les dispositions contenues dans les articles 2 et 3 sont applicables dans toute leur étendue aux bâtiments sardes et à leurs cargaisons, arrivant dans les ports des États-Unis d'Amérique et réciproquement aux bâtiments desdits états et à leurs cargaisons arrivant dans les ports de S. M. le roi de Sardaigne, soit que ces bâtiments viennent directement des ports du pays auquel ils appartiennent, soit de ceux de tout autre pays étranger.

Art. 5. Toute espèce de marchandise et objets de commerce qui pourront être légalement exportés de

-- d'Amérique sur des bâtiments --

ment particulier quelconque, que ceux qui seraient payés pour les mêmes marchandises et objets de commerce qui auraient été exportés sur des bâtiments des États-Unis d'Amérique et réciproquement toute espèce de marchandises et objets de commerce qui pourront être légalement exportés des ports de S. M. le roi de Sardaigne sur des bâtiments nationaux, pourront également en être exportés sur des bâtiments des États-Unis d'Amérique, sans payer d'autres ou de plus forts droits ou charges, de quelque espèce ou dénomination que ce soit, perçus au nom ou au profit du gouvernement, des autorités locales, ou d'un établissement particulier quelconque, que ceux qui seraient payés pour les mêmes marchandises ou objets de commerce, s'ils avaient été exportés sur des bâtiments sardes.

Art. 6. Il ne sera imposé d'autres ou de plus forts droits sur l'importation dans les États-Unis d'Amérique de tout article provenant du sol ou de l'industrie du royaume de Sardaigne, et il ne sera imposé d'autres ou de plus forts droits sur l'importation dans le royaume de Sardaigne de tout article provenant du sol ou l'industrie des États-Unis, que ceux qui sont ou seront imposés sur de semblables articles provenant du sol ou de l'industrie de tout autre pays étranger. De même on ne mettra aucune entrave ou prohibition quelconque à l'importation, ou à l'exportation de tout article provenant du sol ou de l'industrie des États-Unis d'Amérique ou du royaume de Sardaigne, à l'entrée ou à la sortie des ports de chaque pays, qui ne soit pas également applicable à toute autre nation.

Art. 7. Il est expressément entendu que les articles pré-
sont point applicables à la navigation des côtes ou
ou des deux pays, que l'une et l'

de commerce ou de navigation, cette faveur deviendra immédiatement commune à l'autre partie qui en jouira sans charge d'aucune espece, si elle a été accordée gratuitement à l'autre nation, ou en accordant la même compensation ou une autre équivalente, si la concession a été conditionnelle.

Art. 10. Les bâtiments de l'une des deux parties contractantes abordant à quelque côte de la dépendance de l'autre, mais n'ayant pas l'intention d'entrer au port, ou, y étant entrés, ne voulant pas y décharger tout ou une partie de leur cargaison, jouiront des mêmes priviléges et seront traités à cet égard de la même manière que les bâtiments des nations les plus favorisées.

Art. 11. S'il arrivait qu'un vaisseau appartenant à l'une des deux parties contractantes ou bien à ses citoyens ou sujets, fit naufrage, sombrât ou souffrît quelqu'autre dommage sur les côtes ou dans les états soumis à l'autre partie, il sera accordé à ces navires et à toutes les personnes qui seront à bord, le même secours et la même protection dont jouissent ordinairement les bâtiments de la nation où le naufrage a eu lieu ; et ces vaisseaux naufragés, les marchandises ou autres effets qu'ils contiendront, ou leur produit, si ces objets avaient été déjà vendus, seront restitués à leurs propriétaires ou à leurs ayant droit, en payant un droit de sauvetage égal à celui qui serait payé dans le meme cas par un vaisseau national.

Art. 12. Tout bâtiment de commerce sarde entrant en relâche forcée dans un port des États-Unis d'Amérique, et réciproquement tout bâtiment de commerce desdits états entrant en relâche forcée dans un port de S. M. le roi de Sardaigne, y sera exempt de tout droit de port et de navigation, perçu ou à percevoir au profit de l'état, si les causes qui ont nécessité la relâche sont réelles et évidentes, pourvu qu'ils ne se livrent dans le port de relâche à aucune opération de commerce, en chargeant ou déchargeant des mar-

chandises ; bien entendu, toutefois, que les déchargements
et rechargements motivés par l'obligation de réparer le bâtiment ne seront point considérés comme opération de
commerce donnant ouverture au paiement des droits ; et
pourvu que le bâtiment ne prolonge pas son séjour dans le
port au-delà du temps nécessaire, d'après les causes qui
auront donné lieu à la relâche.

Art. 13. Vu l'éloignement des pays respectifs des deux
hautes parties contractantes et l'incertitude qui en résulte
sur les divers événements qui peuvent avoir lieu, il est
convenu, qu'un bâtiment marchand appartenant à l'une
d'elles qui se trouverait destiné pour un port supposé bloqué au moment du départ de ce bâtiment, ne sera cependant pas capturé ou condamné pour avoir essayé une première fois d'entrer dans ledit port, à moins qu'il ne
puisse être prouvé que ledit bâtiment avait pu et dû
apprendre en route que l'état du blocus de la place en
question durait encore. Mais les bâtiments qui, après avoir
été renvoyés une fois, essaieraient, pendant le même voyage,
d'entrer une seconde fois dans le même port bloqué durant
la continuation de ce blocus, se trouveront alors sujets à
être détenus et condamnés.

Art. 14. Les articles de commerce produits du sol ou des
manufactures des États-Unis d'Amérique, et des pêches de
ce pays, excepté le sel, la poudre à canon et le tabac fabri-
qué, pourront librement passer du port-franc de Gênes à
travers le territoire de S. M. Sarde à un point quelconque
de la frontière intérieure dudit territoire, et *vice-versa* tous
les articles de commerce venant par un point quelconque
de la frontière intérieure Sarde qui seront destinés pour
États-Unis, pourront traverser les états de S. M. le roi de
Sardaigne jusqu'au port-franc de Gênes sans être tenus de
payer aucune espèce de droits perçus au nom du gouvernement, des autorités locales ou d'un établissement particulier
quelconque, excepté ceux nécessaires pour couvrir les frais

qu'exigent les précautions et les mesures contre la fraude et la contrebande, et qui ne seraient pas également applicables au transit des mêmes articles importés par les bâtiments de l'une ou de l'autre des hautes parties contractantes. Mais si, par des circonstances et des motifs particuliers, il était jugé convenable ou nécessaire de rétablir des droits de transit sur les articles sus-mentionnés dirigés par un point de la frontière Sarde, le gouvernement de S. M. le roi de Sardaigne s'en réserve le plein droit, s'engageant, toutefois, à notifier cette détermination au gouvernement des États-Unis six mois avant son exécution. Il est aussi convenu que tous les articles de commerce importés directement des États-Unis d'Amérique seront reçus et considérés comme des produits desdits états, et en cette qualité auront également droit au libre transit à travers les états de S. M. le roi de Sardaigne, sauf les exceptions mentionnées dans le présent article.

Art. 15. Les deux hautes parties contractantes s'accordent mutuellement le droit d'envoyer dans les ports et villes commerçantes de leurs états respectifs des Consuls, Vice-Consuls et Agents commerciaux nommés par elles, qui jouiront des mêmes priviléges, pouvoirs, et exemptions dont jouissent ceux des nations les plus favorisées ; mais dans le cas où quelques-uns de ces Consuls voudraient exercer le commerce, ils seront tenus de se soumettre aux mêmes lois et usages auxquels sont soumis dans le même lieu, par rapport à leurs transactions commerciales, les particuliers de leur nation et les sujets des états les plus favorisés.

Art. 16. Il est spécialement entendu que lorsqu'une partie contractante choisira pour son agent consulaire pour résider dans un port ou une ville commerçante de l'autre partie un sujet ou citoyen de celle-ci, ce Consul ou Agent continuera à être considéré, malgré sa qualité de Consul étranger, comme sujet ou citoyen de la nation à laquelle il appartient et qu'il sera par conséquent soumis aux lois et réglements qui régissent les nationaux dans le lieu de sa résidence, sans que cette obligation puisse cependant gêner en rien l'exercice de ses fonctions consulaires ni porter atteinte à l'inviolabité des archives consulaires.

Art. 17. Lesdits Consuls, Vice-Consuls et Agents commerciaux seront autorisés à requérir l'assistance des autorités locales pour la recherche, l'arrestation, la détention et l'emprisonnement des déserteurs des bâtiments de guerre et marchands de leur pays. Ils s'adresseront à cet effet aux tribunaux, juges et officiers compétents et réclameront par écrit les déserteurs sus-mentionnés en prouvant par la comunication des registres des bâtiments ou rôles des équipages ou par d'autres documents officiels que ces individus ont fait partie desdits équipages. Cette réclamation ainsi appuyée, l'extradition ne sera point refusée. Ces déserteurs lorsqu'ils auront été arrêtés, seront mis à la disposition des dits Consuls, Vice-Consuls ou Agents commerciaux et pourront être enfermés dans les prisons publiques à la réquisition et aux frais de ceux qui les réclament, pour être retenus jusqu'au moment ou ils pourront être rendus aux bâtiments auxquels ils appartiennent, ou pour être renvoyés dans leur pays sur des bâtiments nationaux ou autres. Mais s'ils ne sont pas renvoyés dans l'espace de trois mois, à compter du jour de leur arrestation, ils seront mis en liberté et ne pourront plus être arrêtés pour la même cause. Toutefois si le déserteur se trouvait avoir commis quelque crime ou délit, il pourra être sursis à son extradition jusqu'à ce que le Tribunal, saisi de l'affaire, ait rendu sa sentence, et que celle-ci ait reçu son exécution.

Art. 18. Voy. aubaine.

Art. 19. Voy. art. 11 du traité de commerce, etc., fait avec le Danemarck.

ARTICLE SÉPARÉ.

S. M. Sarde jugeant convenable par des motifs particuliers de continuer à percevoir pour à présent des droits dif-

férentiels au détriment des pavillons étrangers sur les blés,
l'huile d'olive et le vin importés directement de la mer Noire,
des ports de la mer Adriatique et de ceux de la Méditerranée
jusqu'au cap Trafalgar, nonobstant les articles 2, 3 et 4 du
présent traité, etc. (Voyez pareil article du traité de commerce et de navigation avec le Danemarck).

FRANCE.

*Traité de navigation et de commerce, du 28 août 1843,
ratifié par S. M. Sarde le 21 septembre suivant, mis en
vigueur le 20 mai 1846, en vertu d'une déclaration du
22 avril précédent.*

Art. I. Les Navires Sardes arrivant dans les ports du
Royaume de France, et réciproquement les Navires Français arrivant dans les ports du Royaume de Sardaigne seront
traités dans les deux pays, soit à leur entrée, soit pendant
leur séjour, soit à leur sortie, sur le même pied que les bâtiments nationaux pour tout ce qui concerne les droits de
tonnage, de pilotage, de balisage, de quaiage, de quarantaine, de port, de phare, de courtage et autres charges
qui pèsent sur la coque du navire sous quelque dénomination que ce soit, que ces droits soient perçus par l'Etat, les
Provinces, les Communes, etc., ou qu'ils le soient par des
établissements publics ou corporations quelconques.

Art. II. La nationalité des bâtiments sera admise de part
et d'autre d'après les lois et règlements particuliers à chaque
État, au moyen des titres et patentes délivrés par les Autorités compétentes, aux Capitaines ou Patrons.

Art. III. En tout ce qui concerne le placement des navires, leur chargement et déchargement dans les ports,
bassins, rades ou hâvres de l'un des deux États, il ne sera
accordé aucun privilége aux navires nationaux qui ne le
soit également à ceux de l'autre État, l'intention des Hautes
contractantes étant que sous ce rapport aussi les

bâtiments soient traités sur le pied d'une parfaite réciprocité.

Art. IV. Les bâtiments des deux États pourront décharger en totalité ou en partie seulement leur cargaison dans l'un des ports des États de l'une ou de l'autre des Hautes Parties contractantes, selon que le Capitaine, le Patron, le Propriétaire, ou telle autre personne qui serait dûment autorisée dans le port à agir dans l'intérêt du bâtiment ou de la cargaison, le jugeront convenable, et se rendre ensuite avec le reste de leur cargaison dans les autres ports du même État.

Ils pourront également, lorsqu'ils seront en charge, compléter leur cargaison successivement dans les ports du même État, pourvu qu'ils ne se livrent alors à aucune autre opération de Commerce que celle du chargement.

Art. V. Il est expressément entendu que les articles précédents ne sont point applicables,

1° A la navigation de côte ou de cabotage qui demeure réservée au pavillon national dans les États respectifs ;

2° A la législation particulière qui régit la navigation des colonies appartenant à l'un ou à l'autre État, et qui demeure également réservée.

Art. VI. Les Capitaines et Patrons de bâtiments Sardes et Français seront réciproquement exempts de toute obligation de recourir dans les ports respectifs des deux États aux expéditionnaires officiels, et ils pourront en conséquence librement se servir soit de leurs Consuls, soit des expéditionnaires qui seraient désignés par ceux-ci, sauf dans les cas prévus par le Code de Commerce Sarde et par le Code de Commerce Français, aux dispositions desquels la présente clause n'apporte aucune dérogation.

Art. VII. Toutes les opérations relatives au sauvetage des navires naufragés, échoués ou délaissés, seront dirigées par les Consuls respectifs dans les deux pays. Ces navires ou leurs parties et débris, leurs agrès et tous les

qui leur appartiendront, ainsi que tous les effets et marchandises qui auront été sauvés, ou leur produit, seront
consignés auxdits Consuls, de même que tous les papiers
trouvés à bord.

Les autorités locales respectives interviendront pour
maintenir l'ordre, garantir les intérêts des sauveteurs, s'ils
sont étrangers aux équipages naufragés, et assurer l'exécution des dispositions à observer pour l'entrée et la sortie
des marchandises sauvées. En l'absence et jusqu'à l'arrivée
des Consuls ou Vice-Consuls, les autorités locales devront
d'ailleurs prendre toutes les mesures nécessaires pour la
protection des individus et la conservation des effets naufragés.

Les marchandises sauvées ne seront tenues à aucun droit,
ni frais de douane jusqu'au moment de leur admission à la
consommation intérieure.

Il ne sera exigé, soit du Consul, soit des propriétaires
ou ayant droit, que le paiement des dépenses pour la conservation de la propriété et la taxe du sauvetage qui serait
également payée en pareille circonstance par un bâtiment
national.

Art. VIII. Tout navire de Commerce Sarde entrant en
relâche forcée dans un port de France ou des possessions
françaises dans le Nord de l'Afrique, et tout navire de
Commerce Français entrant en relâche forcée dans un port
de Sa Majesté le Roi de Sardaigne, y seront exempts de
tout droit de port ou de navigation perçu ou à percevoir au
profit de l'État, si les causes qui ont nécessité la relâche
sont réelles et évidentes, pourvu qu'ils ne se livrent dans le
port de relâche à aucune opération de commerce en chargeant ou déchargeant des marchandises bien entendu toutefois que les déchargements et rechargements motivés par
l'obligation de réparer les navires ne seront point considérés comme opérations de commerce donnant ouverture
au paiement des droits, et pourvu que ces navires ne pro-

longent pas leur séjour dans le port au-delà du temps nécessaire d'après les causes qui auront donné lieu à la relâche.

Art. IX. Voulant se donner des gages de leur désir mutuel de favoriser les relations commerciales entre les deux pays, les Hautes Parties contractantes sont convenues dans ce but des dispositions suivantes :

§ 1er Sa Majesté le Roi de Sardaigne consent :

1° A réduire les différen ts droits actuellement établis sur les eaux-de-vie de vin importées soit par mer, soit par les diverses frontières de terre, savoir : d'un cinquième au moins pour les eaux-de-vie de vingt-deux degrés et au-dessous. et d'un sixième pour celles de degrés supérieurs ;

2o A réduire le droit d'entrée sur les objets de mode de vingt-quatre francs à vingt francs par kilogramme poids net, outre le dix pour cent de la valeur ;

3° A ne soumettre les vins de France qui entreront dans les Etats Sardes par la frontière du Var, du Rhône et des Alpes qu'au même droit qui est établi sur ceux importés par voie de mer et par bâtiments nationaux ;

4o A réduire le droit sur la porcelaine blanche de cinquante francs à trente-cinq francs les cent kilogrammes, et celui sur la porcelaine en couleur ou dorée, de soixante-dix francs à cinquante francs.

§ 2° Sa Majesté le Roi des Français s'engage de son côté :

1° A convertir le droit par tête établi à l'entrée en France sur les bestiaux sardes de race bovine en un droit au poids dont le *maximum* n'excédera pas quarante francs, non compris le décime, par tête de bœuf, et une diminution proportionnelle sera appliquée à toutes les bêtes à corne. L'introduction de ces bestiaux ne pourra toute fois avoir lieu que par les bureaux des douanes qui seront ultérieurement désignés d'un commun accord.

2o Sa Majesté le Roi des Français s'engage aussi à diminuer les droits sur l'introduction des riz du Piémont par la frontière de terre d'un tiers du taux actuel ;

3° A faire une pareille diminution d'un tiers sur le droit d'entrée en France de la céruse de fabrication sarde , tant par la voie de terre , que par la voie de mer , sous pavillon Sarde et Français ;

4° A diminuer des deux cinquièmes le droit actuel sur l'introduction des fruits frais de table , oranges , etc., produits du sol Sarde sous pavillon Sarde et Français.

Art. X. La propriété littéraire et artistique est réciproquement garantie.

Une Convention spéciale et annexée au présent Traité détermine les conditions d'application et d'exécution de ce principe dans chacun des deux Royaumes.

Art. XI. Cet article porte que ce Traité sera valable pour six années ; mais la Convention du 6 septembre 1844 , ratifiée par Sa Majesté Sarde le 24 du même mois , a réduit sa durée à quatre années à compter du jour dont les HH. PP. CC. conviendront pour l'exécution simultanée de cet acte , dès que la promulgation en sera faite d'après les lois particulières de chaque État.

Il est dit ensuite que , si à l'expiration des quatre années la cessation dudit Traité n'est pas dénoncée six mois à l'avance , il continuera d'être obligatoire d'année en année jusqu'à ce que l'une des PP. CC. ait annoncé à l'autre , mais un an à l'avance , son intention d'en faire cesser les effets.

ARTICLE ADDITIONNEL.

Nonobstant la clause établie au deuxième paragraphe de l'article cinquième , Sa Majesté le Roi des Français s'engage à ne pas augmenter les droits de tonnage et autres de même nature qui affectent les corps du navire actuellement perçus dans les ports des possessions françaises du Nord de l'Afrique sur les bâtiments sardes venant directement des ports sardes, ainsi qu'à maintenir la franchise actuelle des droits sur les céréales, le riz, les bestiaux, les fourrages, les légumes et fruits frais, le bois et le charbon produits du sol sarde, lorsqu'ils seront importés en droiture dans lesdites possessions par navires sardes.

Une déclaration du 22 avril 1846 porte que ledit traité serait mis en vigueur le 20 mai suivant, ce qui a eu lieu.

Cette déclaration porte aussi que les deux états reconnaissent comme seuls affectés à l'introduction des bestiaux Sardes soumis à la taxe au poids, les bureaux de douanes français y dénommés, savoir :

Dans le département de l'Isère, *Pont-de-Beauvoisin*, *Entre-deux-Guiers*, *Pontcharra*, *Rivier d'Alemont* ;

Dans le département des Hautes-Alpes, *Mont-Genèvre*, *Fontgillarde* ;

Dans le département des Basses-Alpes, *Larches* et *Entrevaux* ;

Dans le département du Var, *Roque-Esteron* et *Saint-Laurent-du-Var*.

Les bestiaux sardes jouiront, en outre, de la faculté d'entrer en France par les deux bureaux de *Sausses* et des *Lacs-et-Lasseds* situés sur les trois routes qui sont en avant d'Entrevaux, et sous la seule condition de venir acquitter les droits au bureau d'Entrevaux.

Tous les bestiaux de la race bovine provenant des Etats sardes, seront accompagnés de certificats d'origine délivrés par les autorités locales.

Ces certificats qui énonceront le nombre et l'espèce de bestiaux, ainsi que les signes distinctifs propres à en établir l'identité, seront annexés aux acquits des douanes sardes justificatifs du paiement des droits de sortie. Il est d'ailleurs entendu que les bestiaux sardes, tels que taureaux, taurillons, bouvillons, génisses et veaux, taxés à un droit fixe par tête dans le nouveau tarif, seront admis, toujours moyennant justification d'origine, par tous les bureaux de douanes de la frontière indistinctement, à l'exclusion de ceux qui seront placés dans le département de l'Ain, où les droits généraux du tarif demeureront en vigueur sur toutes les espèces, quelle qu'en soit la provenance.

GRÈCE.

Déclaration échangée entre la Sardaigne et la Grèce pour l'exemption réciproque des droits de port et de navigation en cas de relâche forcée, à la date du 7 février 1839, à Turin, et à la date du 1er avril 1839, à Athènes. Ses dispositions qui ont été mises en vigueur le 1er avril 1839, sont les mêmes que celles contenues dans la déclaration échangée avec l'Autriche.

HANOVRE.

Traité de commerce et de navigation du 11 août 1845, ratifié par S. M. Sarde le 30 septembre suivant.

Art. 1. Voy. art. 1 de pareil traité avec le Danemarck
Art. 2. Voy. art. 2. ibid.
Art. 3. Voy. art. 3. Ibid.
Art. 4. Voy. art. 4. Ibid.
Art. 5. Voy. art. 5. Ibid.
Art. 6. Les navires de l'un des deux états qui entreront dans un port de l'autre pour y passer l'hiver, ne paieront pas d'autres ni de plus forts droits de navigation que ceux qui sont imposés en pareil cas sur les navires nationaux. Si l'hivernage, la réparation du navire ou d'autres circonstances exigeaient le dépôt de tout ou d'une partie du chargement, il ne sera pas payé d'autres ou de plus forts droits, impositions ou frais sur ce qui en sortira pour être rechargé ou réexporté par le même navire ou par un autre, que les droits, impositions ou frais qu'on exigerait d'un navire national en pareil cas.

Art. 7. La navigation des côtes , soit le cabotage , est exclusivement réservé aux navires nationaux des deux pays.

Art. 8. Voy. art. 6 de pareil traité avec le Danemarck, premier alinéa.

Art. 9. Voy. même art. 6 , troisième alinéa ibid.

Art. 10. Voy. art. 7 ibid.

Art. 11. Voy. art. 10 ibid. et art. 4 de pareil traité avec les Deux-Siciles.

Art. 12. Voy. art. 17 de pareil traité avec les États-Unis de l'Amérique du nord. Ces art. sont relatifs à l'arrestation des marins qui désertent des navires marchands.

Art. 13. Les navires sardes ou leurs chargements seront traités , au sujet de la taxe et du système de perception des droits de stade, et de Brunshausent , sur le même pied que les navires et les chargements des nations les plus favorisées , excepté la ville d'Hambourg et le royaume de Danemarck pour le duché de Holstein situé sur le rivage de l'Elbe.

Art. 14. Les dispositions de ce traité sont étendues à la principauté de Monaco, avec réciprocité de traitement du pavillon du Hanover et de Monaco dans les ports respectifs de ces deux états.

Art. 15. Le traité sera en vigueur pour huit ans ; si un an avant leur expiration, une des deux PP. CC. n'a pas annoncé à l'autre son intention d'en faire cesser les effets, ledit traité continuera d'être obligatoire pendant douze mois au-delà du terme fixé, et ainsi successivement jusqu'à ce qu'un an soit passé après que la notification officielle aura eu lieu.

LUCQUES.

Déclaration échangée à la date du 29 septembre 1840, entre le gouvernement de S. M. Sarde et celui de S. A. R. le Duc de Lucques , pour l'exemption réciproque des droits de navigation et de port, en cas de relâche forcée. Cette déclaration contient les mêmes dispositions que celles échangées à ce sujet avec le gouvernement autrichien, plus ce qui suit : « On déclare en outre qu'avec la présente rien n'est changé à l'égard de l'obligation des navires, qui arrivent pour purger leur quarantaine, de payer les droits établis par les tarifs et les réglements sanitaires.

MAROC.

Traité du 30 juin 1825 entre S. M. le Roi de Sardaigne et l'Empereur de Maroc. Durée indéfinie. Publié le 6 octobre 1825.

Art. 1. Il y aura paix et amitié perpétuelle qui seront assurées par l'établissement dans l'Empire de Maroc d'un consul sarde, et celui-ci sera choisi parmi les sujets sardes.

Art. 2. Les sujets des deux Etats feront le commerce avec toute sûreté par mer et par terre, sans être inquiétés ou éprouver des désagréments ou de l'opposition, et jouiront réciproquement dans les deux Etats d'avantages égaux à ceux accordés aux puissances favorisées.

Art. 3. Les consuls et tout autre officier consulaire de l'un des deux Etats jouiront dans les Etats de l'autre des mêmes avantages, faveurs, égards, protection et considération que ceux des autres puissances favorisées.

Art. 4. Les sujets sardes ne pourront être obligés à fournir des canons, de la poudre ou autre munition de guerre, et les navires portant le pavillon sarde ne pourront être retenus par force dans les Etats de l'Empire de Maroc au-delà du temps qu'ils voudront y rester, ni être obligés à charger contre leur gré plutôt dans un port que dans un autre.

Art. 5. Les passeports ou *scontrini* et autres papiers de cette nature, nécessaires aux sujets sardes pour être reconnus par les navires marocains ou dans les Etats de Maroc, ne seront accordés qu'à des sujets sardes.

La reconnaissance des navires des deux États sera faite par la seule exhibition du *scontrino*, excepté pour les petits navires comme les bateaux de pêche ou autres, dont on n'exigera même pas cette exhibition.

Moyennant l'exhibition du *scontrino* les corsaires de l'Empereur de Maroc qui rencontreront en mer des navires marchands sardes, ne les retiendront pas, ne retarderont pas leur navigation, ne monteront pas à bord pour visiter leur chargement et ne communiqueront pas avec eux afin de ne pas les obliger à faire quarantaine dans le port de leur destination.

Dans les cas d'urgence où l'un d'eux dût recourir à l'autre pour quelque chose, il sera permis à l'un et à l'autre de se secourir, comme cela se pratique entre amis qui sont en bonne harmonie.

Les navires de guerre sardes se conduiront de la même manière avec les navires de guerre ou de commerce du Maroc, et ne pourront prétendre de ces derniers que l'exhibition des expéditions de leur consul résidant dans le port de leur provenance.

Art. 6. Lorsqu'un navire de guerre des deux puissances rencontrera un navire marchand appartenant à l'une d'elles, le commandant du navire de guerre ne pourra pas obliger le navire marchand à aller à son bord avec son canot pour lui montrer ses expéditions, mais le commandant du navire de guerre ira lui-même vers le navire marchand.

Si les expéditions donnent lieu à des soupçons, et que pour les faire cesser on doive procéder à un examen, le commandant ne permettra à personne de monter à bord, et ne chargera de la visite des papiers qu'une personne de confiance.

Si de cette opération il résultait quelque dommage pour le navire marchand et pour son chargement, celui qui aura causé le préjudice sera puni, le réparera et sera condamné à payer ce qui aura été perdu.

Art. 7. Si un navire de guerre de l'Empereur de Maroc capture un navire appartenant à des puissances avec lesquelles il est en guerre et y rencontre un sujet sarde, celui-ci ne sera exposé à aucun désagrément, et au contraire, sa personne sera libre avec ses effets et marchandises, et il sera consigné avec ses effets et marchandises aux officiers consulaires sardes, s'il arrive dans les ports du Maroc ou dans un port d'une puissance qui soit en paix avec l'Empereur, et au commandant du lieu s'il arrive dans un port sarde.

Les commandants des navires de guerre sardes en agiront de même envers les sujets marocains.

Art. 8. Si un navire sarde poursuivi par l'ennemi allait se réfugier à la portée du canon des côtes du Maroc, il serait protégé et défendu autant que possible, et le commandant de la côte forcerait le navire ennemi à s'éloigner ou le retiendrait, après le départ du navire sarde, pendant le temps accoutumé, suivant les règles maritimes.

On en agira de même envers les navires marocains.

Art. 9. Tous les navires appartenant à des marocains qui sortiront des ports ou côtes du Maroc, en arrivant dans les ports ou sur les côtes sardes, seront obligés à faire leur quarantaine dans les lieux désignés à cet effet, s'ils doivent y être soumis. La quarantaine terminée, ils iront dans les ports sardes.

Pareillement les navires sardes arrivant dans les ports marocains devront faire leur quarantaine dans le lieu à ce destiné, en se conformant à ce qui est pratiqué par les autres puissances en pareil cas.

Art. 10. Les navires de guerre sardes en entrant dans les ports marocains, seront reçus de la même manière que les navires de guerre des autres puissances, et embarqueront les provisions et tout ce dont ils auront besoin, en conformité de ce qui se pratique avec les autres puissances les plus favorisées.

La même chose aura lieu envers les navires de guerre du Maroc dans les ports sardes.

Art. 11. Lorsqu'un navire de guerre sarde entrera dans un port marocain, le consul ou la personne qui en remplira les fonctions, en donnera avis au commandant du pays, afin qu'aucun prisonnier qui serait dans la localité, puisse se réfugier à bord, car si cela arrivait, personne ne pourrait l'en faire débarquer par respect pour le pavillon sarde.

La même chose aura lieu dans les ports sardes pour les navires de guerre du Maroc.

Art. 12. Il ne sera permis à aucun navire de guerre des deux puissances de mouiller près d'un port de l'autre où se trouverait un bâtiment ennemi pour le capturer à sa sortie, ni d'attaquer le navire ennemi qui se trouverait à la portée du canon, ou qui serait à l'ancre à la même distance, dans un lieu où il n'y aurait pas de canons, et cela suivant l'usage.

Art. 13. Si un bâtiment portant le pavillon sarde faisait naufrage sur les côtes de l'Empire de Maroc à cause de la mer, ou parce qu'il y aurait été forcé par un navire ennemi ou pour tout autre motif, les chefs du lieu et les habitants l'aideront et le remettront à flot, et si cela est impossible, ils l'aideront à débarquer son chargement et ce qui s'y trouvera, et on n'exigera du consul sarde, de son agent ou de tout autre chargé de cette opération, ou qui en aurait l'inspection, que les frais de débarquement, sans l'assujettir à des droits de douane pour les marchandises ; mais ce qui sera vendu sur les lieux paiera les droits ordinaires, et pour tout ce qui sera embarqué sur le même navire ou sur tout autre pour un autre lieu, on n'exigera aucun droit.

L'assistance et les secours convenus ne seront dus que lorsque les navires toucheront aux ports de Tetouan, Tanger, Larache, Saffi, Suera ou Mogador, et à Rabat ou à d'autres côtes habitées ; mais non quand ils toucheront à des rivages déserts ou fréquentés par des malfaiteurs.

Art. 14. Le Roi de Sardaigne établira dans les ports marocains des consuls et des vice-consuls pour assister les négociants, les capitaines de navires et les marins sardes, et pour décider les questions qui pourraient s'élever entre eux, sans que le gouverneur du lieu s'en mêle, sauf le cas où le consul réclamerait son assistance contre ceux qui s'opposeraient aux décisions consulaires, et en ce cas le consul serait aidé en conformité de ses demandes.

Art. 15. Le Consul de Sardaigne pourra arborer le pavillon sarde sur sa maison et sur les bateaux qui le transporteront à bord des navires nationaux lorsqu'il voudra s'y transporter, et sa maison sera considérée et respectée comme celle des autres puissances.

Art. 16. Personne n'empêchera le consul sarde d'avoir une chapelle dans sa maison pour y remplir, soit lui-même, soit les sujets sardes, les devoirs de la religion catholique ; les sujets des autres puissances pourront également s'y rendre.

Art. 17. Si un sujet sarde vient à décéder dans les États du Maroc, le consul recueillera sa succession et procédera à son égard comme il croira convenable, soit qu'il veuille vendre les effets héréditaires, soit qu'il veuille les consigner aux héritiers du défunt, sans que le gouverneur du lieu, ni la loi du pays puissent y prendre aucune part.

Art. 18. Si un sujet sarde dans les États du Maroc lève la main pour frapper un sujet de l'Empereur, on ne pourra le juger qu'en présence du consul. Si le coupable prend la fuite, le consul ne sera pas recherché pour le faire paraître. On procédera de la même manière pour un in-

digène qui frapperait un sujet sarde. Il sera puni. Mais
s'il prend la fuite ou se refugie dans un lieu d'asile, le
gouverneur ne pourra être recherché pour ce fait.

Art. 19. S'il arrivait que le Traité de paix et d'amitié
conclu entre les deux puissances fût rompu (ce que Dieu
ne veuille), et s'il en résultait une guerre, les deux
souverains accorderaient réciproquement à celui qui a
voulu la rupture, un délai de six mois pour donner aux
sujets des deux Etats le temps de vendre leurs marchandises ou les transporter dans tout lieu qu'ils croiraient
convenable, sans que personne les inquiétât ou les en
empêchât, sous prétexte de l'existence de ladite rupture.

Ils pourront amener avec eux leurs effets, les membres
de leurs familles, nés sur le territoire marocain ou ailleurs.

Si la guerre avait lieu entre les deux puissances, et que
l'une d'elles captura un navire de l'autre, on ne ferait
pas d'esclaves et on ne retiendrait pas ceux qui seraient
pris comme tels ; mais on les garderait seulement jusqu'à ce que la libération eût eu lieu, et alors ils seraient
échangés tête par tête, le capitaine et l'officier comme
un simple matelot.

Les prisonniers ne pourront être retenus plus d'un an
Si dans les navires capturés il y avait des enfants de 12
ans environ, ou des vieillards âgés de plus de 60 ans, ou
des femmes, celui qui les aurait capturés les mettrait de
suite en liberté, afin qu'ils se rendissent où bon leur sem-
blerait ; les frais de voyage seraient à leur charge.

Art. 20. Les habitants de la principauté de Monaco
sont compris dans le traité et assimilés aux sujets sardes.

Art. 21. Si une contestation avait lieu sur le sens de
quelque article de ce traité, et qu'on ne fût pas d'accord
sur son interprétation, la paix ne sera pas interrompue,
mais elle durera jusqu'à ce que des éclaircissements aient

eu lieu et que le sens en soit bien déterminé, afin de suivre l'interprétation qui sera donnée. Pendant ces explications les sujets respectifs jouiront de toute liberté dans l'exécution de ce traité et dans leur commerce ; personne ne les inquiétera et la guerre n'aura lieu entre les deux puissances que dans le cas où l'une d'elles n'aura pas voulu céder à l'évidence de la justice.

Art. 22. Si des contestations s'élèvent entre des sujets sardes et des sujets marocains, elles seront jugées par les moyens de droit et en présence du sujet sarde, assistés par le consul sarde ou autre officier consulaire, ou bien par son procureur, et il pourra appeler à l'Empereur de la sentence favorable ou contraire.

Il en sera de même à l'égard des contestations qui auraient lieu dans les Etats sardes entre un marocain et un sarde, et l'appel pourra avoir lieu au magistrat suprême auquel appartient la connaissance de la cause.

Art. 23. Si on avait oublié quelque article dans ce traité, on y pourvoirait d'une manière avantageuse aux sujets des deux Etats.

MODÉNE.

Déclaration échangée à Turin le 2 janvier, et à Modéne le 12 du même mois . 1843, entre le gouvernement de S. M. Sarde et celui de S. A. R. le Duc de Modéne, pour régler les droits maritimes dans les cas d'arrivages ordinaires, de relâche et de quarantaine.

A compter du premier jour de mars de cette année, tout navire marchand appartenant à l'état de l'un des deux souverains qui touchera dans un port ou plage de l'autre, jouira d'une parfaite réciprocité dans les droits de patente et d'ancrage.

Dans le cas où un navire sera obligé de toucher par fortune de mer ou pour toute autre circonstance impérieuse, ou bien pour purger sa quarantaine, il sera exempt du paiement de tous droits de tonnage et de navigation, à la condition qu'il ne se livre dans le port ou plage à aucune opération de commerce, bien entendu néanmoins qu'on ne comprendra pas dans les opérations de commerce les embarquements ou débarquements des vivres de l'équipage, ou des objets servant à l'entretien ou à la réparation du navire, et pourvu que ce dernier ne séjourne pas au-delà du temps nécessaire, suivant les motifs qui ont donné lieu à la relâche.

OLDENBOURG.

Traité de Navigation et de Commerce en date du 21 avril 1839, ratifié par le Roi de Sardaigne le 30 mai suivant.

Art. 1. Voy. art. 1 du traité analogue avec le Danemarck.

Art. 2. Voy. art. 2 du traité susdit.

Art. 3. Voy. art. 3 du traité de navigation avec la Grande-Bretagne.

Art. 4. Voy. art. 4 dudit traité de navigation.

Art. 5. Voy. art. 5 du traité susdit avec le Danemarck.

Art. 6. Voy. art. 6 du traité analogue avec le Hanovre.

Art. 7. Voy. art. 7 du traité susdit.

Art. 8. Voy. les deux premières périodes de l'art. 6 du traité analogue avec le Danemarck.

Art. 9. Voy. la troisième période du même art. 6.

Art. 10. Voy. art. 7 du traité susdit.

Art. 11. Aucun nouveau ou de plus forts droits, empêchement ou restriction ne pourront être imposés par l'une des PP. CC. au commerce et à la navigation de l'autre, qui ne le soient également et dans la même mesure au commerce et à la navigation des autres pays.

Si à l'avenir une des HH. PP. CC. accordait à d'autres nations en ligne de douane ou de navigation d'autres ou de plus grandes faveurs que celles stipulées par la présente convention , les mêmes faveurs devront être étendues à l'autre partie qui en jouira gratuitement , si la concession a été gratuite, ou, en accordant une compensation, si la concession a été conditionnelle.

Dans ce dernier cas, la fixation de la compensation formera l'objet d'une convention spéciale entre les HH. PP. CC.

Art. 12. Voy. art. 17 du traité analogue avec les Etats-Unis.

Art. 13. Les dispositions de ce traité sont applicables à la principauté de Monaco, dans le Grand-Duché d'Oldenbourg , et réciproquement à ce dernier dans la principauté.

Art. 14. Durée du traité, huit ans, et sa cessation aux mêmes conditions que les autres ci-dessus.

Article séparé. Il contient les mêmes dispositions que l'article séparé qui suit le traité de commerce, etc., fait avec le Danemarck.

Article additionnel du 14 mai 1846. Voy. Aubaine.

PAYS-BAS.

Convention de navigation à la date du 24 janvier 1842 ,
ratifiée par S. M. Sarde le 2 mars suivant.

Art. 1. Les navires de l'une des deux puissances entrant dans les ports de l'autre, seront traités à leur arrivée, pendant leur séjour et à leur départ , sur le même pied que les navires nationaux, en ce qui concerne le paiement des droits de tonnage, de port, de fanal, de bouée ou de balise et de pilotage, ainsi que de tout autre droit semblable perçus pour le compte de l'État, des villes ou de corporations particulières.

Dans le cas où les navires de l'un des deux États en treront dans les ports de l'autre pour relâche forcée, ou pour y passer l'hiver, ils seront réciproquement exempts des droits de tonnage. Quant à ceux de port, de fanal, de bouée, de balise, de pilotage et de station, les navires n'en paieront ni de plus élevés, ni d'autres que ceux auxquels les bâtiments nationaux sont sujets en pareil cas.

Art. 2. Voy. art. 3 du traité pareil fait avec la Grande-Bretagne.

Art. 3. Voy. art. 1 du traité pareil fait avec la Belgique.

Art. 4. Voy. art. 2 *ibidem.*

Art. 5. Si l'une des HH. PP. CC. venait à accorder par la suite à d'autres nations des faveurs spéciales en matière de navigation, l'autre partie en jouirait aussitôt, soit gratuitement, soit contre un équivalent, et aux mêmes conditions auxquelles elles auraient été accordées auxdites nations. Un arrangement à cet égard serait, le cas échéant, l'objet d'une convention ultérieure spéciale entre les HH. PP. CC.

Art. 6. La présente convention sera en vigueur pendant six ans, à compter du jour de l'échange des ratifications et si un an avant le terme, l'une des HH. PP. CC. n'avait pas notifié à l'autre d'une manière officielle, son intention d'en faire cesser l'effet, elle restera obligatoire encore pendant douze mois après ce terme, et ainsi de suite, jusqu'à l'expiration des douze mois qui suivront une semblable notification officielle.

PRUSSE ET ZOLLVEREIN.

Traité de commerce et de navigation, entre la Sardaigne et la Prusse, cette dernière agissant tant en son nom et pour tous les pays compris dans son système de douanes et d'impositions, qu'en celui des autres membres de l'Association allemande des douanes et du commerce (Zollverein), indiqués à l'art. 19 du traité, en date du 23 juin, ratifié par S. M. Sarde le 24 juillet 1845.

Art. 1. Voy. art. 1 du traité avec le Danemarck.

Art. 2. Tous les produits et autres objets de commerce

dont l'importation ou l'exportation est permise dans les États des HH. PP. CC. par des navires nationaux, pourront également y être introduits et exportés par des navires appartenant à l'autre état.

Art. 3. Les marchandises de toutes espèces, sans distinction d'origine, introduites de quelque pays que ce soit sur des navires prussiens ou d'un autre État de l'Union douanière et commerciale allemande, dans les ports de la Sardaigne ou sur des navires sardes dans les ports de la Prusse ou d'un autre État de l'Union, ne paieront dans les ports respectifs d'autres ou de plus forts droits que ceux qu'ils paieraient si l'importation avait lieu par des navires nationaux. Il en sera de même pour ce qui concerne les exportations.

Les primes, remboursements de droits ou autres avantages du même genre, accordés aux États de l'une des HH. PP. CC. à l'importation ou à l'exportation par des navires nationaux, seront également accordés lorsque l'importation ou l'exportation aura lieu par des navires de l'autre État.

L'article 4 réserve le cabotage aux navires nationaux.

Art. 5. Le gouvernement sarde ne pouvant encore pour des motifs particuliers supprimer dès-à-présent les droits différentiels qu'il perçoit sur les blés, l'huile d'olive et le vin importés directement de la mer Noire, de l'Adriatique et de la Méditerranée jusqu'au cap de Trafalgar, sous pavillon étranger, il est entendu que, par exception à l'article 3 précédent, ces droits différentiels pourront continuer à être perçus des navires du Zollverein jusqu'à la fin de 1847.

Toutefois si le gouvernement sarde ne pouvait pas supprimer lesdits droits, les États du Zollverein auraient une pleine faculté d'établir à commencer du 20 décembre 1847, au détriment du pavillon sarde des droits différentiels équivalents sur les mêmes articles importés des mêmes ports.

Ces droits cesseraient d'être perçus aussitôt que les États du Zollverein seraient informés officiellement de l'abolition des droits différentiels dans les ports sardes.

Art. 6. Voy. art. 3 du traité de navigation avec l'Angleterre.

Art. 7. Les HH. PP. CC. ne voulant admettre aucune distinction entre les navires de leurs États respectifs, pour cause de leur nationalité, en ce qui concerne l'achat de produits ou d'autres objets de commerce introduits par lesdits navires, il ne sera accordé, à ce sujet, ni directement, ni indirectement par l'une ou par l'autre des PP. CC., ni par des compagnies, corporations, ou agents en leur nom ou avec leur autorisation, aucune priorité ou préférence aux importations par navires nationaux.

Art. 8. Voy. art. 4 du traité avec la Grande-Bretagne.

Art. 9. Assimilation des navires respectifs aux navires nationaux en cas de relâche forcée, dûment justifiée; voy. art. analogues dans les autres traités.

Art. 10. En cas d'échouement ou de naufrage d'un navire appartenant aux États de l'une des HH. PP. CC. sur les côtes de l'autre, il sera donné tout secours et assistance au capitaine et à l'équipage, soit pour leurs personnes, soit pour le navire et le chargement.

Les opérations relatives au sauvetage auront lieu suivant les lois du pays. Tout ce qui aura été sauvé du navire ou du chargement, ou le produit de ces objets, s'ils avaient été vendus, sera rendu aux propriétaires ou à leur ayant-droit, et on ne fera pas payer pour le sauvetage des frais plus élevés que ceux que paieraient les navires nationaux en pareil cas.

Les marchandises sauvées ne seront soumises à aucun droit, à moins qu'elles ne soient livrées à la consommation.

Art. 11. Il ne sera imposé sur les produits du sol et de l'industrie de l'un des états respectifs importés dans l'autre, aucun autre droit ou plus élevé que ceux qui sont ou seront imposés sur les mêmes articles provenant du sol ou de l'industrie de tout autre pays étranger.

Le même principe sera observé relativement aux droits de sortie. Les HH. PP. CC. s'obligent à ne pas prohiber, soit l'importation des produits du sol et de l'industrie des états de l'autre, soit l'exportation d'un article quelconque de commerce vers les états de l'autre P. C., excepté que les mêmes prohibitions s'étendent aussi à tous les états étrangers.

Il est convenu cependant que si l'une des HH. PP. CC. avait accordé ou accordait à un autre état des diminutions soit sur les droits d'entrée sur les produits du sol ou de l'industrie, soit sur les droits de sortie de ces exportations par suite d'un traité de commerce ou d'une convention spéciale et en compensation de diminutions de droits ou d'autres faveurs accordées par cet autre état, l'autre des deux PP. CC. ne pourra prétendre aux mêmes avantages, qu'en offrant l'équivalent, ce qui devra former le sujet d'un accord particulier.

Art. 12. Voy. art. 9 dans le traité analogue avec les Etats-Unis.

Art. 13. Attendu la distance entre les pays respectifs des deux HH. PP. CC., et l'incertitude des différents événements qui peuvent avoir lieu, il est convenu qu'un navire marchand appartenant à l'une d'elles et destiné pour un port qu'on supposerait bloqué au moment du départ dudit navire, il ne sera pas capturé, ni condamné pour avoir tenté une première fois d'entrer dans ledit port, sauf qu'on puisse prouver que ce navire aurait pù et dù savoir en voyage que le blocus de la place en question subsistait toujours.

Mais les navires qui, après avoir été renvoyés une première fois , tenteraient dans le même voyage d'entrer de nouveau dans le même port pendant la continuation du blocus , seront sujets à être capturés et condamnés.

Art. 14. Voy. article du traité analogue avec le Danemarck.

Art. 15. Les deux HH. PP. CC., afin de favoriser le commerce de transit entre leurs états respectifs , promettent réciproquement , en ce qui concerne l'expédition des produits du Zollverein en transit dans les états sardes , et des produits sardes en transit dans les états du Zollverein, d'accorder toutes les facilités conciliables avec les intérêts des douanes respectives.

Art. 16. Les HH. PP. CC. s'accordent réciproquement le droit de nommer dans les ports et places de commerce de l'autre , des consuls , des vice-consuls et des agents commerciaux ; elles se réservent cependant de ne pas en admettre dans les localités où elles ne jugeraient pas convenable d'en admettre en général. Les consuls, vice-consuls, et agents susdits jouiront des mêmes priviléges, pouvoirs et exemptions dont jouissent ceux des nations les plus favorisées ; mais dans le cas où ils voulussent exercer le commerce, ils seraient obligés de se soumettre aux mêmes lois et usages , auxquels sont soumis dans le même lieu leurs nationaux par rapport aux transactions commerciales.

L'art. 17 concerne l'arrestation des matelots déserteurs. Voy. art. 17 du traité analogue avec les Etats-Unis jusqu'au mot *toutefois*. Par l'article 17 du traité avec la Prusse, il est en outre convenu que les marins , sujets de l'autre état , seront exempts de la disposition contenue dans cet article.

Art. 18. Cet article étend les dispositions de ce traité à la principauté de Monaco , à condition de réciprocité de la part de la principauté envers le Zollverein.

Art. 19. Sera considéré comme partie stipulant dans le

présent traité tout état de l'Allemagne qui entrera dans l'association allemande des douanes et du commerce.

Les états qui ont participé à la stipulation de ce traité sont les états ou parties d'états compris dans le système prussien des douanes et des impositions, c'est-à-dire, le Grand duché de Luxembourg, les districts du Grand duché de Mecklembourg, Rossow, Netzeband et Schœnberg, la principauté de Birckenfeld du Grand duché d'Oldenbourg, les duchés d'Anhalt Coethen, d'Anhalt Dessau et d'Anhalt Bernbourg, les principautés de Waldeck et Pyrmont, la principauté de Lippe et le Grand Baillage de Meisenheim du Landgraviat de Hesse, les états compris dans l'association allemande des douanes et du commerce (Zollverein), c'est-à-dire, la Bavière, la Saxe Royale, le Wurtemberg, les principautés de Hohenzollern-Hechingen et Hohenzollern-Sigmaringen, le Grand duché de Baden, l'Electorat de Hesse, le Grand duché de Hesse, le Baillage d'Hombourg du Landgraviat d'Hesse ; les états formant l'association des douanes et du commerce de Thuringe, savoir : le Grand duché de Saxe, les duchés de Saxe Meiningen, de Saxe Altenbourg, de Saxe Cobourg et Gotha, les principautés de Schwarbourg Rodolstadt et de Schwarzbourg Sonderhausen, de Reuss-Greitz, de Reuss-Scheitz et de Reuss-Lobenstein et d'Ebersdorf, le duché de Brunswich, le duché de Nassau et la ville libre de Francfort.

Art. 20. Durée de ce traité jusqu'au 1er janvier 1852, et obligation d'avertir six mois d'avance pour en faire cesser les effets ; faute de cet avis officiel, il continuera d'être en vigueur jusqu'au 1er janvier 1858.

A dater du 1er janvier 1858, il ne cessera d'être en vigueur que douze mois après que l'une des PP. CC. aura averti l'autre d'en vouloir faire cesser les effets.

RÉPUBLIQUE ARGENTINE.

Protocole signé à Buénos-Aires , le 12 mai 1837, par le Consul-général de Sardaigne en ladite ville et le Ministre des affaires étrangères de la République Argentine.

Il est dit dans ce protocole que le roi de Sardaigne reconnaît comme libre et indépendante la République Argentine, et qu'il déclare que dans les ports et territoire sardes le pavillon, les ministres, les autorités, les agents et les sujets Argentins jouiront , dans leurs personnes et dans leurs propriétés, des immunités, de la considération et des droits qu'en conformité du droit commun , on accorde à toutes les nations souveraines et indépendantes. La même déclaration a été faite de la part du ministre des affaires étrangères de la République au nom du président de la République en faveur de la Sardaigne. Ce protocole a été ratifié, par S. M. Sarde le 18 septembre 1837, et par le Président susdit le 29 janvier 1838.

ROME.

Convention pour la réciprocité de traitement des pavillons sarde et pontifical du 15 mars 1843 , ratifiée par le Roi de Sardaigne le 29 des mêmes mois et année.

Art. 1. Voy. même art des traités analogues faits avec la Belgique , le Danemarck et la Hollande.

Art. 2. Seront considérés comme pontificaux et sardes les navires portant le pavillon de l'un ou de l'autre état qui seront munis de documents réguliers et possédés selon les lois de leurs pays , à la condition que le capitaine soit national , c'est-à-dire sujet du gouvernement dont il porte le pavillon, et que les deux tiers de l'équipage soient sujets d'origine ou de domicile, et s'ils sont étrangers , ils aient acquis le domicile décennal dans l'état auquel appartient le navire.

Art. 3. Même disposition que dans l'art. 3 du traité analogue fait avec la Grande-Bretagne.

Art. 4. Voy. art. 4 dudit traité.

Art. 5. Si quelque navire de guerre ou marchand appartenant à l'un des deux états, naufrageait, était submergé ou souffrait quelqu'autre dommage sur les côtes ou dans les domaines sujets à l'un des deux états, on accorderait au navire et aux personnes embarquées les mêmes secours et la même protection dont jouissent, en pareils cas et circonstances les navigateurs nationaux. Les navires, les marchandises et autres effets qui seraient à bord ou leur équivalent, seraient consignés au propriétaire ou à ses ayant-droit, sans payer des droits de sauvetage plus élevés que si les navires étaient nationaux.

Art. 6. En cas de relâche forcée, il est accordé aux navires des deux états le même traitement qu'aux navires nationaux.

Art. 7. Voy. art. 5 du traité avec les Pays-Bas.

Art. 8. La durée de cette convention est de dix ans qui finiront, d'après une notification officielle, ainsi qu'il a été dit dans les traités analogues faits avec les Pays-Bas, la Belgique, etc.

RUSSIE.

Traité de commerce et de navigation du 12 décembre 1845, ratifié le 10 février 1846 par S. M. Sarde.

Art. 1. Voy. art. 1 du traité analogue avec les Deux-Siciles.

Art. 2. Voy. art. 2 de la convention pour la navigation, faite avec la Belgique.

Art. 3, 4 et 5. Voy. art. 2, 3 et 4 du traité analogue avec les Etats-Unis.

Art. 6. Toute espèce de marchandises et objets de commerce, qui pourront être légalement exportés ou *réexportés* des ports de S. M. Sarde, le reste comme à l'art. 6 du traité susdit avec les Etats-Unis.

Art. 7. Voy. art. 6 du traité susdit avec les Etats-Unis.

Art. 8. Voy. art. 7 ibid.

Art. 9. Voy. art. 8 ibid.

Art. 10. Voy. art. 9 ibid.

Art. 11. Les bâtiments de l'une des deux parties contractantes, abordant à quelque côte de la dépendance de l'autre, mais n'ayant pas l'intention d'entrer dans le port, ou y étant entrés, ne voulant pas y décharger tout ou partie de leur chargement, jouiront des mêmes priviléges et seront traités à cet égard comme les navires nationaux.

Art. 12. Voy. art. 11 du traité susdit avec les Etats-Unis.

Art. 13. Voy. art. 12 ibid.

Art. 14. En tout ce qui concerne le placement des navires, etc., voy. art. 3 de la convention relative à la navigation faite avec la Belgique.

Art. 15, Voy. art. 16. du traité analogue avec la Prusse.

Art. 16 Il est expressément entendu que lorsque l'une des PP. CC. choisira pour son agent consulaire pour résider dans un port ou dans une ville de commerce de l'autre un sujet de celle-ci, cet agent ou consul continuera d'être considéré, malgré sa qualité de consul étranger, comme sujet de la nation à laquelle il appartient, et qu'il sera par conséquent soumis aux lois et réglements auxquels sont sujets les nationaux du lieu de sa résidence, sans que cette soumission puisse empêcher en rien l'exercice de ses fonctions consulaires ou attenter à l'inviolabilité des archives du consulat.

Art. 17. Voy. art. 17 du traité analogue avec les États-Unis.

Art. 18. Voy. art. 18 du traité analogue fait avec la **Prusse.**

Art. 10. La durée de ce traité sera de huit ans, le reste comme dans les autres traités.

ARTICLE SÉPARÉ 1er.

Les relations commerciales de la Russie avec les royaumes de Suède et Norvége, étant régies par des conventions spéciales qui pourront être renouvelées par la suite, et qui n'ont aucun rapport avec les réglements existant pour le commerce étranger en général, les deux HH. PP. CC. voulant éloigner de leurs relations commerciales, toutes espèces d'équivoques ou de motifs de discussion, ont arrêté que les conditions spéciales accordées au commerce de la Suède et de la Norvége, en considération d'avantages équivalents accordés par ces pays au Grand-Duché de Finlande, lequel par une juste réciprocité jouira dans les ports sardes, de tous les avantages et priviléges stipulés en faveur du pavillon russe, ne pourront en aucun cas être invoqués en faveur des relations de commerce et de navigation établies par les HH. PP. CC., moyennant le présent traité.

ARTICLE SÉPARÉ 2me.

Il est également bien entendu, que ne seront pas considérés comme dérogeant au principe de réciprocité, qui forme la base du présent traité, les franchises, immunités et priviléges mentionnés ci-après, savoir :

1° La franchise dont jouissent les navires construits en Russie et appartenant à des sujets russes, lesquels pendant les trois premières années sont exempts des droits de navigation;

2° Les exemptions de la même nature accordées dans les ports russes de la mer Noire, d'Azoff et du Danube, aux navires turcs provenant de l'Empire ottoman, situés sur la mer Noire et qui sont d'une contenance de 80 last ou au dessous (1) ;

3° La faculté accordée aux habitants de la côte du gouvernement d'Archangel, d'importer en franchise ou moyennant des droits modérés, dans les ports dudit gouvernement, du poisson sec ou salé, ainsi que certaines espèces de pelleteries, ou d'en exporter des blés, de la corderie, du goudron et du *ravenduc* ;

4° Le privilége de la compagnie Russo-Américaine ;

5° Celui des compagnies de Lubeck et du Hâvre pour la navigation à vapeur ;

6° Enfin les immunités accordées en Russie aux différentes compagnies anglaises appelés Yacht-Clubs.

ARTICLE SÉPARÉ 3me.

S. M. l'Empereur de toutes les Russies renonce, par le traité d'aujourd'hui, en faveur du pavillon sarde, à l'application des dispositions contenues dans l'Ukase du 19 juin 1845, d'après lesquelles les marchandises importées dans les ports russes, sur des navires portant pavillon étranger qui n'auront pas des traités avec la Russie, à l'ouverture de la navigation en 1846, seront soumis au paiement de 50 0/0, outre les droits du tarif, et les navires marchands desdites nations à un droit de tonnage d'une ruble d'argent par last, soit à l'entrée, soit à la sortie d'un port russe.

De son côté S. M. le Roi de Sardaigne renonce en faveur du pavillon russe, à tous les droits différentiels perçus dans ses états au préjudice des pavillons étrangers non privilégiés.

(1) Le last équivaut à 3000 litres.

SUÈDE ET NORVÉGE.

Traité de commerce et de navigation, en date du 28 novembre 1839, ratifié par S. M. Sarde le 18 janvier 1840.

Art. 1. Voy. art. 1 des traités analogues faits avec la Belgique et le Danemarck.

Art. 2 et 3. Voy. art. 6 du traité analogue fait avec le Danemarck.

Art. 4. Les stipulations générales des articles 1, 2 et 3 inclusivement, seront aussi appliquées aux navires sardes qui entreront dans les ports de la colonie de St. Barthélemy de S. M. le Roi de Suède et de Norvège (aux Indes occidentales), et aux navires de ladite colonie qui entreront dans les ports de S. M. le Roi de Sardaigne.

Art. 5. Voy. art. 7 du traité analogue fait avec le Danemarck.

Art. 6. Voy. art. 12 du traité analogue fait avec les Etats-Unis d'Amérique.

Art. 7. Voy. art. 2 du traité analogue fait avec le Danemarck.

Art. 8. Le présent traité sera en vigueur pendant dix ans et cessera de la même manière, et après l'accomplissement des mêmes formalités que les précédents.

ARTICLE SÉPARÉ.

Voyez même article à la suite du traité analogue fait avec le Danemarck.

SUISSE.

Beaucoup de traités ont été conclus, soit avec la confédération Suisse tout entière, soit séparément avec chacun des cantons qui la composent, mais il y en a plusieurs qui ne présentent plus qu'un intérêt historique, ou n'ont aucun rapport avec le but de ma publication. Je n'en donnerai qu'une courte analyse, pour en faire connaître l'objet, et je transcrirai en entier, ou seulement des articles de ceux dont la connaissance m'a paru pouvoir être de quelque utilité aux officiers consulaires.

Je commencerai par les traités faits le 11 novembre 1560, avec les cantons dits des anciennes ligues des Hautes Allemagnes, et le 8 mai 1577, avec les cantons catholiques de la Suisse. Ces traités portaient une entière liberté de commerce et de trafic entre lesdits cantons et les états du duc de Savoie. Le traité susdit de 1577 et celui du 14 avril 1651, garantissaient la sûreté des personnes et des biens et le mode de rendre la justice dans certains cas aux sujets des deux pays. Un traité du 5 mai 1570 avec le canton de Berne, avait pour objet de faciliter, y est-il dit, et de s'entr'aider à comminer et induire les rebelles à obéir et satisfaire à justice au lieu où ils sont domiciliés et justiciables dans tous les cas de police et de politique (art. 12); et contenait le réglement des conditions de l'établissement des sujets d'un pays dans l'autre (art. 13). Les articles 15 et 19 du traité du 23 juin 1617 avec le même canton garantissaient la liberté du trafic et la sûreté des personnes et des propriétés.

Le traité du 4 mars 1569 avec le Valais, concernait la liberté du commerce, certains droits de péage, le transit du sel et le rendement de la justice aux sujets d'un pays dans l'autre ; la convention du 20 août 1575, établissait quelques garanties relativement au commerce des deux pays.

Le traité du 21 juillet 1603 avec le canton de Genève, avait pour objet la liberté du commerce, le libre transit du sel dans les états du duc de Savoie. Dans le traité du 3 juin 1754, il était dit que les finances sardes auraient la faculté de faire passer et d'entreposer leurs sels dans la ville et dans le territoire de Genève sans payer aucun droit.

Enfin, une convention du 16 janvier 1847, conclue avec les cantons de Saint-Gall, des Grisons et du Tessin contient diverses dispositions relatives au concours des gouvernements respectifs pour l'établissement de la ligne du chemin de fer qui, de Gênes doit aboutir au lac Majeur et ensuite aux lacs de Constance et de Walenstadt : il accorde auxdits cantons des facilités pour le transit et l'exportation des états sardes de plusieurs produits de ces états, et enfin (art. 12) le gouvernement sarde déclare que le visa des passeports des artisans et ouvriers, habitants des trois cantons qui arrivent directement desdits cantons dans les états sardes, et *vice versâ*, sera apposé *gratis*, et que pour tous les autres habitants desdits cantons, il sera accordé dans le même cas une réduction de moitié. Les gouvernements des trois cantons font la même déclaration en faveur des sujets de S. M. sarde.

Traité du 16 mars 1816, avec la Confédération Suisse et le canton de Genève, ratifié le 15 juin suivant.

Art. 4. La sortie de toutes les denrées du duché de Savoie, destinées à la consommation de la ville de Genève et du Canton, sera libre en tout temps, et ne pourra être assujettie à aucun droit, sauf les mesures générales d'administration, par lesquelles S. M. Sarde jugerait à propos, en cas de disette, d'en défendre l'exportation de ses états de Savoie et de Piémont.

Art. 8. Les communications commerciales entre les provinces de Savoie, à travers de l'état de Genève, seront libres en tout temps, sauf les mesures de police, auxquelles les sujets de S. M. seront astreints comme les Genevois eux-mêmes.

Art. 9. Il sera libre en tout temps , aux sujets de S. M. réunis au canton de Genève , de vendre les propriétés par eux possédées dans ledit canton , et de se retirer dans tel pays qu'il leur plaira de choisir.

Art. 10. Les droits acquis aux sujets de S. M. , en vertu des lois en vigueur jusqu'au moment de la remise du territoire , seront respectés par la nouvelle législation ; et les actes et contracts passés , ainsi que les jugements rendus d'après lesdites lois , ne pourront être attaqués que par les voies ouvertes en vertu de ces mêmes lois , sauf ce qui concerne la compétence et les formes de procédure établies pour les tribunaux Genevois.

Art 14. Les propriétaires de biens-fonds dont les propriétés sont coupées par la présente délimitation , de manière que leurs habitations, ou bâtiments de ferme , se trouvent sur le territoire d'un état . et leurs pièces de terre sur l'autre , jouiront , pour l'exploitation de leurs biens , de la même liberté que si leurs propriétés étaient réunies sur le même territoire. Ils ne pourront, a raison desdites propriétés , être assujettis à de plus fortes charges , que s'ils appartenaient à l'état où elles sont situées ; et le principe des deux gouvernements sera celui d'une protection spéciale pour lesdits propriétaires , ainsi que d'un parfait accord dans les mesures de sûreté et de police.

Art. 15. Les contributions foncières des fonds dits de l'ancien dénombrement, ne seront point portées au-dessus du taux où elles se trouvaient le 29 mars 1815, tant qu'ils resteront entre les mains des Genévois ; et les biens-fonds appartenant actuellement à des Genévois , sur le revers septentrional de Salève, entre Veyrier et la limite occidentale de la commune de Collonge-Archamp , avec les pâturages qui en dépendent, pourront être vendus en tout temps à des Genévois.

Les propriétaires Genévois du bas de Salève , soit sur Savoie , soit sur Genève , qui jouissent des eaux dérivant de la montagne , et qui, d'après les dispositions des constitutions générales , auraient besoin de concessions du Roi pour conserver cette jouissance , seront traités , à cet égard , comme les sujets de S. M. , sauf les droits des tiers.

Art. 17. Les propriétaires suisses de biens-fonds situés à une distance moindre de deux milles de Piémont des frontières fixées par le présent traité , et dont les titres sont antérieurs au 3 novembre 1815 , ne seront point inquiétés , à raison des dispositions contenues à cet égard dans les constitutions générales de S. M. , à la charge par eux de se conformer auxdites constitutions , en cas de transmission de ces biens , autrement que par voie de succession.

Articles convenus entre S. M. le Roi de Sardaigne et le Directoire fédéral de la Suisse , concernant l'établissement des sujets d'un pays dans l'autre , à la date du 12 mai 1827 , ratifiés par le gouvernement Sarde le 18 juin 1827. Valables pour dix ans à commencer du 1er juillet 1827.

Art. 1. Les sujets nés ou originaires des états de S. M. le Roi de Sardaigne qui ont aujourd'hui un établissement dans l'un des cantons de Zurich, Berne, Glarus, Fribourg. Soleure, Schaffhouse, Grisons, Argovie, Thurgovie, Tessin, Vaud et Neufchâtel, et leurs femmes catholiques ou protestantes, sujettes ou étrangères , et tous leurs descendants recevront de la Légation Sarde , contre les pièces par lesquelles ils se seront légitimés jusqu'ici , des passeports à domicile , qu'ils déposeront auprès de l'autorité compétente du lieu de leur résidence ; moyennant quel dépôt le permis d'établissement leur sera accordé de la même manière, qu'il l'est aux ressortiments des Cantons compris dans le Concordat du 10 juillet 1819 sur l'établissement des Suisses.

Les descendants de ces sujets sardes qui voudraient former un établissement séparé ou exercer une industrie, ou prendre service dans un autre Canton que celui pour lequel il aurait été délivré au chef de famille un passeport à domicile, en recevront un particulier de la Légation Sarde.

De même les sujets sardes d'une communion chrétienne, qui viendraient par la suite en Suisse avec le projet d'y former un nouvel établissement, ou de fixer leur domicile dans l'un des cantons susmentionnés, s'adresseront au gouvernement respectif pour en obtenir l'autorisation, après qu'ils auront produit à la légation de S. M. en Suisse un certificat de bonne conduite, et de bonnes mœurs du lieu de leur dernière résidence, et obtenu d'elle un passeport indiquant l'intention de fixer leur domicile dans l'un ou l'autre de ces cantons.

Les passeports à domicile pour les sujets sardes déjà établis ou qui voudraient former un nouvel établissement dans l'un des cantons susmentionnés, comprendront le chef de famille, sa femme s'il en a, ou celle qu'il épouserait en Suisse, et les enfants qui seraient nés ou naîtraient de ce mariage.

Ils seront délivrés pour le terme de deux ans, et leur renouvellement par la légation Sarde, sera obligatoire au troisième retour du premier juillet à dater de la délivrance.

L'échéance de ces passeports est fixée invariablement au premier juillet, sans qu'un retard de renouvellement puisse être imputé aux cantons, dans lesquels le sujet sarde sera domicilié, mais de leur côté les gouvernements de ces cantons n'accorderont ni ne renouvelleront le permis d'établissement sur leur territoire au sujet du roi, dont le passeport à domicile serait périmé, avant qu'il se soit mis en règle sous ce rapport auprès de la légation sarde.

Art. 2. Ayant obtenu le permis d'établissement sur le dépôt du passeport à domicile, le sujet de S. M. Sarde entre dans tous les droits et obligations des citoyens du canton où il a formé son établissement, à l'exception des droits politiques et de la participation aux biens des communes, des corporations, ou fondations pieuses. Il peu dès lors aussi y exercer son industrie selon les lois et réglements de police de ce canton. On ne pourra exiger de lui aucune imposition, taxe ou rétribution en argent plus forte que celles auxquelles sont assujettis les ressortissants des cantons Suisses compris dans le présent arrangement lorsqu'ils habitent un autre canton d'après le concordat précité, dont une copie authentique sera remise à la légation de S. M. Sarde.

Art. 3. Les sujets sardes qui ne viendront passer en Suisse qu'une partie de l'année pour y travailler comme ouvriers, journaliers, etc., etc., ou y exercer leur industrie sans former d'établissement, ni prendre de domicile fixe, se muniront pour être en règle, de passeports particuliers délivrés par les Commandants de la Province respective, moyennant quoi ils ne seront assujettis à aucune autre formalité que celle du visa, dont les autorités cantonales ou locales revêtiront ces passeports, si elles ne préfèrent les faire viser par la légation Sarde. Ces passeports assurent le retour des porteurs dans les Etats sardes, toutefois les cantons ne renouvelleront pas ce visa, ni n'accorderont de permis de séjour ou d'établissement sur leur territoire, à l'individu dont le passeport serait périmé, avant qu'il l'ait échangé à la légation du Roi en Suisse contre un passeport à domicile.

Art. 4. Par réciprocité les ressortissants des cantons compris dans le présent arrangement, sur la présentation de l'attestation de bourgeoisie (Heymathschein), ou d'un passeport délivré par une autorité compétente de leur canton, et dûment légalisé, seront dans les Etats du Roi participants des mêmes droits et soumis aux mêmes obligations que les sujets de S. M., à l'exception des droits politiques et de la participation aux biens des communes.

corporations et fondations pieuses. Ils seront en général traités, à l'égard de leur établissement et de l'exercice de leur industrie, comme les nationaux.

Art. 5. En exception à ce qui vient d'être déterminé, les sujets et ressortissants de l'un des deux pays établis dans l'autre, demeureront quant aux obligations militaires soumis aux lois de leur patrie et celles de leur domicile ne les atteindront pas.

Art. 6. Les sujets de S. M. le Roi de Sardaigne aujourd'hui établis, ou qui viendraient s'établir ou exercer leur profession et industrie en Suisse au moyen de passeports à domicile, et les Suisses établis ou qui iraient s'établir ou exercer leur industrie dans les états de S. M., lorsqu'ils voudront retourner dans leur patrie, ou y seront renvoyés par sentence juridique, par mesure de haute police, ou d'après les lois et ordonnances sur la police des mœurs et l'état des pauvres, y seront reçus en tout temps et en toute circonstance eux et leurs femmes catholiques ou protestantes, sujettes ou étrangères, et tous leurs descendants.

A cet égard la présente déclaration et les passeports qui seront délivrés d'après le modèle annexe, donnent aux gouvernements suisses compris dans ladite déclaration, la même garantie pour le retour des sujets sardes, qui est assurée au gouvernement de S. M., quant aux suisses, par l'attestation de bourgeoisie.

Art. 7· S. M. le Roi de Sardaigne et les cantons suisses susnommés, voulant régler les formalités à observer par les sujets ou ressortissants de l'un des états qui voudront se marier dans l'autre, stipulent qu'aucun mariage ne pourra dorénavant être conclu par des sujets de S. M. dans les cantons, qui prennent part au présent arrangement, ou par des suisses dans les états du Roi, sans la production d'une attestation de la publication des bans dûment légalisée , et d'un passeport particulier à domicile , délivré au nouveau chef de famille sarde.

L'omission de ces formalités qui seront remplies par la légation sarde au nom de son gouvernement quant aux sujets sardes établis en suisse, et par les chancelleries cantonnales pour les ressortissants suisses établis dans les états sardes , exposerait le gouvernement qui aurait laissé conclure un tel mariage dans sa juridiction , à garder à sa charge , et les époux et leurs descendants , dans le cas, ou à raison de cette même irrégularité , ils viendraient à perdre leurs droits dans leur patrie primitive.

ANNEXE.

Concordat sur l'établissement des Confédérés d'un Canton dans un autre , du 10 juillet 1819.

Les états confédérés de Lucerne, Zurich , Berne , Glarus , Fribourg , Soleure , Argovie , Thurgovie , Tessin , Vaud , Neufchâtel et Genève , convaincus de la nécessité d'établir des régles positives et sûres au sujet de l'établissement des Suisses, ont fait et arrêté entre eux la convention suivante.

Art. 1. Les états concordants s'engagent réciproquement à permettre le séjour et l'établissement des ressortissants d'un canton dans l'autre sous les clauses déterminées ci-après.

Art. 2. Pour obtenir le permis d'établissement, et pouvoir exercer les droits qui y sont attachés , le Suisse qui veut s'établir dans un autre canton , devra présenter un acte d'origine selon la formule jointe au présent concordat. Tel acte dont la validité ne doit point être limitée à un certain nombre d'années , sera muni de la légalisation du Gouvernement cantonal , et contenir en même temps la déclaration , que le porteur de ce titre est citoyen suisse depuis dix ans.*

Art. 3. Le réquerant doit en outre produire un témoignage de bonne conduite et de bonne réputation , et faire constater qu'il est dans la pleine jouissance de ses droits civils *(sui iuris)*. Il est enfin tenu , si le gouvernement l'exige , de prouver qu'il est en état de subvenir à son entretien et à celui des siens , par sa fortune , son industrie, la profession qu'il exerce , ou par quelque autre ressource légale , sans retomber à la charge de la commune ou du canton.

Ceux des habitants ou ressortissants du pays qui ne possèdent pas un droit de bourgeoisie communale , s'ils veulent s'établir dans un autre canton , devront remplacer l'acte d'origine par une attestation du gouvernement du canton auquel ils appartiennent , portant , qu'ils y seront reçus en tout temps eux et les leurs : à cette condition ils seront traités en tout comme les autres citoyens suisses.

Après avoir reçu le permis d'établissement dans un canton , le suisse qui veut y fixer son domicile , entre dans tous les droits et obligations des citoyens du canton même, sauf toutefois l'exercice des droits politiques , et la participation aux biens des communes et fondations pieuses.

Il peut dès lors aussi exercer son industrie conformément aux lois et ordonnances de police de ce canton.

Il est en outre tenu de contribuer aux dépenses de police locale , d'après les dispositions émanées du gouvernement ou confirmées par lui.

Art. 4. Le droit d'établissement ne peut être grévé

---

* D'après un arrêté particulier de la diète du 10 juillet 1819 , cette déclaration , que le porteur du certificat d'origine est citoyen Suisse depuis 10 ans, n'est applicable aux ressortissants des trois cantons reçus dans la Confédération en l'an 1815 , qu'à dater du 10 juillet 1825.

d'aucune caution personnelle ou pécuniaire, ni d'aucune autre taxe ou rétribution particulière; les droits de chancellerie pour le permis d'établissement ne devront pas dépasser la somme de 8 francs.

Art. 5. Le gouvernement du canton où l'individu s'est établi, a le droit de le renvoyer dans son lieu d'origine, si sa conduite est immorale et déréglée, ou lorsque par suite d'appauvrissement il tombe à charge à la commune ou au canton.

Art. 6. Lorsqu'un canton permet au citoyen d'un autre canton le séjour ou l'établissement en vertu d'un acte d'origine en due forme, ce dernier canton sera toujours obligé de le recevoir de nouveau dans toutes les circonstances, ainsi que sa femme et ses enfants.

Art. 7. Les états de la confédération qui demeurent étrangers au présent concordat, auront toujours la faculté d'y accéder. Jusqu'à ce que cette adhésion ait lieu, les cantons concordants se réservent à leur égard en tout ce qui a rapport aux établissements, une parfaite réciprocité et leur convenance absolue.

TOSCANE.

Déclaration échangée le 27 avril 1839, réglant la juridiction des autorités locales dans le cas de choc entre navires et d'avaries.

S. M. le Roi de Sardaigne et S. A. I. et R. le grand Duc de Toscane ayant été informés que les maximes générales du droit maritime, et les règlements spéciaux sont sujets à des doutes dans leur application dans les cas de choc entre navires et d'avaries qui ont lieu en pleine mer ou dans les eaux territoriales, et désirant établir dans leurs ports et eaux litorales égalité de traitement de leur pavillon respectif dans les circonstances susindiquées, ont déterminé que la juridiction des autorités locales sera bornée aux cas dans lesquels le choc ou l'avarie aura lieu dans les eaux territoriales, c'est-à-dire sous le tir du canon, sans distinction entre navires à voiles et à vapeur.

Par conséquent, les deux ministres délégués à cet effet déclarent que dorénavant dans les ports et plages des états sardes et toscans, et à l'égard de leur pavillon respectif, seront, dans le sens exprimé ci-dessus, interprétés et appliqués les règlements et lois maritimes relatifs aux chocs et aux avaries qui auront lieu entre navires à voiles ou à vapeur, et que la juridiction des autorités locales pour ordonner des saisies, des cautions et autres mesures, sera limitée aux cas de chocs et d'avaries qui auront eu lieu dans les eaux territoriales et non en pleine mer.

Convention de Commerce et de navigation du 5 juin 1847, ratifiée par S. M. le Roi de Sardaigne le 12 des mêmes mois et année.

Art. 1. Voy. art. 1 du traité avec le Danemarck.
Art. 2. Voy. art. 2 du traité avec la Belgique.
Art. 3. Voy. art. 6 du traité avec le Danemarck.
Art. 4. Afin de prévenir tout équivoque, il est expressément entendu que les dispositions des art. 1 et 3 seront réciproquement applicables aux navires des deux états et à leur chargement, soit qu'ils proviennent directement des ports de l'un des deux états ou de tout autre pays.
Art. 5. Voy. art. 6 du traité avec l'Angleterre.
Art. 6. Les dispositions de ce traité sont aussi applicables aux îles dépendant des états des deux HH. PP. CC.
Art. 7. Voy. Autriche, Lucques, etc.
Art. 8. S'il arrivait qu'un navire de guerre ou autre, appartenant à l'un des deux états, fît naufrage, échouât ou souffrît quelque dommage sur les côtes sujettes à l'autre état, il serait accordé au navire et aux personnes qui seraient à bord les mêmes secours et protection dont jouis-

sent en pareils cas les navires nationaux ; et les bâtiments et leurs chargements sauvés du naufrage ou l'équivalent, lorsqu'on aurait dû les vendre, seraient consignés au propriétaire ou autre ayant-droit, sans qu'on fût obligé de payer des droits de sauvetage plus élevés ou différents de ceux qui seraient payés par des navires nationaux.

Les consuls, les vice-consuls et les agents commerciaux respectifs, auront la faculté de *prendre part* aux opérations y relatives, représentant les sujets de leur propre souverain et leur prêtant toute l'assistance nécessaire.

Les marchandises sauvées du naufrage ne seront soumises au paiement d'aucun autre droit, à moins qu'elles soient mises à la consommation.

Art. 9. Les produits du sol et de l'industrie de l'un des deux pays, importés dans l'autre par terre ou par mer, seront taxés de la même manière que les mêmes produits importés d'un autre pays quelconque et ne seront soumis à un droit de douane différent ou plus élevé, quel que soit le port de provenance.

Par l'article 10 S. M. Sarde réserve en faveur du pavillon sarde les droits différentiels sur l'importation dans ses états des céréales, de l'huile d'olive et du vin provenant directement de la mer Noire, de l'Adriatique et de la Méditerranée, jusqu'au cap Trafalgar ; et S. A. I. et R. le grand Duc de Toscane se réserve la faculté d'en établir sur les mêmes articles toutes les fois qu'il lui plaira.

Art. 11. La volonté des HH. PP. CC. étant de faire jouir au plus tôt les navires respectifs et leurs chargements d'une parfaite égalité de traitement, seront considérés comme abolis tout privilége et toute faveur spéciale, dont les navires nationaux ou les marchandises importées ou exportées sur ceux-ci auraient joui par le passé dans les ports de l'un des deux états par rapport aux navires de l'autre état, ou à leur chargement, et toutes les fois que la faveur des droits différentiels dont il est parlé dans l'article précédent ou un autre avantage sera accordé par une des PP. CC. à son propre pavillon ou à celui d'un état étranger, la même concession sera faite immédiatement et de plein droit aux navires de l'autre partie contractante, et aux marchandises chargées sur ces mêmes navires pour en jouir gratuitement, si la concession a été gratuite et moyennant une compensation équivalente si elle a été conditionnelle.

Art. 12. Cet article étend les dispositions de la convention à la principauté de Monaco à condition de réciprocité.

Art. 13. Durée de la convention, dix ans, à commencer du premier juillet 1847, et sa fin aux mêmes conditions que les précédentes.

TUNIS.

Traité de paix entre S. M. le Roi de Sardaigne et S. A. le Dey de Tunis, sous la date du 17 avril 1816.

Art. 1. Son Altesse Royale le Prince Régent d'Angleterre désirant, dans le vrai esprit d'amitié, interposer ses bons offices entre son ancien allié S. M. le Roi de Sardaigne et S. A. le Dey de Tunis, afin de mettre un terme aux calamités produites par un état constant de guerre, il est convenu et conclu par le présent, entre le Baron Edouard Exmouth et S. A. le Dey de Tunis, qu'à partir de ce jour il y aura paix et amitié solide et inviolable entre S. M. le Roi de Sardaigne et S. A. le Dey de Tunis, leurs sujets et Etats respectifs; et que dorénavant le pavillon, les sujets et le commerce de S. M. le Roi de Sardaigne, seront respectés par S. A. le Dey et ses sujets, comme ceux de la Grande-Bretagne, et que la Sardaigne jouira à l'avenir de tous les traités et avantages dont jouit maintenant la Grande-Bretagne, et de la même manière.

Art. 2. A commencer de la signature du présent traité

une libre communication et correspondance commerciale sera ouverte entre les deux nations, sous des conditions réciproques ; mais étant nécessaire que tous les bâtiments qui passent des côtes de Barbarie à celles de Sardaigne fassent leur quarantaine avant de se rendre dans d'autres ports de ce royaume, les ports suivants où des lazarets sont établis, sont désignés à cet effet, pour tous les bâtiments venant de Tunis, c'est-à-dire :

Sur le continent, Gênes et la Spezia. Dans l'île de Sardaigne, Cagliari, S. Pietro, Alghero et la Maddalena.

Et pareillement les vaisseaux sardes se soumettront aux réglements de la quarantaine à Tunis de la même manière que ceux des autres nations.

Et il a de plus été convenu, qu'un consul-général de la part de S. M. le Roi de Sardaigne sera reçu à Tunis sur le même pied, et traité avec le même respect que le consul britannique, pour régler les affaires commerciales, et qu'il lui sera accordé dans sa maison le libre exercice de sa religion, ainsi qu'à ses domestiques et aux autres personnes qui le désireraient.

Art. 3. Etant très-essentiel d'empêcher que l'on ne fasse un mauvais usage des priviléges accordés par ce traité au pavillon et au commerce sarde, S. M. le Roi de Sardaigne s'engage par le présent à prendre les mesures les plus efficaces pour prévenir toute sorte d'abus, en n'accordant des passeports qu'à ses propres sujets sous le sceau et la signature du secrétaire d'Etat, lesquels ne seront point étendus, et dont on ne fera point usage pour accorder protection aux sujets de toute autre puissance, et tout bâtiment ou vaisseau marchand appartenant à ses états sera muni d'un de ces passeports.

Art. 4. S. A. le Dey consent à ce que les bâtiments sardes soient admis à la pêche aux bancs de corail sur les côtes, sur le même pied que les autres nations européennes ; mais si S. A. le Dey venait à affermer la pêche du corail à quelque individu, il est convenu par le présent que le droit qui serait payé à S. A. le Dey, sera payé à l'individu à qui elle a été accordée.

Art. 5 Si S. M. le Roi de Sardaigne désirait charger le consul britannique des fonctions de son agent, S. A. le Dey de Tunis consent à cet arrangement, jusqu'à ce qu'un consul soit envoyé de Sardaigne, ce qui devra avoir lieu dans l'espace de six mois.

Art. 6. Dans le cas où quelque contestation s'élèverait entre S. M. le Roi de Sardaigne et S. A. le Dey de Tunis, S. M. le Roi de la Grande-Bretagne, sera prête à interposer ses bons offices pour un arrangement, et pour obtenir une juste réparation à la partie offensée, et si elle était refusée elle abandonnerait la partie refusante aux représailles qu'elle se serait justement attirées.

Déclaration de S. A. le Dey de Tunis, du 17 avril 1816, par laquelle il décide que dans le cas d'une guerre future avec quelqu'une des puissances européennes, aucun des prisonniers soit d'un côté, soit de l'autre, ne sera mis en esclavage, mais qu'ils seront tous traités avec toute l'humanité comme prisonniers de guerre, jusqu'à ce qu'ils soient régulièrement échangés selon la coutume européenne en pareil cas, et qu'à la fin des hostilités ils seront rendus à leurs pays respectifs sans aucune rançon.

Traité d'amitié et de commerce entre S. M. le roi de Sardaigne et S. A. Hussein pacha Bey de Tunis du 22 février 1832

Art. 1. Le Bey de Tunis renonce entièrement et à jamais pour lui et ses successeurs au droit de faire ou d'autoriser la course contre les bâtiments du commerce sarde, et par réciprocité le Roi de Sardaigne pour lui et ses successeurs s'oblige de ne jamais permettre que ses vaisseaux de guerre inquiètent la navigation marchande tunisienne, de manière, que quand même une guerre viendrait à éclater entre les HH. PP. CC., ce qu'à Dieu ne plaise, la navigation marchande de l'un et de l'autre pays sera exempte de toute sorte de poursuite de la part des vaisseaux de guerre ennemis, excepté le cas où quelque navire de commerce voudrait pénétrer dans un port bloqué ou porterait à son bord des soldats ou des objets de contrebande de guerre: dans ces seuls cas ils pourront être saisis : mais S. A. le Bey consent à ce qu'aucune confiscation ne puisse être prononcée dans ses états que par un jugement formel, qui n'aura d'effet qu'autant qu'il aura été rendu par un tribunal indépendant, composé du corps consulaire étranger résidant à Tunis, et le Bey reconnaît positivement à la Sardaigne le droit de traiter en pirate tout navire tunisien couvert de son pavillon qui contreviendrait à ces dispositions envers le pavillon sarde, sans que pour cela la bonne intelligence entre cette puissance et la régence de Tunis en soit troublée, et sans qu'un pareil traitement donne lieu à la moindre représaille ou réclamation d'indemnité quelconque.

Art. 2. Le Bey, ayant à jamais aboli dans ses états l'esclavage, tout sujet Sarde qui par hasard se trouverait encore en état d'esclavage sera immédiatement délivré sans aucune espèce de rançon ou indemnité; il en sera de même des sujets Sardes qui ayant été faits esclaves dans d'autres pays, se trouveraient sur le territoire de la Régence. Le Bey ne pourra pas non plus retenir dans son pays un sujet Sarde quelconque contre son propre gré, sauf le cas d'un délit commis et prouvé ou de dettes constatées devant le Consul. Par effet de la paix et amitié solides établies par ce traité, le Bey consentira également à l'extradition des sujets Sardes, que le consul ou tout autre agent en son absence réclamerait. En cas de guerre les négociants, passagers ou autres sujets Sardes qui tomberaient au pouvoir des Tunisiens, seront traités en prisonniers de guerre d'après l'usage des nations Européennes

Art. 3. Tout bâtiment Sarde qui viendrait à échouer sur la côte de la Régence, recevra, autant que possible, l'assistance, les secours et les vivres dont il pourra avoir besoin; le Bey s'oblige de prendre les mesures les plus promptes pour assurer le salut des personnes et le respect des effets et propriétés que le bâtiment portera ; si des meurtres prouvés étaient commis, ceux qui s'en seraient rendus coupables seront poursuivis et punis comme assassins par la justice du pays ; le Bey s'oblige aussi à faire payer au Consul Sarde la somme de deux mille piastres fortes d'Espagne à titre d'indemnité pour la famille de chaque individu qui aurait péri victime. Si les propriétaires ou les marchandises portées sur le bâtiment viennent à être pillés, après que le fait sera constaté le Bey en fera rembourser la valeur aux mains du Consul Sarde, indépendamment de ce que S. A. aurait à faire payer pour les meurtres commis et constatés.

Art. 4. Le Bey voulant se conformer aux usages Européens, déclare renoncer et renonce à l'avenir à tout présent, donatif ou autre redevance quelconque, sous quelque dénomination que ce soit, et notamment à l'occasion de la conclusion d'un traité, ou lors de l'installation d'un nouveau Consul, vice-Consul ou Agent consulaire, et le Roi de Sardaigne conservera les établissements consulaires existants, pourra en former de nouveaux sur tous les points du litoral de la Régence, y nommer des Agents, changer ceux qui s'y trouvent et choisir à cet effet telle personne de son gré sans être assujetti à la moindre restriction ou opposition de la part de l'autorité locale, qui sera tenue à leur accorder la protection la plus efficace.

Art. 5. Pour éviter la répétition des discussions qui ont déjà eu lieu à l'égard de la pêche du corail convenue par l'art. 4 du traité susdit, le Bey confirme aux sujets Sardes le droit de cette pêche dans les eaux de la Régence, dans les termes prévus dans ce même article.

Art. 6. Il est convenu que la libre communication et correspondance commerciale ouvertes entre les deux nations par l'art. 2 du traité sus-énoncé, doivent être entendues de manière, que les sujets sardes puissent trafiquer librement avec les Tunisiens, en payant les droits établis ; qu'ils puissent acheter d'eux, ou leur vendre sans empêchement toutes marchandises, dont l'importation ou l'exportation ne serait point prohibée par une résolution souveraine antérieure de deux mois à dater de la communication aux Consuls, sans que le gouvernement Tunisien puisse les accepter pour son propre compte, ou en faire le monopole. Le Roi de Sardaigne ne réclame pour ses sujets aucun nouvel ou spécial avantage de commerce, mais le Bey s'engage pour à présent et pour l'avenir à les faire participer à tous les avantages, faveurs, facilités et priviléges quelconques qui sont ou seront accordés à quelque titre que ce soit à une autre nation. Ces avantages seront acquis aux Sardes par la simple réclamation des Consuls.

Art. 7. S. M. le Roi de Sardaigne voulant donner à S. A. le Bey un nouveau témoignage de son empressement à raffermir les liens de bonne correspondance qu'avec le présent traité additionnel, les HH. PP. CC. renouvellent entr'elles, dans le but de ne point nuire aux négociations encore ouvertes avec la cour de France, déclare dès-à-présent reconnaître comme faites directement les modifications que l'envoyé actuel de S. A. près cette cour viendrait à obtenir à quelqu'un des articles du traité du 8 août 1830, dont les dispositions pourraient ici être comprises ; et par contre seront considérées aussi en faveur de la Sardaigne les concessions que S. A. pourrait faire soit à la France, soit à toute autre puissance.

Art. 8. Le traité du 17 avril 1816 ou soit du 18 de la Lune Jumed Awol de l'année de l'Hégire 1231, signé par lord Exmouth, et dont le présent n'est qu'une addition. conserve toute sa force et vigueur, et à toute bonne fin et en tant que besoin en est, les HH. PP. CC. le confirment

Sont également confirmées toutes les dispositions contenues dans d'autres traités auxquels la Sardaigne a été par l'art. 1er du traité du 17 avril 1816 autorisée à participer, toutes les fois cependant qu'il n'est pas dérogé à ces dispositions par les présentes stipulations.

Si à l'avenir quelque doute venait à s'élever sur l'interprétation ou sur l'application de quelqu'un des articles des traités sus-mentionnés, le présent compris, il est convenu qu'à Tunis son interprétation doit être à l'avantage des sujets sardes, et en Sardaigne à celui des tunisiens.

Articles de paix entre la Grande-Bretagne et la Régence de Tunis, conclus à Tunis, le 5 octobre 1662. (1).

Art. 3. Il n'y aura aucune saisie de bâtiments de l'une ou de l'autre partie, soit sur mer, soit dans le port, mais ils passeront tranquillement, sans empêchement ni interruption, en déployant leurs pavillons. Et pour prévenir tous les inconvénients qui pourraient survenir, les bâtiments de Tunis devront être munis d'un certificat du consul anglais en cette résidence, constatant qu'ils appartiennent à cette place, lequel étant produit, les bâtiments anglais permettront à deux hommes de venir à bord paisiblement, pour s'assurer que les bâtiments sont anglais, et quoiqu'ils aient à bord des passagers d'autres nations, eux et leurs effets seront libres.

L'article 4 stipule que, si un bâtiment anglais reçoit à bord des effets ou des passagers appartenant au royaume de Tunis, il sera tenu de défendre les individus et les effets autant qu'il le pourra, et de ne pas les livrer à l'ennemi.

Art. 5. Si un bâtiment de l'une des deux parties, par suite de gros temps ou d'un autre accident quelconque,

(1) Ce traité et ceux qui suivent concernant la Grande-Bretagne et Tunis ont été copiés *littéralement* du *Manuel des Consuls*, de M. de Miltitz.

était jeté sur une côte appartenant à une des parties contractantes, les individus seraient libres et les effets sauvés
seraient livrés à leurs propriétaires

Art. 6. Les anglais qui habitent actuellement, ou qui ha-
biteront plus tard la cité ou le royaume de Tunis, auront
pleine liberté de se transporter ailleurs quand il leur plaira, avec leurs familles et enfants, quoique nés dans le
pays.

Art. 7. Les personnes appartenant aux états de l'une ou
de l'autre partie, ne seront point injuriées par des paroles
grossières, ni autrement maltraitées, mais celles qui com-
mettront une pareille offense, seront punies sévèrement
suivant leurs mérites.

Art. 8. Le consul, ou tout autre de la nation anglaise,
résidant à Tunis, en cas de contestations, ne sera point
forcé de recourir à une cour de justice, mais il s'adressera
au Dey lui-même, par lequel seul justice lui sera faite.

Art. 9. Le consul, ou tout autre de la nation anglaise,
ne sera point tenu de payer les dettes d'un autre individu
de la nation, à moins qu'il ne s'y soit obligé par un écrit
de sa main.

Art. 11. Dans le cas où des bâtiments de guerre, appartenant aux états de Tunis, prendraient, sur des bâtiments de l'ennemi, des Anglais qui se sont loués à gages,
ceux-ci seront faits esclaves, mais si ce sont des marchands
ou des passagers, ils jouiront de leur liberté et de leurs
propriétés en tout et pour tout.

Art. 13. Dans le cas où un esclave dans le royaume de
Tunis, d'une nation quelconque, s'échapperait et parvien-
drait à bord d'un bâtiment appartenant aux états de Sa
Sacrée Majestée le Roi de la Grande-Bretagne, etc., le
consul ne sera point tenu de payer sa rançon, à moins
qu'il n'ait été averti en temps utile d'ordonner que de tels
esclaves ne soient point admis : et dans ce cas, s'il arrivait
qu'un esclave eut ainsi disparu, ledit consul sera obligé de

payer au patron le prix pour lequel il aura été vendu au
marché, et si aucun prix n'était convenu, alors il paiera
trois cents dollars et rien de plus.

Ces articles subsisteront ferme et à toujours, sans aucune altération et pour tous les cas particuliers, non mentionnés en iceux, on se réglera d'après les capitulations
générales avec le grand Seigneur.

Le traité de 1662 a été approuvé, ratifié et confirmé par
les traités du 4 février 1675 et du 2 octobre 1686.

*Articles de paix entre la Grande-Bretagne et la régence de
Tunis, renouvelés et approuvés à Tunis, le 30 août v. st.
de l'an de Notre Seigneur J.-C. 1716.*

L'art. 3 reproduit la stipulation contenue dans l'art. 3
du traité du 5 octobre 1662.

Art. 4. Si un bâtiment anglais reçoit à bord des effets
ou des passagers appartenant au royaume de Tunis, il sera
tenu de les défendre, eux et leurs effets, autant que cela
sera dans son pouvoir, et de ne pas les livrer à l'ennemi.
(Voy. plus haut page 220 l'art. 4 du traité du 5 octobre
1662); et afin de prévenir plus efficacement qu'aucune réclamation injuste ne soit élevée à la charge de la couronne
d'Angleterre, et d'éviter les disputes et différends qui
pourraient surgir, tous effets et marchandises qui, à compter de ce jour, seraient embarqués par les sujets de ce
gouvernement, soit dans ce port, soit dans tout autre, à
bord de bâtiments ou navires appartenant à la Grande-
Bretagne, seront d'abord enregistrés au bureau de la chancellerie, en présence du Consul résidant dans le port où
aura lieu l'embarquement, en exprimant la quantité, qualité et valeur des effets ainsi embarqués, lesquels ledit
Consul relatera dans le certificat qu'il délivrera audit bâtiment ou navire avant son départ, afin que si, plus tard,
il survenait quelque sujet de plainte, on ne puisse élever
à la charge de la nation anglaise d'autre réclamation plus

forte que celle qui, par ce moyen, sera prouvée être juste
et équitable.

Les articles 5, 6 et 7 reproduisent les stipulations contenues dans les articles 5, 6 et 7 du traité du 5 octobre 1662.

Art. 8. Le Consul ou tout autre de la nation anglaise ,
résidant à Tunis, ne sera point forcé de recourir, en cas
de constestations, à une cour de justice, mais il s'adressera au Dey lui-même, par lequel seul Justice lui sera faite,
dans le cas que la contestation survienne entre un sujet de
la Grande-Bretagne et un de ce gouvernement, ou de toute
autre nation étrangère ; mais si la contestation avait lieu
entre deux sujets de S. M. Britanique, alors elle devra être
décidée par le Consul Britannique seulement.

L'article 9 contient la même disposition que l'article 9
du traité du 5 octobre 1662.

L'article 10 statue que les habitants de la ville de Gibraltar et de l'île de Minorque jouiront des mêmes priviléges
et libertés qui ont été stipulés en faveur de la nation anglaise.

Les articles 13 et 14, reproduisent les stipulations renfermées dans les articles 11 et 13 du traité du 5 octobre 1662.

Art. 15. Afin de prévenir plus efficacement toute dispute
qui pourrait s'élever plus tard entre les deux parties, par
rapport aux saluts et cérémonies publiques, il est, par ces
présentes, arrêté et convenu que lorsqu'un chef d'escadre
de la Grande-Bretagne arrivera dans la baie de Tunis sur
un des bâtiments de guerre de S. M., immédiatement après
que l'avis en aura été donné, il sera tiré vingt-cinq coups
de canon des forts de la Goulette ou des fortifications les
plus prochaines appartenant à Tunis, conformément à l'u-
sage, comme salut royal au pavillon de S. M. Britanique
et le même nombre sera rendu en réponse par les bâtiments de S. M., et il est par les présentes stipulé et convenu que toutes les cérémonies d'honneur seront accordées
au Consul britannique, qui réside ici pour représenter à tous

égards la personne de S. M., pareillement à ce qui se pratique envers toute autre nation quelconque, et aucun autre Consul dans le royaume ne sera admis à avoir le pas sur lui.

Les articles 16 et 17 concernent les droits de douane à payer par les anglais. V. l'art. 2 du traité du 5 octobre 1662, et la stipulation contenue dans le traité du 2 octobre 1686. Par le dernier de ces deux articles, il est statué que les droits à payer par l'Angleterre, seront toujours de deux pour cent inférieurs à ceux que paieront les Français.

Articles de paix et de commerce entre la Grande-Bretagne et la Régence de Tunis, renouvelés, arrêtés et confirmés dans le palais du Bardo, près de Tunis, le 19 octobre 1751.

Les articles 3, 10 et 13, reproduisent les stipulations contenues dans les articles 3, 10 et 13 du traité du 30 août 1716.

Art. 14. Si un esclave de Tunis venait à s'échapper de là, et gagnait le bord d'un bâtiment de guerre anglais, ledit esclave sera libre, et ni le consul anglais, ni aucun de sa nation, ne seront en aucune manière recherchés à ce sujet.

L'article 15 renouvelle la stipulation contenue dans l'art. 15 du traité du 30 août 1716, avec la différence toutefois que le nombre de coups de canon à tirer comme salut au pavillon de S. M. Britannique, n'est point fixé à vingt-cinq coups, mais il est simplement dit, qu'on tirera des coups de canon, suivant la coutume.

Les articles 16 et 17, répètent les stipulations renfermées dans les art. 16 et 17 du traité du 30 août 1716.

Art. 20 Si un anglais tue un turc, il sera jugé devant le Kadi du lieu, suivant la justice; s'il est trouvé coupable du crime, il sera puni de mort; mais s'il s'échappe, le consul ne sera ni molesté ni recherché à ce sujet, et le consul sera toujours averti à temps, afin qu'il soit à même d'être présent au jugement.

Art. 21. Si dans un temps quelconque il survenait une guerre ou rupture entre les deux PP. CC., le consul anglais et sa nation pourront partir librement avec tous leurs biens et effets, et cet article sera réciproque pour les sujets de Tunis.

Art. 24. Les sujets de S. M. Britannique seront toujours traités par l'Etat de Tunis avec le plus haut degré d'égard, d'amitié et d'honneur, parce que les anglais, de toutes les autres nations, sont les premiers et les meilleurs amis.

Articles de paix et de Commerce entre la Grande-Bretagne et la Régence de Tunis, renouvelés, conclus, ratifiés, confirmés et scellés dans le palais du Bardo, près de Tunis, le 22 juin 1762.

L'art. 1, renouvelle, ratifie et confirme le traité du 19 octobre 1751.

Art. 2. Le consul de S. M. Britannique vivant à Tunis, aura désormais et pour toujours la liberté de choisir son propre courtier et son drogman, qui sera un véritable turc et de les changer quand et aussi souvent qu'il le jugera à propos.

Le traité du 2 mai 1812, ne contient aucune stipulation relative aux consuls ni aux rapports judiciaires des sujets anglais.

Par l'article du 16 octobre 1813, additionnel aux traités de paix et d'amitié, subsistant entre la Grande-Bretagne et la Régence de Tunis, il est convenu que les habitants des Sept-Iles ou îles Ioniennes, à l'exception de celle de Corfou, placées sous la protection spéciale de la Grande-Bretagne, jouiront des mêmes immunités, droits et priviléges que les sujets *natifs* de S. M. Britannique, « étant bien entendu néan-
« moins que lesdites îles, leurs habitants, leurs commer-
« çants et leurs vaisseaux, seront également et sans la plus
« légère restriction ni exception, reconnus par les deux
« autres régences d'Alger et de Tripoli, et que, s'ils n'é-

« taient pas ainsi reconnus par elles, la régence de Tunis
« ne serait pas obligée ni tenue de le faire.

*Traité entre la Grande-Bretagne et la Régence de Tunis,
conclu dans le palais du Bardo, près de Tunis, le 17 avril
1816.*

Art. 6. En vue d'éviter les différentes disputes dernièrement élevées au sujet de la correspondance officielle, S. A. le Dey de Tunis, promet de faire des réponses écrites à toutes les communications importantes que le consul britannique trouvera convenable de lui faire de temps en temps, en sa qualité de consul, conformément à l'ancienne coutume du pays.

L'article général additionnel stipule qu'en cas de malentendu, ou de fausse *notion*, les articles qui précèdent, ayant été écrits en langue turque, et n'ayant point été correctement traduits, seront expliqués d'après leur véritable sens et signification, tels qu'ils sont exprimés dans la langue anglaise, quelle que puisse être la différence de la traduction turque.

Déclaration du Dey de Tunis du 17 avril 1816. Par cette déclaration le Dey de Tunis promet de traiter les prisonniers de guerre suivant la coutume européenne.

Déclaration du Dey de Tunis du 19 octobre 1817. Par cette déclaration le Dey promet de donner aux capitaines de tous ses bâtiments de guerre l'ordre le plus strict de ne pas croiser près des ports de S. M. Britannique.

Déclaration du Bey de Tunis, donnée le 7 janvier 1824.

Nous Mahmoud Bey, Maître de l'Afrique, qui adorons le Dieu Tout-Puissant et espérons dans sa Miséricorde, nous déclarons avoir ajouté un nouvel article au traité avec

le gouvernement britannique, lequel est, que si quelque
sujet britannique commet une faute pour laquelle il mérite
la mort, nous avertirons le consul britannique, deux jours
avant que nous donnions la sentence, afin qu'il puisse être
présent au jugement ; et si ensuite *il doit subir la mort*, un
sursis de deux jours lui sera également accordé avant qu'il
soit exécuté. Nous n'empêcherons personne de parler avec
lui ; et après sa mort son corps pourra être enlevé par ses
compatriotes, sans que personne l'insulte. Et les sujets sardes seront traités comme les anglais, leurs traités étant pareils à ceux de l'Angleterre.

TURQUIE.

Traité d'amitié et de commerce sous la date du 25 *octobre*
1823, *ratifié par S. M. Sarde le* 7 *janvier* 1824 ; *durée
illimitée.*

Art. 1. S. M. Sarde et la Sublime-Porte Ottomane con-
tractent amitié entr'elles de la même manière que la Sublime-
Porte est liée avec les autres puissances. En conséquence,
les négociants, les sujets et les navires marchands des Etats
Sardes et Ottomans jouiront, dans l'un et l'autre des deux
États, de la plus grande sûreté, y feront le commerce et y
seront protégés et assistés.

Art. 2. Les sujets et les négociants des deux États paieront,
pour droit de douane sur les marchandises (excepté les marchandises prohibées ou de contrebande), qu'ils exporteront
ou importeront, le trois pour cent et on n'exigera rien de
plus.

Art. 3. Il est permis aussi aux négociants sardes, ainsi
qu'il l'est aux autres européens, de prendre et d'exporter
parmi les produits turcs, les marchandises et les articles
dont l'exportation n'est pas prohibée et dont le pays n'a pas
besoin.

Art. 4 Dans les parties de l'empire Ottoman, où les

sujets sardes feront le commerce, et où la présence d'un consul ou vice-consul sera évidemment nécessaire pour traiter leurs affaires et leurs intérêts, seront établis des consuls et des vice-consuls qui seront choisis parmi les sujets sardes, et auxquels seront accordés les diplômes et commandements nécessaires, énonçant leurs immunités et leurs priviléges. De même la Sublime-Porte pourra, si cela devient nécessaire, établir dans les Etats Sardes des Schiach-Bender, c'est-à-dire des consuls et des vice-consuls auxquels seront accordés des priviléges convenables.

Art. 5. Les Schiach-Bender et les vice-consuls de la Sublime-Porte, qui résideront dans les villes maritimes de la Sardaigne, percevront, en conformité du tarif qui leur sera donné, les droits de consulat sur les marchandises des négociants ottomans que les navires marchands de la Sublime-Porte y apporteront et y débarqueront. Les agents consulaires sardes auront la même faculté dans les Etats ottomans.

Art. 6. Toutes les fois que les sujets sardes voudront visiter Jérusalem ou quelque autre lieu de l'Empire ottoman, soit par dévotion, soit pour voyager seulement, ils seront munis d'un commandement impérial afin qu'ils puissent passer librement et en sûreté et afin d'être protégés et assistés.

Art. 7. Si un sujet sarde vient à décéder en Turquie, le consul sarde du lieu prendra possession de ses biens afin de les faire parvenir à ses héritiers. S'il n'y a pas de consul sur les lieux, le juge fera l'inventaire des biens du défunt et les expédiera avec l'inventaire signé par lui, au consul sarde du lieu le plus près. On procédera de la même manière lorsqu'un sujet ottoman décédera dans les Etats sardes.

Art. 8. Les contestations et les procès qui auront lieu entre sujets sardes seront examinés et jugés par leurs ministres et par leurs consuls ; ceux qui auront lieu entre sujets sardes et ottomans seront jugés en conformité des lois turques, en présence d'un drogman sarde. Tout procès dans lequel il s'agira de 4000 âpres, sera renvoyé et remis à Constantinople, où il sera jugé suivant les lois saintes.

Art. 9. Les sujets sardes qui iront dans les états Ottomans, s'occuperont tranquillement de leurs affaires commerciales, et sauf qu'ils commettent des crimes, ils ne pourront être, sans motif, molestés par aucun magistrat turc ou par les officiers de police. Mais si un sujet sarde se rendait coupable d'un crime, il serait, avec le concours de son ministre ou du Consul, condamné aux peines qu'il aurait méritées, de la manière qu'on procède en pareil cas contre les autres européens.

Art. 10. Lorsque des navires de guerre des deux puissances se rencontreront, ils se donneront des signes d'amitié selon les règles maritimes, et lorsqu'ils rencontreront des navires marchands de l'un ou de l'autre état, ceux-ci seront traités d'une manière amicale. Arrivant dans les ports et plages des états respectifs, les navires marchands se conformeront aux réglements du pays.

Art. 11. Dans le cas ou un sujet sarde embrasserait l'islamisme, il serait interrogé en présence du drogman sarde, et s'il se trouvait qu'il eût des dettes incontestables, la liquidation serait réglée par les lois saintes.

Art. 12. Les Consuls et les Vice-Consuls de Sardaigne dans les états Ottomans, ainsi que les sujets sardes qui viendront pour y faire le commerce, seront exempts du *carazio*, du *baz* et des autres droits du même genre.

Art. 13. Il est convenu que les navires marchands sardes qui iront trafiquer en Turquie, navigueront sous leur pavillon et ne prendront pas celui d'une autre puissance ; que le pavillon sarde ne sera pas accordé aux navires des autres puissances, ni aux navires Rayas; que le Ministre, les Consuls et les Vice-Consuls de Sardaigne ne donneront pas des patentes aux sujets de la Sublime Porte ni ne les protégeront directement ou indirectement.

Art. 14. Seront accordés aux Ministres et aux Consuls Sardes dans les états Ottomans tous les priviléges, droits et immunités voulus par l'amitié et dont jouissent les Consuls des puissances amies. Il en sera de même pour les Consuls Ottomans résidant en Sardaigne.

Note officielle de la Sublime Porte remise le 25 octobre 1823 à Son Excellence le Ministre plénipotentiaire de Sardaigne sur la libre navigation des bâtiments sardes dans la mer Noire.

Désormais à l'arrivée dans le port de Constantinople des bâtiments marchands sardes, soit qu'ils viennent de la mer Blanche pour passer dans la mer Noire, soit qu'ils viennent de la mer Noire pour passer dans la mer Blanche, il sera pris connaissance de leurs chargement (ce qui veut dire par manifeste ou autre communication ministérielle) par le canal d'officiers préposés à cet effet, et lorsque dans le cas de nécessité, Constantinople aura besoin des marchandises non prohibées qu'ils exporteront ou importeront, elles seront achetées à leur juste valeur, sans que l'on ait à faire de part ni d'autre des propositions qui ne correspondraient pas aux prix courants.

Le Ministre plénipotentiaire de Sardaigne à Constantinople ayant démandé le 16 août 1824 au Reis Effendi quelle interprétation la Sublime Porte comptait donner à l'article 2 du traité d'amitié relaté ci-dessus, le Reis Effendi a répondu le 24 du même mois ce qui suit :

1° Que la Sublime Porte entend que tous les sujets ottomans, sans exception, qui feront le commerce dans les états Sardes, seront tenus à se conformer à tous les réglements de commerce intérieur établis dans lesdits états sardes, en payant les mêmes droits et impôts, qui, bien qu'il n'en soit pas spécialement fait mention dans le traité d'amitié et de commerce dernièrement conclu entre l'empire Turc et la

Cour Royale de Sardaigne, sont ou seront payés par les sujets des autres puissances amies de ladite cour ;

2° Que *vice-versa* les sujets sardes seront traités de même dans les états Ottomans ;

3° Qu'il est bien entendu que cette déclaration ne déroge en rien au traité susdit et qu'elle n'a rapport qu'aux réglements intérieurs ci-dessus énoncés.

A la suite de ces notes on a indiqué les conditions auxquelles un bâtiment ottoman doit être considéré comme tel.

Pour qu'un bâtiment soit considéré comme ottoman :

1° Il doit être muni du Berat de la Sublime Porte ;

2° La propriété doit être certifiée par le moyen d'un Tezkéré Turc (1) et par un Consul Sarde de l'échelle du levant ou du port de départ ;

2° Il doit avoir aussi des expéditions d'un des Consuls Sardes dans l'échelle du Levant, ou d'un des Consuls francs résidant dans le lieu de départ du bâtiment ;

4° Le capitaine et les deux tiers de l'équipage doivent être musulmans.

Traité de commerce et de navigation du 2 septembre 1839, ratifié le 24 du même mois, par S. M. Sarde.

Art. 1. Tous les droits, priviléges et immunités qui ont été conférés aux sujets ou aux bâtiments sardes par les capitulations et les traités existants sont confirmés aujourd'hui et pour toujours, à l'exception de ceux qui vont être spécialement modifiés par la présente convention ; et il est en outre expréssement entendu que tous les droits, priviléges et immunités que la Sublime Porte accorde aujourd'hui, ou pourrait accorder à l'avenir aux bâtiments et aux sujets de toute autre puissance étrangère, seront également accordés aux sujets et aux bâtiments sardes, qui en auront de droit l'exercice et la jouissance.

(1) Certificat, assignation.

Art. 2. Les sujets de S. M. le roi de Sardaigne ou leurs ayant-cause, pourront acheter dans toutes les parties de l'empire Ottoman, soit qu'ils veuillent en faire commerce à l'intérieur, soit qu'ils se proposent de les exporter, tous les articles sans exception, provenant du sol ou de l'industrie de ce pays. La Sublime Porte s'engage formellement à abolir tous les monopoles qui frappent les produits de l'agriculture et les autres productions quelconques de son territoire, comme aussi elle renonce à l'usage des *Tezkérès* demandés aux autorités locales pour l'achat de ces marchandises, ou pour les transporter d'un lieu à l'autre, quand elles étaient achetées. Toute tentative qui serait faite par une autorité quelconque pour forcer les sujets sardes à se pourvoir de semblables permis ou Tezkérès sera considérée comme une infraction aux traités, et la Sublime Porte punira immédiatement avec sévérité tous Visirs ou autres fonctionnaires auxquels on aurait une pareille infraction à reprocher, et elle indemnisera les sujets sardes des pertes ou vexations dont ils pourront prouver qu'ils ont eu à souffrir.

Art. 3. Les marchands sardes ou leurs ayant-cause qui achèteront un objet quelconque, produit du sol ou de l'industrie de la Turquie dans le but de le revendre pour la consommation dans l'intérieur de l'empire Ottoman, paieront, lors de l'achat ou de la vente, les mêmes droits qui sont payés dans les circonstances analogues par les sujets musulmans ou par les rayas les plus favorisés, parmi ceux qui se livrent au commerce intérieur.

Art. 4. Tout article, produit du sol ou de l'industrie de la Turquie, acheté pour l'exportation, sera transporté, libre de toute espèce de charge et de droits, à un lieu convenable d'embarquement par les négociants sardes ou leurs ayant-cause. Arrivé là, il paiera à son entrée un droit fixe de neuf pour cent de sa valeur, en remplacement des anciens droits de commerce intérieur supprimés par la présente convention.

A sa sortie il paiera le droit de trois pour cent anciennement
établi et qui demeure subsistant. Il est toutefois bien entendu que tout article acheté au lieu d'embarquement pour
l'exportation, et qui aura déjà payé à son entrée le droit intérieur, ne sera plus soumis qu'au seul droit primitif de trois
pour cent.

Art. 5. Tout article, produit du sol ou de l'industrie de
la Sardaigne et de ses dépendances et toutes marchandises
de quelque espèce qu'elles soient, embarqués sur des bâtiments sardes, et étant la propriété de sujets sardes, ou apportés par terre ou par mer d'autres pays par des sujets
sardes, seront admis, comme antérieurement, dans toutes
les parties de l'empire Ottoman, sans aucune exception.
moyennant un droit de trois pour cent calculé sur la valeur
de ces articles. En remplacement de tous les droits de commerce intérieur qui se perçoivent aujourd'hui sur lesdites
marchandises, le négociant sarde qui les importera, soit
qu'il les vende au lieu de l'arrivée, soit qu'il les expédie
dans l'intérieur pour les y vendre, paiera un droit additionnel de deux pour cent. Si ensuite ces marchandises sont
vendues à l'intérieur ou à l'extérieur il ne sera plus exigé
aucun droit, ni du vendeur, ni de l'acheteur, ni de celui
qui les ayant achetées, désirera les expédier au dehors. Les
marchandises qui auront payé l'ancien droit d'importation
de trois pour cent dans un port, pourront être envoyées dans
un autre port, franches de tout droit, et ce n'est que lorsqu'elles y seront vendues ou transportées de celui-ci dans
l'intérieur du pays, que le droit additionnel de deux pour
cent devra être acquitté.

Il demeure entendu que le Gouvernement de S. M. le Roi
de Sardaigne ne prétend pas, soit par cet article, soit par
aucun autre du présent traité, stipuler au delà du sens
naturel et précis des termes employés, ni priver en aucune
manière le Gouvernement de Sa Hautesse de l'exercice de
ses droits d'administration intérieure, en tant toutefois,

que ces droits ne porteront pas une atteinte manifeste aux
stipulations des anciens traités et aux priviléges accordés
par la présente convention aux sujets Sardes et à leurs propriétés.

Art. 6. Les sujets Sardes ou leurs ayant-cause pourront
librement trafiquer dans toutes les parties de l'empire Ottoman, des marchandises apportées des pays étrangers ; et si
ces marchandises n'ont payé à leur entrée que le droit
d'importation, le négociant sarde ou son ayant-cause aura
la faculté d'en trafiquer en payant le droit additionnel de
deux pour cent auquel il serait soumis pour la vente des
marchandises qu'il aurait lui-même importées, ou pour
eur transmission faite dans l'intérieur avec l'intention
de les y vendre. Ce paiement une fois fait, ces marchandises seront libres de tous autres droits, quelle que
soit la destination ultérieure qui sera donnée à ces marchandises.

Art. 7. Aucun droit quelconque ne sera prélevé sur les
marchandises sardes, produit du sol ou de l'industrie de la
Sardaigne et de ses dépendances, ni sur les marchandises
provenant du sol ou de l'industrie de tout autre pays étranger, quand ces deux sortes de marchandises embarquées
sur des bâtiments sardes, appartenant à des sujets sardes.
passeront par les détroits des Dardanelles, du Bosphore ou
de la mer Noire ; soit que ces marchandises traversent ces
détroits sur les bâtiments qui les ont apportées ou qu'elles
soient transbordées sur d'autres bâtiments, ou que devant
être vendues ailleurs, elles soient, pour un temps limité, déposées à terre pour être mises à bord d'autres bâtiments et
continuer leur voyage.

Toutes les marchandises importées en Turquie pour être
transportées en d'autres pays, ou qui, restant entre les mains
de l'importateur, seront expédiées par lui dans d'autres
pays pour y être vendues, ne paieront que le premier droit

d'importation de trois pour cent, sans que sous aucun prétexte, on puisse les assujétir à d'autres droits.

Art. 8. Les firmans exigés des bâtiments marchands sardes à leur passage dans les Dardanelles et dans le Bosphore,
leur seront toujours délivrés de manière à leur occasioner
le moins de retard possible.

Art. 9. La Sublime Porte consent à ce que la législation
créée par la présente convention soit exécutable dans toutes
les provinces de l'empire Ottoman (c'est-à-dire dans les
possessions de Sa Hautesse situées en Europe et en Asie, en
Egypte et dans les autres parties de l'Afrique appartenant à
la Sublime Porte) et qu'elle soit applicable à toutes les classes de sujets Ottomans.

Art. 10. Suivant la coutume établie entre la Sardaigne et
la Sublime Porte et afin de prévenir toute difficulté et tout
retard dans l'estimation de la valeur des articles importés en
Turquie ou exportés des états Ottomans par les sujets Sardes, des commissaires, versés dans la connaissance du commerce des deux pays, ont été nommés, tous les quatorze ans,
pour fixer par un tarif la somme d'argent en monnaie du
Grand Seigneur, qui devra être payée sur chaque article. Or
le terme de quatorze ans pendant lequel le dernier tarif
devait rester en vigueur étant expiré, les HH. PP. CC. sont
convenues de nommer conjointement de nouveaux commissaires pour fixer et déterminer le montant en argent qui doit
être payé par les sujets Sardes, comme droit de trois pour
cent sur la valeur de tous les articles de commerce importés
et exportés par eux. Lesdits commissaires s'occuperont de
régler avec équité le mode de paiement des nouveaux droits
auxquels la présente convention soumet les produits turcs
destinés à l'exportation et détermineront les lieux d'embarquement dans lesquels l'acquittement de ces droits sera le
plus facile. Le nouveau tarif établi restera en vigueur pendant sept années, à dater de sa fixation. Après ce terme,
chacune des HH. PP. CC. aura droit d'en demander la révi-

sion. Mais si pendant les six mois qui suivront l'expiration des sept premières années ni l'une ni l'autre n'use de cette faculté, le tarif continuera d'avoir force de loi pour sept autres années, à dater du jour où les premières seront expirées, et il en sera de même à la fin de 'chaque période successive de sept années.

N. B. Le 6 mai 1846, la Sublime Porte a fait remettre à toutes les légations une note dans le but d'inviter les gouvernements qui ont des traités avec elle, à les réviser d'un commun accord dans la partie qui concerne le commerce de détail, dans l'intérieur des états Musulmans, qui est réservé aux nationaux Turcs, mais qui est exercé abusivement par des étrangers.

URUGUAY.

Traité d'amitié, de commerce et de navigation, du 29 octobre 1840, ratifié par S. M. Sarde le 12 novembre 1842. L'échange des ratifications a eu lieu à Paris le 17 avril 1843.

Art. 1. Il y aura paix et amitié perpétuelles entre S. M. Sarde et la république orientale de l'Uruguay et entre les sujets des deux pays, sans exception de personnes ou de lieux.

Art. 2. Il y aura entre les territoires des deux HH. PP. CC. liberté et réciprocité de commerce et de navigation, les habitants des deux états pourront entrer librement dans les ports de chacun de ces états, où le commerce étranger est permis; ils pourront résider en toute liberté dans tous les lieux qui leur conviendront le plus pour leurs affaires ; auquel effet ils jouiront des mêmes sûreté, protection et avantages accordés aux habitants du pays où ils se trouveront, sans être tenus de payer pour cela des taxes, impositions, salaires ou rétributions plus élevés qu'il en sera payé par les nationaux, à la condition, bien entendu, de se soumettre aux lois et réglements en vigueur. Ils ne pourront être expulsés ou envoyés par force d'un lieu à l'autre par mesure de police ou administrative, sauf pour des motifs qui mettent en péril la tranquillité **publique** ; ils ne pourront être soumis à aucun **séquestre, ni retenus** avec leurs navires, marchandises et effets, **sans qu'une** indemnité suffisante soit immédiatement accordée **aux intéressés** pour les pertes qu'ils auront à supporter à cause du service auquel ils seront assujettis. Ils ne pourront pas non plus être soumis au service militaire de terre ou de mer, ni être inscrits à aucun genre de milice.

Dans le cas de guerre entre les **HH. PP. CC.** (ce que Dieu ne veuille), on accordera aux sujets ou citoyens de l'un ou de l'autre état, qui seraient seulement *transeunti*, un délai de six mois pour ceux qui habitent les côtes, et d'un an pour ceux qui habitent l'intérieur, afin qu'ils puissent s'embarquer dans le port qui leur conviendra le plus, respectant les créances qui leur appartiendraient, soit envers des particuliers, soit envers le trésor ou des banques. Les autres sujets ou citoyens qui auraient des établissements fixes pour l'exercice de quelque profession ou occupation privée, pourront rester dans le pays, sans souffrir la plus petite vexation dans leurs personnes ou dans leurs propriétés, à la condition qu'ils ne commettent aucun acte d'hostilité et observent les lois en vigueur.

Art. 3. Les navires sardes et de la république chargés ou en lest, seront traités, à leur entrée, à leur sortie et pendant leur séjour dans les ports des deux états, de la manière indiquée dans l'article additionnel au présent traité.

Art. 4 relatif à la faculté d'importation. Voy. pareille disposition dans l'art. 5 du traité avec les Deux-Siciles.

Art. 5. Pour plus de clarté des deux articles précédents, il est convenu que la concession y indiquée sera la même, soit que les bâtiments des deux nations viennent directement de leurs ports respectifs soit qu'ils viennent d'autres ports étrangers.

Art. 6 Voy. art. 5 du traité avec les Étas-Unis relatif à la faculté d'exportation.

Art. 7. Droits sur les produits des deux pays. Voy. États-Unis, art. 5.

Art. 8 relatif au cabotage. Voy. États-Unis, art. 7.

Art. 9. Afin qu'il ne s'élève aucune contestation sur la nationalité d'un navire, il est convenu qu'on considérera et on reconnaîtra comme Sarde ou de la république, tout navire qui sera de bonne fois, la propriété des sujets et citoyens respectifs, reconnue par des titres authentiques, expédiés par les autorités de l'un ou de l'autre des deux pays, quelqu'en soit la construction.

Art. 10. Les deux HH. PP. CC. reconnaissent que dans le cas que l'une d'elles fut en guerre avec une tierce puissance, le pavillon neutre de l'autre assure le navire et les personnes, excepté les officiers et les soldats au service effectif de l'ennemi et garantit aussi les propriétés, sauf les articles de contrebande de guerre. En conséquence il sera permis aux sujets ou aux citoyens des deux pays de naviguer avec leurs bâtiments, partant de quelque port que ce soit pour d'autres appartenant à l'ennemi de l'un ou de l'autre, et il sera défendu de les vexer de quelque manière que ce soit.

Art. 11. Les objets de contrebande de guerre sont les armes de feu ou blanches, offensives ou défensives, comme les canons, fusils, pistolets, etc., les sabres, épées, cuirasses, lances, massues, casques, corsets de maille, harnais, la poudre, les balles, bombes, grenades, la mitraille en paquets ou non, le soufre, le nitre, le fer, l'acier, le cuivre, le plomb, le bronze et toute autre matière apte aux usages de la guerre par mer et par terre, et tout article qui peut servir à armer, fournir ou à transporter les armes, tels, que les uniformes, les chevaux, les mulets, etc., etc.

Art. 12. Dans le cas que l'une des deux HH. PP. CC.

soit en guerre avec une tierce puissance , les sujets ou citoyens de l'autre pourront continuer leur commerce et leur navigation avec le même état, excepté les ports et les places bloqués ou assiégés par mer ou par terre ; et afin d'écarter tout doute en ce cas, il est convenu que les navires des HH. PP. CC. qui seront rencontrés allant à un port bloqué, ne seront ni retenus, ni saisis, qu'après la notification spéciale du blocus, qui sera faite par le capitaine qui le dirige ou par quelqu'un de ses officiers sur la patente des navires.

Art. 13. Dans le même cas de l'art. précédent , c'est-à-dire de guerre d'une des deux PP. CC. avec une tierce puissance , aucun sujet ou citoyen de l'autre ne pourra accepter de celle-ci , une commission ou une patente pour agir en ennemi contre la première , sous peine d'être traité comme pirate.

Art. 14. Afin de protéger plus efficacement le commerce et la navigation de leurs sujets et citoyens respectifs, les HH. PP. CC. consentent à ne recevoir dans leurs ports, ancrages ou rades , des pirates ou voleurs de navires ou de chargements, s'obligeant au contraire à les poursuivre, par tous les moyens et avec toute la rigueur des lois, ainsi que les individus qui seraient convaincus d'être leurs fauteurs, complices ou receleurs des objets volés, et à rendre les navires et les chargements aux propriétaires ou à leurs fondés de pouvoir , et à défaut de ceux-ci , aux Consuls ou Agents commerciaux respectifs.

Art. 15. Naufrage. Même traitement qu'aux navires nationaux.

Art. 16. Faveurs commerciales. Voy. art. 7 du traité avec le Danemarck.

Art. 17. Voy. Danemarck, deuxième partie de l'art. 10.

Art. 18. Les navires des deux nations qui se trouveront sur les côtes des dépendances de l'autre, sans intention d'entrer dans le port, ou y étant entrés, ils ne déchar-

geront pas toutes ou partie de leurs marchandises , jouiront des mêmes priviléges , avantages et traitement que
les navires des nations les plus favorisées.

Art. 19. Relâche forcée, même traitement que pour les
navires nationaux.

Art. 20. Les articles de commerce , les productions du
sol ou de l'industrie de l'Etat Oriental de l'Uruguay et de
ses pêches , excepté le sel, la poudre de guerre et le tabac
manufacturé , pourront traverser librement le territoire de
S. M. Sarde, du port franc de Gênes à un point quelconque
de sa frontière. Pareillement tout article de commerce
étranger , qui arrivera de quelque point que ce soit de la
frontière intérieure sarde , destiné à l'Etat de l'Uruguay ,
pourra traverser librement les Etats Sardes jusqu'au port
franc de Gênes pour y être embarqué sans devoir payer
aucun droit au gouvernement, aux autorités locales ou à
un établissement privé , excepté ceux qui sont nécessaires
à faire face aux frais qu'exigent les précautions et les mesures contre la mauvaise foi et la contrebande ; cependant
si pour des circonstances particulières, le gouvernement de
S. M. jugeait opportun de rétablir les droits de transit sur
lesdits articles, il pourra le faire librement, attendu qu'elle
s'en réserve l'entier pouvoir, s'obligeant seulement en ce
cas à en donner connaissance six mois avant l'exécution au
gouvernement de l'Uruguay. Il est également convenu que
tout article de commerce importé directement de la république orientale , sera considéré comme produit de l'Uruguay et à ce titre il jouira de la franchise et du libre transit
dans les Etats Sardes , sauf les exceptions mentionnées
dans le présent article.

Art. 21. Les stipulations contenues dans les articles précédents sont aussi applicables aux navires respectifs qui
entreront dans les îles appartenant aux deux états.

Art. 22 et 23. Les deux HH. PP. CC. se reconnaissent le
droit d'envoyer des officiers consulaires de tous les grades,

dans les ports ou villes de commerce où elles jugeront convenable. Ces officiers devront obtenir *l'exéquatur* avant d'entrer en fonctions.

Art. 24. Afin de prévenir tout motif de désaccord ou de discussion, et à l'effet de fixer d'une manière claire le caractère, les fonctions, attributions, pouvoirs et immunités des consuls de toutes les classes, les PP. CC. reconnaissent, en conformité des principes généraux du droit des gens, que les consuls de quelque classe qu'ils soient, ne sont que de simples agents commerciaux et par conséquent n'ont pas le droit de traiter, ni de discuter (s'il n'en ont pas la mission spéciale, ce qu'ils devraient prouver) avec le gouvernement dans l'état duquel ils résident, les questions politiques qui peuvent avoir lieu, et ne peuvent prétendre aux immunités que le droit international accorde aux ministres et agents diplomatiques. Ils jouiront cependant tant dans leurs personnes, que dans l'exercice de leurs fonctions et dans la protection qu'ils doivent accorder à leurs nationaux dans les affaires commerciales, de la considération et des priviléges qui sont accordés aux consuls des autres nations, observant en ceci la plus stricte égalité et réciprocité.

Art. 25. Les consuls commerçants ne jouiront pas des priviléges susindiqués, et les consuls sujets ou citoyens de l'état près duquel ils résident, ne seront pas moins soumis aux lois de leur pays, sauf en ce qui touche à l'exercice de leurs fonctions consulaires et à l'immunité de leurs archives (art. 26).

Art. 27. Sans préjudice de ce qui est établi par les deux articles précédents, les HH. PP. CC. reconnaissent réciproquement aux consuls sujets ou citoyens que l'autre aurait nommés, toutes les distinctions dont le gouvernement qui les nomme, les aurait décorés, toujours en conformité des lois en vigueur dans les deux pays.

Arte 28. Arrestation et détention des matelots des na

vires de guerre ou marchands, voy. Etats-Unis art. 17.

Art. 29. En tout ce qui n'est pas contraire aux lois et réglements en vigueur dans les deux états, la police intérieure des navires sera confiée aux consuls respectifs, sans que l'autorité locale puisse s'en mêler, excepté que quelque désordre ait lieu ou la tranquilité publique soit troublée.

Art. 30. Les consuls auront la faculté de diriger les opérations relatives au secours et au sauvetage des navires de leur nation respective, qui auraient fait naufrage ou seraient en danger de le faire, sans que l'autorité locale y intervienne autrement que pour le maintien du bon ordre. Les consuls pourront aussi fixer les avaries desdits navires, excepté qu'il y ait des habitants du pays intéressés, ou qu'il existe des conventions contraires entre les armateurs, chargeurs ou assureurs des navires.

Art. 31. Quoique les consuls n'exercent aucune juridiction, ainsi qu'il a été dit à l'art. 24, ils pourront néanmoins être choisis pour arbitres dans les questions commerciales qui auront lieu entre individus de leur nation ou entre ceux-ci et des gens du pays de la résidence consulaire, toutes les fois que les parties intéressées se soumettront spontanément à leurs décisions. Si une seule des parties voulait recourir aux tribunaux du pays, les consuls ne pourraient plus s'en mêler.

Art. 32. Les sujets ou citoyens de chacune des HH. PP. CC. pourront disposer librement par vente, permutation, donation, testament ou de toute autre manière, d'une partie ou de la totalité des biens qu'ils posséderont dans les deux états respectifs et les sujets ou citoyens de l'une des nations qui seraient héritiers d'individus morts dans le territoire de l'autre, pourraient succéder dans les biens personnels, par testament et *ab intestat*, et en prendre possession en personne ou par procureur fondé, et en disposer librement, ainsi qu'il leur plairait, sans payer d'autres droits ou impositions que ceux qu'en pareil cas seraient payés par les habitants du pays où les biens sont situés. Si les héritiers étaient absents, on prendrait pour la conservation de l'hérédité, les mêmes dispositions que s'il s'agissait de celle d'un indigène, jusqu'à ce que les intéressés ou leurs fondés de pouvoir soient arrivés. Si des contestations s'élevaient entre les ayant-droit, on aurait recours aux tribunaux et à leurs décisions, suivant les lois du pays où les biens sont situés. Si par la mort d'un individu propriétaire de biens immobiliers dans les territoires appartenant à l'une ou à l'autre des deux HH. PP CC., lesdites propriétés passaient, par testament, à un sujet ou citoyen de l'autre, lequel, en sa qualité d'étranger, ne pût les posséder, on lui accorderait un délai convenable, afin qu'il put les vendre et en exporter la valeur sans aucun obstacle et sans être soumis à aucune taxe ou à des droits plus élevés que ceux payés dans le même cas par les nationaux.

Art. 33. En l'absence de fondés de pouvoir ou de légitimes représentants, ou dans le cas de décès sans testament d'un sujet ou citoyen de l'une des HH. PP. CC. dans le territoire de l'autre, le consul respectif ou une personne déléguée par lui pourra demander (et il lui sera immédiatement accordé) le droit d'intervenir dans tous les actes judiciaires, tels que l'inventaire, l'estimation, la nomination d'un dépositaire et autres actes nécessaires jusqu'à la fin de la procédure.

Art. 34. Tout individu appartenant aux États de l'une des deux HH. PP. CC., sera considéré comme sujet du pays des autorités duquel il présentera un passeport en bonne et due forme, ou bien un certificat équivalent, ou prouvera d'être inscrit sur les registres consulaires, sans cependant que cette stipulation puisse nuire en rien à la véritable nationalité d'origine, lorsque l'individu n'y a pas renoncé dans les formes voulues par les lois locales. On n'opposera aucun obstacle aux personnes qui voudront passer d'un pays à l'autre, pourvu qu'elles se conforment aux réglements de police en vigueur.

Art. 35. Les HH. PP. CC. promettent et s'obligent à ne donner asile, dans leurs États respectifs, mais au contraire à faire arrêter et consigner toute personne accusée et poursuivie dans l'un des deux pays pour délit de falsification d'écritures publiques ou privées, de billets de banque ou lettres de change, les incendiaires, les assassins, les empoisonneurs, les voleurs d'argent public et les prévenus de vol sur les chemins publics, et les faux monnayeurs.

Art. 36. La durée de ce traité pour la paix et l'amitié, sera perpétuelle; pour la navigation, il sera de six ans, à compter du jour de l'échange des ratifications et il cessera aux mêmes conditions que les autres insérés précédemment.

Art. additionnel 1er, voy. Danemarck art. séparé.

Art. additionnel 2. Le gouvernement de la république de l'Uruguay, s'oblige et s'engage à réduire, pour l'époque de la ratification du traité, les droits de navigation, tonnage, phare, pilotage, péage, taxes et impositions de toute sorte, qui devront être payés par les navires sardes, au taux de ceux qui sont payés par les nationaux, et ce, avec l'approbation du corps législatif. Alors les navires de la République jouiront dans les Etats Sardes de la même égalité de droits.

Suivant une dépêche de l'envoyé extraordinaire de la République à Paris, du 17 avril 1843, adressée à S. E. M. le ministre des affaires étrangères de S. M. Sarde, et la réponse de ce dernier, du 29 du même mois, interprétant l'art. 2 additionnel, il a été entendu que les faveurs accordées par cet article aux navires des deux nations, ne sont applicables qu'à ceux qui dépassent les 120 tonneaux.

VILLES ANSÉATIQUES.

Convention de navigation avec les villes libres et Anséatiques de Lubeck, Brême et Hambourg, du 18 juillet, ratifiée par S. M. Sarde le 29 octobre 1844.

Art. 1. Voy. Belgique art. 1.

Art. 2. Voy. Belgique art. 2.

Art. 3. Voy. Angleterre art. 3.

Art. 4. Voy. Danemarck art. 5.

Art. 5. Les navires en relâche forcée, ne pourront jouir des faveurs accordées par l'article précédent, qu'autant qu'ils ne feront aucune opération de commerce en chargeant ou déchargeant des marchandises, bien entendu, toutefois, que les déchargements et rechargements, motivés par l'obligation de réparer le navire, ne seront pas considérés comme opération de commerce, pourvu que ces navires ne prolongent pas leur séjour au-delà du temps nécessaire, d'après les causes qui ont donné lieu à la relâche.

Art. 6. Voy. France art. 4.

Art. 7. Voy. Angleterre art. 6.

Art. 8. Il ne pourra être imposé à la navigation, etc., pour le reste voy. Danemarck art. 10.

Art. 9. Durée de la convention, dix ans, et sa cessation aux mêmes conditions que les autres.

DÉSERTEURS. *Voyez Extradition.*
DÉTRACTION. *Voyez Aubaine.*
ÉMIGRATION. *Voyez Aubaine.*
EXTRADITION.

Extradition des déserteurs.

AUTRICHE.

Convention avec l'Autriche du 11 juillet 1823 , valable pour 5 ans, et ainsi de 5 en 5 ans , sauf une déclaration contraire avant l'expiration de chaque période quinquennale Ratifiée par S. M. Sarde le 18 août 1823.

Art. 2. Sont sujets à être arrêtés et livrés à l'état d'où ils ont déserté, tous les militaires sans exception de l'armée des deux états, qui arrivent sur le territoire de l'autre puissance , s'ils ne sont pourvus d'un passeport, ou feuille de route en règle. A l'égard des officiers des deux armées respectives , il sera continué d'agir d'après les accords en vigueur jusqu'à présent.

Art. 4. Sont exceptés les déserteurs nés sujets de celle des deux PP., dans le pays de laquelle ils se seront réfugiés. Cependant , si ces individus étaient naturalisés légalement dans le pays d'où ils déserteraient , ils seraient livrés.

Art. 14. Les conscrits réfractaires des deux états, sont assimilés aux déserteurs.

D'après les art. 1 et 2 , la demande et la consignation des déserteurs, ont lieu entre les autorités militaires des frontières.

TOSCANE.

Convention avec la Toscane, du 7 décembre 1825 , valable aux mêmes conditions que la précédente, ratifiée par S. M. Sarde le 11 janvier 1826.

Art 1. Sont arrêtés sans requête spéciale et sont ensuite

livrés à l'état dont ils ont déserté, tous les militaires de toutes armes, sans aucune exception, d'après une demande faite par la voie diplomatique (art. 2).

Art 2. Sont exceptés les individus, sujets du prince dans les états duquel ils se sont réfugiés. Si les individus arrêtés s'étaient déjà rendus déserteurs de l'armée d'un autre souverain, avec lequel il existe un égal cartel, ils seraient livrés à l'état qu'ils auraient en dernier lieu abandonné.

Art. 11. Cet article assimile les réfractaires aux déserteurs.

Extradition des malfaiteurs

AUTRICHE.

Convention avec l'Autriche, du 6 juin 1838.

Art. 1. Tout individu, qui dans les états Sardes sera accusé, ou se sera rendu coupable d'une action criminelle punissable par les lois qui y sont en vigueur, d'une peine non inférieure à deux ans de chaîne, ou d'une autre peine afflictive pour un temps égal et supérieure à celle de la prison, et tout individu qui, dans les états d'Autriche, sera accusé ou se sera rendu coupable d'une action qualifiée de délit par le code pénal autrichien, sera arrêté et consigné aux tribunaux de celui des deux états, sur le territoire duquel le délit aura été commis.

Art. 2. On procédera à l'arrestation des coupables et des accusés, non seulement en vertu d'une demande de la part des tribunaux de l'état où le délit a été commis, mais même ex-officio. L'extradition cependant, n'aura lieu que d'après une demande par la voie diplomatique, et s'effectuera aux frontières.

La demande d'extradition sera faite avec la transmission de la sentence, pour simple renseignement à l'égard des condamnés , et avec l'indication du délit à l'égard des prévenus.

Art. 3. En aucun cas , ni pour aucun motif les HH. PP. CC. ne seront obligées d'accorder l'extradition de leurs propres sujets. Ceux-ci , le cas échéant , seront punis dans leur pays et la sentence sera communiquée au gouvernement sur le territoire duquel le délit aura été commis.

Art. 4, 5, 6, 7, 8, 9, 10, 11, 12, 13, 14, 15, 16, 17, 18, 19, voy. art. 7, 8, 9, 10, 11, 12, 13, 14, 15, 16, 17, 18, 19, 20, 21 et 22 de la convention analogue avec la Toscane.

DEUX-SICILES.

Convention du 29 *mai* 1819 *, avec les Deux-Siciles , valable pour* 5 *ans , et renouvelable de* 5 *en* 5 *ans , sauf une déclaration en sens contraire ; ratifiée le* 16 *juillet suivant par le Roi de Sardaigne.*

Art. 1. Les individus accusés d'un crime , lequel , suivant les lois du lieu où il aura été commis , est puni d'une peine non inférieure aux galères, ou soit des travaux forcés à vie ou à temps , ainsi que les condamnés à la même peine , qui se réfugieraient dans les états respectifs des deux HH. PP. CC., devront être arrêtés et consignés au gouvernement qui en fera la demande , s'ils sont soumis à ce dernier pour cause du crime commis , ou parcequ'ils sont ses sujets , ou parcequ'ils sont naturalisés.

Art. 2. Si l'individu accusé ou condamné est sujet du gouvernement dans le pays duquel il s'est refugié, il devra être puni par son propre gouvernement suivant ses lois et le système qui y est en usage, pourvu que la peine ne soit pas plus forte que celle qui lui serait infligée par les lois du lieu où il a commis le délit.

S'il s'agit d'un crime atroce et qui trouble gravement la tranquillité publique , commis dans un des états respectifs, en complicité avec des sujets des deux gouvernements, ceux-ci se mettront d'accord pour la consignation des coupables au juge du lieu du délit, pour les confrontations et les examens nécessaires à la preuve du délit, et les coupables seront restitués pour être jugés à l'état auquel ils appartiennent.

Art. 3. La naturalisation postérieure à la perpétration du crime, ne sera pas un obstacle à la consignation des prévenus.

Art. 6. Il en serait de même, dans le cas où un prévenu prendrait du service militaire, dans l'état où il se serait refugié.

Article 4. Si une des parties contractantes demandait à l'autre l'extradition d'un individu non sujet ni domicilié, coupable d'un crime commis hors des états respectifs, pour lequel il y aurait lieu de le poursuivre dans l'état requérant, les deux gouvernements se réservent d'accorder ou de ne pas accorder l'extradition, eu égard aux conventions en vigueur avec les autres puissances et à la qualité et aux circonstances du crime.

L'art. 5 défend aux deux gouvernements de faire grâce, ou d'accorder des saufs-conduits aux individus demandés.

Les articles 7, 9, 10 et 11 concernent la restitution des effets trouvés en possession des individus susdits et les frais de leur nourriture et de voyage.

Art. 8. Les délinquants qui auraient commis dans les domaines du gouvernement requis, un crime portant une peine supérieure ou égale à celle établie pour le crime commis dans les états du gouvernement requérant, ne seront consignés, qu'après avoir subi la peine établie pour le délit commis dans l'état requis. S'il s'agit de crime portant une peine inférieure, et si le prévenu est sujet de l'état requérant, on le consignera avec les actes du procès, afin qu'il puisse aussi être puni pour le délit commis dans le pays requis.

FRANCE.

Convention avec la France, du 23 mai 1838.

Art. 1. Lorsque des sujets sardes ou français mis en accu
sation, ou condamnés dans leurs pays respectifs pour l'un
des crimes énumérés dans l'article suivant, seront trouvés, les sujets sardes dans le royaume de France, et les
Français dans les états de S. M. le Roi de Sardaigne, ils
seront réciproquement livrés aux autorités respectives de
leurs pays, sur la demande qu'un des deux gouvernements
en adressera à l'autre par voie diplomatique.

Art. 2. 1° assassinat, empoisonnement, parricide, infanticide, meurtre, viol ;

2° Incendie ;

3° Faux en écriture authentique, ou de commerce, et
en écriture privée, y compris la contrefaçon des billets
de banque et effets publics, mais non compris les faux
certificats, faux passeports et autres faux, qui d'après le
Code pénal ne sont point punis de peines afflictives et infamantes ;

4° Fabrication et émission de fausse monnaie ;

5° Faux témoignage ;

6° Vol, lorsqu'il a été accompagné de circonstances qui
lui impriment le caractère de crime ;

7° Soustractions commises par les dépositaires publics,
mais seulement dans le cas où elles sont punies de peines
afflictives et infamantes ;

8° Banqueroute frauduleuse.

Art. 3. Les objets volés dans l'un des deux pays et déposés dans l'autre, seront restitués de part et d'autre en
même temps que s'effectuera la remise des individus qui en
auront été trouvés nantis lors de leur arrestation.

Art. 4. Les pièces qui devront être produites à l'appui
des demandes d'extradition sont le mandat d'arrêt décerné

contre les prévenus ou tous autres actes ayant la même force que ce mandat , et indiquant également la nature et la gravité des faits poursuivis , ainsi que la disposition pénale applicable à ces faits.

Art. 5. Si l'individu dont l'extradition est demandée , était poursuivi ou avait été condamné dans le pays où il s'est refugié, pour crimes ou délits commis dans ce même pays , il ne pourra être livré qu'après avoir subi la peine prononcée contre lui.

Art 6. Les crimes et délits politiques sont exceptés de la présente convention. Il est expressément stipulé que l'individu dont l'extradition aura été accordée, ne pourra être, dans aucun cas , poursuivi ou puni pour aucun délit politique antérieur à l'extradition , ou pour aucun fait connexe à un semblable délit.

Art. 7. L'extradition ne pourra avoir lieu si , depuis les faits imputés, les poursuites ou la condamnation , la prescription de l'action ou de la peine est acquise d'après les lois du pays où le prévenu s'est réfugié.

Art. 8. Chacun des deux états supportera les frais occasionnés par l'arrestation , la détention et le transport à la frontière des individus , dont l'extradition aura été accordée.

Art. 9. Les dispositions des articles précédents s'appliquent également aux malfaiteurs qui se réfugieraient de l'ile de Sardaigne dans celle de Corse , et de cette dernière dans l'ile de Sardaigne.

Art. 10. La présente convention est conclue pour cinq ans , et continuera d'être en vigueur pendant cinq autres années dans le cas où , six mois avant l'expiration du premier terme , aucun des deux gouvernements n'aurait déclaré y renoncer , et ainsi de suite de cinq ans en cinq ans.

Déclaration faisant suite à la convention du
23 mai 1838.

1. Si des individus étrangers aux États de Sa Majesté le Roi de Sardaigne et à la France, venaient à se réfugier d'un pays dans l'autre, après avoir commis un des crimes énumérés à l'article 2 de la susdite convention, leur extradition pourra être accordée toutes les fois que le gouvernement du pays auquel ils appartiendront, y aura donné son assentiment.

2. En ce qui concerne l'application de l'article III de la même convention, il est expressément entendu que la restitution des objets saisis en la possession de l'individu arrêté ne se bornera pas aux objets *volés*, mais comprendra tous ceux qui pourraient servir à la preuve du délit imputé à cet individu.

LUCQUES.

Convention avec S. A. R. le Duc de Lucques 14 mars 1838.
Durée de 5 en 5 ans sauf une déclaration contraire à l'époque de l'échéance de chaque période quinquennale.

Art. 1 Seront arrêtés et remis au gouvernement requérant, toutes les fois qu'ils en seront les sujets ou pour cause du délit commis ou pour cause d'origine ou de domicile, les individus coupables d'un des délits mentionnés ci-après :

1. Les crimes de lèse-majesté divine ou humaine ou de résistance à la force publique ;

2. D'offenses avec voies de fait, contre les magistrats administratifs et judiciaires dans l'exercice ou pour cause de l'exercice de leurs fonctions, ou de violence aux gardiens des prisons, qui ait motivé la fuite d'un détenu ;

3. Voy. le n° 7 de l'art. 1 de la convention avec la Toscane.

4. De vol d'argent ou d'effets appartenant à l'état ou d'administration frauduleuse des rentes du Souverain, des communes ou des établissements publics ;

5. Voy. le n° 6 de l'art. susdit ;

6. Voy. le n° 5 ibid ;

7. De blessures graves avec péril de mort ;

8. Voy. numéro 2, art. 1 de ladite convention faite avec la Toscane;

9. De stupre ou d'enlèvement violent ;

10. De banqueroute frauduleuse ;

11. Voy. numéro 6, art. 1 de ladite convention .

12. Voy. numéro 9, ibid ;

13. Voy. numéro 10, ibid;

14. 15. Voy. numéro 13, 14.   ibid ;

Art. 2. Voy. art. 2 de la convention susdite ;

Art. 3. Pour les effets de la présente convention, seront considérés comme sujets d'origine ou domiciliés légitimement, ceux qui seront déclarés tels par les lois du gouvernement respectif.

Art. 4. Voy. art. 2 de la convention analogue avec les Deux-Siciles.

Art. 5. Voy. art 9 de la convention analogue avec la Toscane.

Art. 6. Voy. art. 10, 12, ibid.

Art. 7. Voy. art. 11, ibid.

Art. 8. Voy. art. 5 de la convention analogue avec les Deux-Siciles.

Art. 9. Voy. art. 4, ibid.

Art. 10. Voy. art. 20 de la convention analogue avec la Toscane.

Art. 11. Voy. art 16, ibid.

Art. 12. Voy. art. 6 de la convention analogue avec les Deux-Siciles.

Art. 13. Voy. art. 17. 18 de la convention analogue avec la Toscane.

ROME.

*Convention avec le Saint-Siége , signée le 10 mars 1842 à
Turin, et à Rome le 17 du même mois , ratifiée par S. M.
Sarde, le 9 avril suivant. Durée quinquennale et ainsi de
suite, si 6 mois avant l'expiration de chaque période il n'y
a pas eu une déclaration contraire de la part de l'un des
deux gouvernements.*

Art. 1. Seront dorénavant arrêtés et consignés les malfaiteurs sujets de l'un des deux souverains , qui se réfugieront dans l'état de l'autre, et prévenus des crimes suivants ·

1. De lése-majesté Divine ou humaine ;

2. D'offenses avec voies de fait , corporelles ou en paroles ou par écrit, contre les magistrats ou juges dans
l'exercice de leurs fonctions;

3. D'homicides de tous genres, excepté les involontaires.

4. De blessures graves , avec danger de mort, ou d'être
estropié ;

5. De stupre , adultère , ou enlèvement violent ;

6. De fabrication et débit frauduleux de fausses monnaies;

7. De falsification d'écritures publiques ou privées , des
sceaux de l'état et de ceux appartenant à une autorité administrative ou judiciaire, d'un dicastère ou d'une institution
publique quelconque , de titres publics du gouvernement ,
de papiers, de billets de banque et autres effets publics, de
déclarations fausses faites sous serment et de production
frauduleuse en justice de telles écritures ou déclarations .

8. Voy. n° 6 de l'art. 1 de la convention analogue, faite
avec la Toscane ;

9· Voy. le même n° 6;

10· De vol sacrilège ou de péculat , lesquels donneront
lieu à l'extradition, quelle que soit la valeur de l'objet volé
ainsi que les vols et déprédations mentionnés aux §§ précédents. Quant à l'abigeat et autres vols qualifiés , l'extradition aura lieu si la valeur de l'objet volé atteint la

somme de 25 écus romains , c'est-à-dire de 135 L.N. de Piémont ;

11· De tout vol non qualifié , pourvu cependant qu'il s'agisse d'une somme au-dessous de 50 écus romains, c'est-à-dire d'environ 271 L. N. de Piémont;

12. De banqueroute frauduleuse, de concussion ou d'une malversation quelconque avec prévarication ;

13· D'escroquerie , quand la valeur de ce qui en forme l'objet, dépasse la somme de 543 L.N. de Piémont environ, c'est-à-dire de 100 écus romain ;

14· De fuite des prisons , accompagnée de violences envers les gardiens;

15· Voy. § 11 de l'art. 1 de la convention analogue faite avec la Toscane;

16· Voy. §13, ibid.

17· Voy. §14, ibid.

18· Voy. §15, ibid.

Art. 2, 3, 4, 5. Voy. ibid. mêmes articles.

Art. 6. Voy. art. 2, 1er alinéa de la convention analogue faite avec les Deux-Siciles.

Art. 7. Voy. art. 6, ibid.

Art. 8. Voy. art. 4, ibid.

Art. 9, 10, 11. Voy. art. 9, 10, 11, de la convention analogue faite avec la Toscane.

Art. 12. Voy. art. 5 de la convention analogue faite avec les Deux-Siciles.

Art. 13. Voy. art. 14 de la convention analogue avec la Toscane.

Art. 14. Voy. art. 2, 2e alinéa de la convention analogue avec les Deux-Siciles.

Art. 15. Voy. art. 16 de la convention analogue avec la Toscane.

Art. 16. Voy. art. 19, ibid.

Art. 17. Voy. art. 20, ibid.

Art. 18. Voy. art. 22, ibid.

SUISSE

Convention faite avec les cantons suisses de Fribourg, Lucerne, Berne, Uri, Schwyz, Unterwalden, le haut et le bas. Glaris, Zug, Soleure, Bâle campagne, Schaffhouse, Argovie, Thurgovie. Tessin et Vaud, le 28 avril 1843, ratifiée par S. M. Sarde le 30 mai suivant. Durée de 10 en 10 ans aux mêmes conditions des précédentes conventions.

Art. 1. Lorsque des sujets sardes ou des ressortissants des susdits cantons mis en accusation, ou condamnés dans leur pays respectif pour l'un des crimes énumérés dans l'article suivant, seront trouvés, les sujets sardes dans les cantons précités et les ressortissants de ces mêmes cantons dans les états de S. M. Sarde, ils seront réciproquement livrés aux autorités respectives de leur pays, sur la demande que l'un des deux gouvernements en adressera à l'autre par voie diplomatique.

Si des individus étrangers aux états de S. M. Sarde et aux cantons sus-nommés, venaient à se réfugier d'un pays dans l'autre, après avoir été mis en accusation ou condamnés pour un des crimes énumérés à l'article 2, leur extradition devra être réciproquement accordée après avoir obtenu l'assentissement du gouvernement du pays auquel ils appartiennent.

Art. 2. § 1. Assassinat, empoisonnement, parricide, infanticide, meurtre, viol ;

2. Incendie ;

3. Faux en écriture authentique ou de commerce et en écriture privée, y compris la contrefaçon des billets de banque et effets publics, ainsi que faux en général en tant qu'ils sont d'après le code pénal, punis de peines afflictives ou infamantes, mais non compris les faux certificats. faux passeports et autres faux qui, d'après le code pénal ne sont point punis de peines afflictives et infamantes ;

4. Fabrication et émission de fausse monnaie,

5. Faux témoignage en tant qu'il est puni, d'après le code pénal de peines afflictives ou infamantes ;

6. Vol, lorsqu'il a été accompagné de circonstances qui lui impriment le caractère de crime, spécialement les vols avec violence ou effraction et les vols de grand chemin;

7. Soustractions commises par les dépositaires publics, mais seulement dans le cas où elles sont punies de peines afflictives ou infamantes ;

8. Banqueroute frauduleuse ;

Art. 3. Les objets volés dans l'un des deux pays et déposés dans l'autre, seront restitués, de part et d'autre, en même temps que s'effectuera la remise des individus accusés de vol.

Il est expressément entendu que l'on ne se bornera pas à la restitution des objets volés ou saisis en la possession de l'individu arrêté, mais qu'on remettra en même temps tous ceux qui pourraient servir à la preuve du délit.

Art. 4. Voy. même art. de la convention analogue faite avec la France.

Art. 5 et 6. Ces deux articles sont relatifs aux individus qui sont susceptibles d'être appelés hors de leur pays pour déposer dans une affaire criminelle (1).

Art. 7. Voy. art. 5 de la convention analogue faite avec la France.

Art. 8. Voy. art. 6 de ladite convention.

Art. 9. Voy. art. 7, ibid.

Art. 10. Voy. art. 8, ibid.

Art. 11. Cet article donne aux cantons qui n'ont pas

---

(1) Il y a aussi une déclaration du 1 et 4 août 1843, faite de la part des Plénipotentiaires Sarde et Suisse, qui détermine l'indemnité à donner aux individus des deux sexes appelés comme témoins. Cette déclaration n'a pas été relatée ici, comme n'étant d'aucun intérêt pour les Consuls.

été compris dans la convention, la faculté d'y accéder
même après sa ratification. Ont accédé les cantons du Valais et de Vaud, les 14 et 17 février 1844.

TOSCANE.

*Traité avec la Toscane du 14 janvier 1836, valable pour
5 ans, et ainsi de 5 en 5 ans, sauf une déclaration contraire de l'une des PP. CC.; ratifié par S. M. Sarde,
le 25 du même mois.*

Art. 1. Seront arrêtés et consignés tous les malfaiteurs
(prévenus ou condamnés, art. 2), sujets de l'un des deux
souverains qui se réfugieront dans l'état de l'autre, coupables des crimes suivants :

1. De lèse-majesté divine et humaine;

2. De fabrication et de débit frauduleux de fausse monnaie;

3. De fuite des prisons, avec des violences envers les gardiens ;

4. De stupre violent;

5. D'homicides de tous genres, excepté les involontaires ;

6. D'incendie frauduleux, de vol sur les grands chemins, d'autres vols violents, d'extortion d'argent, et de toute
autre chose indue, de rachat avec billets et autres moyens
aptes à effrayer ;

7. De falsification d'écritures publiques ou privées de
quelque importance, de sceaux de l'état, de titres de la
dette de l'état et d'autres effets publics, de fausses déclarations, faites sous serment et de production frauduleuse,
desdites écritures ou déclarations ;

8. De banqueroute frauduleuse ;

9. De vol sacrilége, et de péculat, qui donnent lieu à
la consignation de l'objet volé, quel qu'en soit la valeur.

ainsi que les vols et déprédations mentionnés dans les §§
précédents. Quant à l'abigeat et autres vols qualifiés , la
consignation aura lieu si la valeur de l'objet volé monte
à la somme de 250 L. N. de Piémont, ou de 350 L. de Toscane ; à l'égard des autres vols , le coupable sera consigné,
s'il est en récidive , et si la valeur des objets dépasse la
somme de 500 L.N. de Piémont , ou de 600 L. toscanes ;

10. D'escroquerie , quand la valeur de ce qui en a formé
l'objet, dépasse la somme de 500 L.N. de Piémont, c'est-à-
dire 600 L. toscanes;

11. De délivrance violente de quelqu'un de prison, ou des
mains de la force publique ; de résistance quelconque aux
officiers ou agents de la police ou de la justice , aux préposés et à leurs commis à l'encaissement des contributions directes et indirectes , quand elle est accompaguée
d'un coup d'arme à feu , de blessures , ou même de simple lésion , faite avec un instrument contondant , dans le
seul cas cependant , où cette lésion aura rendu le blessé
incapable pendant huit jours, de vaquer à ses occupations;

12. De concussion ou de malversation, quelle qu'elle soit,
avec prévarication;

13. De calomnie par rapport aux crimes sus-énoncés.

14. De complicité dans les crimes susdits avec coopé-
ration;

15. Et même de simple attentat, pourvu que l'acte fût très
près d'être accompli et que l'exécution n'en ait été empêchée
que par suite de circontances indépendantes de la volonté
du délinquant

Art. 2. Sera arrêté et consigné tout coupable de quelqu'un des crimes susdits , non seulement quand il sera
déjà condamné, mais même s'il n'en est que simplement
prévenu , à l'exception du calomniateur dont on devra
faire précéder la condamnation.

Art. 3. Cet article dit que les condamnés ou prévenus doivent être réclamés par la voie diplomatique, et il ajoute que

quand les deux gouvernements ne se concerteront pas pour les expédier par la voie de mer, on les enverra à la frontière.

Art. 4. L'extradition n'aura pas lieu si le coupable est sujet du souverain de l'état requis, ou y domicilié en permanence depuis 10 ans.

Art. 5. Si le coupable était sujet de l'un des deux souverains contractants, et domicilié dans le territoire de l'autre, il devrait être consigné à la force publique de l'État dans lequel il aurait commis le délit.

Art. 6, 7, 8. Voy. art. 2, 1er alinéa et art. 6 et 4 de la convention analogue avec les Deux-Siciles.

Art. 9. Si on demandait l'extradition de quelqu'un qui aurait précédemment commis un crime dans l'état requis, celui-ci aurait la faculté de lui faire subir la peine méritée avant de le consigner, ou bien de remettre avec le coupable les actes du procès, afin que ceux-ci pussent servir de règle aux tribunaux de l'état requérant, pour augmenter la peine en proportion. La même chose aura lieu à l'égard d'un individu prévenu de délits commis dans l'état requis, si ces délits sont égaux ou plus graves que celui commis dans l'état requérant ; dans le cas contraire, on en accordera l'extradition.

Art. 10. Cet article concerne les actes qui auront été faits dans l'état où l'arrestation aura lieu, et la remise desdits actes, des armes, de l'argent et de toute chose y relative, à l'état requérant.

Art. 11. Cet article concerne la restitution des objets volés.

Art. 12. Quant à l'arrestation des malfaiteurs, les autorités judiciaires compétentes et même les officiers de police des deux états, pourront se mettre d'accord entre eux et y donner cours, avec l'obligation d'en avertir le gouvernement dont ils dépendent, afin qu'on puisse demander et accorder l'extradition du prévenu s'il y a lieu.

Art. 13. Voy. art. 5 de la convention avec les Deux-Siciles.

Art. 14. Si pour la formation du procès, un des deux états avait besoin de la déposition de témoins demeurant dans l'autre état , elle devrait être demandée, moyennant des lettres *rogatoires*.

Art. 15. Voy. art. 2 , 2ᵉ alinéa de la convention susdite.

Art. 16. Suivant cet article , les receleurs des criminels sont punis selon les lois du lieu de leur domicile.

Art. 17, 18. Ces articles sont relatifs à la conduite que les autorités de police doivent tenir vis-à-vis des vagabonds, et à l'expulsion de ces derniers , du territoire des deux états.

L'art. 19 concerne la conduite à tenir par les autorités judiciaires, dans la poursuite d'individus mentionnés dans la présente convention.

L'art 20 met à la charge du gouvernement requérant , les frais d'entretien et d'extradition des coupables et des objets relatifs aux procès.

L'art. 21. Défend à la force publique de dépasser les frontières dans la poursuite des délinquants.

HYPOTHÈQUES. *Voy. Jugements.*

Jugements. — Judicatum Solvi. Actes Judiciaires.

AUTRICHE.

Déclaration échangée les 11 et 22 novembre 1841 , entre les gouvernements sarde et autrichien, pour régler le mode à suivre dans la signification des actes judiciaires d'un État dans l'autre.

Art. 1. Pour les significations des actes judiciaires qui devraient avoir lieu dans l'autre état, on transmettra, par la voie diplomatique, une copie desdits actes faite sur papier muni du sceau de l'Etat qui l'expédie.

Art. 2. Le gouvernement requis aura soin de faire signifier avec toute la sollicitude possible ladite copie aux personnes qui y ont intérêt et de faire parvenir, aussi par la voie diplomatique, au gouvernement requérant, un certificat constatant que l'acte a été signifié, le tout sans frais.

Dans le cas de quelque empêchement à l'exécution de la formalité susdite, on en donnera desuite avis en restituant l'acte qui devait être signifié.

Art. 3. Par la présente convention, rien n'est changé quant aux règles observées jusqu'ici relativement à l'exécution des jugements (1).

FRANCE.

Traité du 24 mars 1760, ratifié par S. M. Sarde, le 13 juillet de la même année.

Art. 22. Pour étendre la réciprocité qui doit former le nœud de cette correspondance aux matières contractuelles et judiciaires, il est encore convenu :

Premièrement, que de la même manière que les hypothèques établies en France par actes publics, ou judiciaires, sont admises dans les tribunaux de Sa Majesté le Roi de Sardaigne, l'on aura aussi pareil égard dans les tri-

(1) Le recueil des traités publics de la maison de Savoie ne contient aucune convention relative à l'exécution des jugements dans les deux Etats d'Autriche et de Sardaigne; n'ayant plus le temps de m'assurer si une convention existe, je crois combler en partie cette lacune en indiquant les lois en vigueur dans les deux pays par rapport à cet objet. Pour l'Autriche, ce sont les décrets impériaux du 18 mai 1792, du 18 janvier 1799, du 15 février 1805, du 11 juillet 1817, du 1er mai 1849, du 18 mai 1832 ; pour la Sardaigne, v. le § 12, livre 5, titre 22, chap. 4, des RR. Constitutions de 1770, l'art. 16 de l'Edit sur les hypothèques du 16 juillet 1822, et l'art. 2181 du Code Civil.

bunaux de France pour les hypothèques qui seront consti-
tuées à l'avenir soit par contracts publics, soit par ordonnances ou jugements dans les états de Sa Majesté le Roi de
Sardaigne.

En second lieu, que pour favoriser l'exécution réciproque
des décrets et jugements, les cours suprêmes déféreront de
part et d'autre à la forme du droit, aux réquisitoires qui
leur seront adressées à ces fins, même sous le nom desdites
cours.

Enfin, que pour être admis en jugement, les sujets res
pectifs ne seront tenus de part et d'autre, qu'aux mêmes
cautions et formalités qui s'exigent de ceux du propre ressort, suivant l'usage de chaque tribunal.

MODÈNE.

*Convention du 18 janvier 1817, ratifiée par S. M. Sarde,
le 22 des mêmes mois et année.*

Art. 4. Les actes publics ou sentences portant hypothèque
dans l'un des deux Etats, porteront aussi hypothèque sur les
biens immeubles ou considérés comme tels, appartenant
au débiteur dans l'autre Etat, suivant que lesdits biens en
seront susceptibles d'après les lois de l'Etat dans lequel ils
sont situés, et il ne sera rien dérogé aux règles et aux
usages judiciaires en vigueur pour la conservation et la
réalisation des hypothèques; de sorte que cet article a pour
effet que l'acte ou le jugement qui doit être exécuté, quoique émané dans l'autre Etat, possède la même force,
pour les actions réelles ou possessoires, que s'il avait été
émané dans le pays où les biens sont situés.

Art. 5. Pour faciliter l'exécution des sentences et des
ordonnances de la justice, il est convenu qu'elle pourra
être accordée dans les cas et suivant les usages de droit sur
de simples lettres rogatoires, passées entre les tribunaux
supérieurs respectifs.

Art. 6. Il est convenu que la caution *judicatum solvi* est aboli et que les sujets respectifs des deux états seront traités devant les tribunaux de l'autre comme les indigènes.

PARME ET PLAISANCE.

Traité du 3 juillet 1817 , ratifié par S. M. Sarde, le 8 des mêmes mois et année.

Ce traité contient les mêmes dispositions que le précédent.

TOSCANE.

Traité du 5 janvier 1818 , ratifié par S. M. Sarde , le 17 des mêmes mois et année.

Ce traité contient aux art. 3 , 4 et 5 , les mêmes dispositions que la convention ci-dessus , avec le duché de Modène, aux art. 4 , 5 et 6.

MALFAITEURS. *Voyez Extradition.*
NAVIGATION. *Voyez Commerce.*
NOIRS. *Voyez Traite.*
PAIX. *Voyez Commerce.*

Propriété littéraire.

AUTRICHE.

Convention du 22 mai 1840, ratifiée par S. M. Sarde, le 30 du même mois.

Art. 1. Les ouvrages et les productions du talent ou de l'art, publiés dans les états respectifs, constituent une propriété qui appartient aux auteurs pour en jouir et en disposer pendant toute leur vie. Eux seuls ou leurs ayant-cause ont le droit d'en autoriser la publication.

Art. 2. Les œuvres dramatiques sont aussi une propriété de l'auteur et sont, par conséquent , quant à la publication et a la réproduction, comprises dans les dispositions de l'article précédent. Elles ne peuvent être représentées qu'avec le consentement de l'auteur ou de ses ayant-droit sans préjudice des réglements établis ou à établir dans les deux états pour la représentation publique desdites pièces.

Les traductions faites dans l'un des deux états respectifs, de manuscrits ou d'œuvres publiées en des langues étrangères hors des territoires desdits états, sont considérées comme des productions originales, comprises dans les dispositions de l'art. 1. Sont aussi comprises dans les dispositions du même article les traductions faites dans l'un des états respectifs, d'œuvres publiées dans l'autre. Est excepté le cas où l'auteur, sujet de l'un des deux souverains contractants, en publiant son ouvrage, annonce la volonté de publier lui-même une traduction dans lesdits états et pourvu que cela s'effectue dans le délai de 6 mois; en ce cas, il conserve aussi pour la traduction tous ses droits d'auteur.

Art. 4. Nonobstant les dispositions de l'art. 1, pourront être librement reproduits dans les journaux et ouvrages périodiques, les articles d'autres journaux ou autres ouvrages périodiques, pourvu que ces réproductions ne dépassent pas trois feuilles d'impression de la première publication et qu'on en indique la source.

Art. 5. Les éditeurs d'œuvres anonymes ou pseudonymes en sont considérés comme les auteurs, jusqu'à ce que ceux-ci ou leurs ayant-cause aient fait constater leurs droits.

Art. 6. Toute contrefaçon d'œuvres, productions et compositions musicales et théâtrales, mentionnées dans les art. 1, 2 et 3, est défendue dans les deux états.

Art. 7. La contrefaçon est l'action par laquelle on reproduit par des moyens mécaniques un ouvrage en tout ou en partie, sans le consentement de l'auteur ou de ses ayant-droit.

Art. 8. Il y a contrefaçon dans le sens de l'article précédent, non seulement lorsqu'il y a une ressemblance parfaite entre l'ouvrage original et l'ouvrage reproduit, mais aussi lorsque sous un même titre ou sous un titre différent, il y a identité d'objet dans les deux ouvrages et qu'il s'y trouve le même ordre d'idées et la même distribution des parties. L'ouvrage postérieur est, en ce cas, considéré comme contrefaçon, lors même qu'il aurait été considérablement diminué ou augmenté.

Art. 9. Les réductions pour différents instruments, les extraits et les arrangements de compositions musicales qui pourront être considérés comme productions du talent, ne seront pas assimilés à la contrefaçon.

Art. 10. En ce qui concerne la contrefaçon, chaque article d'un ouvrage encyclopédique ou périodique, excédant trois feuilles d'impression, est considéré comme un ouvrage séparé.

Art. 11. L'auteur d'un ouvrage littéraire ou scientifique, a le droit d'empêcher l'usurpation du titre qu'il a choisi, lorsqu'elle peut induire le public en erreur sur l'identité apparente de l'ouvrage ; mais, en ce cas, il n'y a pas contrefaçon et l'auteur n'a droit qu'à une simple indemnité proportionnée au dommage souffert. Cependant les titres généraux, comme *dictionnaire*, *vocabulaire*, *traité*, *commentaire*, et la division d'un ouvrage par ordre alphabétique ne donnent aux auteurs qui s'en sont servi, aucun droit d'empêcher que d'autres auteurs traitent le même sujet sous le même titre ou avec la même méthode de division.

Art. 12. Les gravures, les lithographies, les médailles, les ouvrages et les modèles de plastique jouissent du privilége accordé aux ouvrages d'art, en conformité de l'article premier. La contrefaçon de ces objets est par conséquent défendue ; mais, en ce cas, il n'y a pas contrefaçon, si ce n'est lorsque la reproduction a lieu par le même moyen mécanique dont on s'est servi pour l'original et en conservant les mêmes dimensions. Les peintures, les sculptures, les dessins sont également compris dans les dispositions de l'art. 1 ; mais les copies qu'on en ferait à la main sans fraude et sans opposition de la part du possesseur, ne constituent pas une contrefaçon, à moins que le copiste n'ait cherché frauduleusement à induire le public en erreur sur l'identité de la copie avec l'original.

Art. 13. Les auteurs de dessins, peintures, sculptures ou autres ouvrages d'art, ceux qui les représentent, ou leurs ayant-droit, peuvent céder la faculté exclusive de reproduire leurs œuvres par la gravure, le moule, ou tout autre moyen mécanique, sans en perdre la propriété, sauf les dispositions de l'article précédent. Mais l'original étant vendu, le droit d'en autoriser la reproduction passe à l'acquéreur pour en jouir pendant tout le temps, pour lequel l'auteur et ses héritiers auraient pu en jouir, sauf qu'on ait autrement stipulé.

Art. 14. La présente convention ne fera pas obstacle à la libre reproduction dans les états respectifs, d'ouvrages qui auraient déjà été publiés dans l'un d'eux avant que ladite convention fût mise en vigueur, pourvu que la reproduction ait commencé et ait été légalement autorisée avant cette époque.

Si, cependant, on avait publié une partie d'un ouvrage avant que cette convention fût mise à exécution, et une partie après, la réproduction de la dernière partie ne serait permise qu'avec le consentement de l'auteur ou de ses ayant-droit, pourvu qu'*en cas de refus* (1) ils fussent disposés à vendre aux souscripteurs la continuation de l'ouvrage sans les obliger à acheter les volumes dont ils seraient déjà possesseurs.

(1) Voy. déclarations du 3 juin 1840, par lesquelles les mots soulignés ont été ajoutés pour plus de clarté.

Art. 15. Les personnes, au préjudice desquelles la contrefaçon a eu lieu, ont droit à être indemnisées des dommages soufferts.

Art. 16. Outre les peines prononcées par les lois des deux états contre les contrefacteurs, on ordonnera la saisie et la destruction des exemplaires et des objets contrefaits, ainsi que des moules, estampes, papiers, pierres et autres objets dont on s'est servi pour la contrefaçon ; néanmoins la partie lésée pourra demander que lesdits objets lui soit adjugés en totalité, ou en partie, en déduction de l'indemnité qui lui est due.

Art. 17. La vente d'ouvrages ou d'autres objets contrefaits est absolument défendue dans les deux états, sous les peines portées par l'article précédent, lequel sera aussi applicable au cas où les contrefaçons auront été préparées à l'étranger.

Art. 18. Le droit des auteurs et de leurs ayant-droit passe aux héritiers légitimes et testamentaires suivant les lois des deux états respectifs. Ce droit ne peut toutefois être en aucun cas dévolu au fisc et il est reconnu et protégé dans les deux états pendant trente ans après la mort de l'auteur.

Art. 19. Pour les œuvres posthumes, le délai accordé ci-dessus est porté à 40 ans à compter du jour de leur publication.

Art. 20. Ce délai est porté à 50 ans, à compter du jour de la publication pour les œuvres publiées par des corps savants ou par des sociétés littéraires.

Art. 21. Pour les ouvrages composés de plusieurs volumes et pour ceux qu'on publie par livraisons, les trois périodes fixées par les trois articles précédents, ne commencent à courir pour tout l'ouvrage, qu'à partir de la publication du dernier volume ou de la dernière livraison, à la condition qu'on n'emploie pas plus de trois ans entre l'une et l'autre publication. A l'égard des collections ou recueils d'ouvrages ou de mémoires distincts les uns des autres, les termes cités ci-dessus ne courront qu'à partir de la publication de chaque volume, sauf ce qui est établi par la première partie du présent article, pour le cas où l'ouvrage ou le mémoire, faisant partie de la collection, serait divisé en plusieurs volumes.

Art. 22. Pour les ouvrages que l'auteur aura commencés et que les héritiers auront fini de publier, le terme sera de 40 ans comme pour les œuvres posthumes.

Art. 23. Si l'auteur est mort avant que le terme de la cession qu'il aurait faite de ses droits, soit échu, ses héritiers entreront, ce terme fini, en jouissance de leurs droits pour tout l'espace de temps utile qui reste, suivant les règles établies dans les articles précédents.

Art. 24. A l'échéance des termes fixés par les articles 18, 19, 20, 21 et 22, ces ouvrages et les productions du talent tomberont dans le domaine public.

Les actes émanés des deux gouvernements et les ouvrages publiés par eux directement ou d'après leur ordre, s'il en résulte ainsi par les ouvrages eux-mêmes, continueront à être régis par les dispositions qui sont en vigueur à cet égard dans les deux états.

Art. 25...

Art. 26...

Art. 27...

Art. 28. Durée de la présente convention, quatre ans avec faculté d'en faire cesser les effets après ce terme en avertissant six mois d'avance.

FRANCE.

Convention pour la garantie de la propriété littéraire et artistique, du 28 août 1843.

Art. 1. Le droit de propriété des auteurs ou de leurs ayant-cause sur les ouvrages d'esprit ou d'art, comprenant les publications d'écrits, de composition musicale, de dessin, de peinture, de gravure, de sculpture ou d'autres productions analogues en tout ou en partie, tel que ce droit est réglé et déterminé par les législations respectives, s'exercera simultanément sur le territoire des deux états, de telle sorte que la reproduction ou la contrefaçon dans l'un des deux états, d'ouvrages publiés dans l'autre état, soit assimilée à celle des ouvrages qui auraient été originairement publiés dans l'état même.

Art. 2. La traduction faite dans l'un des deux états d'un ouvrage publié dans l'autre état est assimilée à sa reproduction et comprise dans les dispositions de l'article premier, pourvu que l'auteur, sujet de l'un des deux Souverains contractants, en faisant paraître un ouvrage, ait notifié au public qu'il entend le traduire lui-même, et que sa traduction ait été publiée dans le délai d'un an à partir de la publication du texte original.

Art. 3. Sont également comprises dans les dispositions de l'article premier et assimilées aux productions originales, en ce qui concerne leur reproduction dans la même langue, les traductions, faites dans l'un des deux états, d'ouvrages publiés hors du territoire des deux états.

Toutefois ne sont pas comprises dans lesdites dispositions les traductions faites dans une langue qui ne serait pas celle de l'un des deux états.

Art. 4. Les dispositions des articles 1 et 2 sont applicables à la représentation des pièces de théâtre, sur lesquelles les auteurs, ou leurs ayant-cause, percevront les droits déterminés par la législation du pays où elles seront représentées.

Art. 5. Nonobstant les dispositions des articles 1 et 2, les articles extraits des journaux ou écrits périodiques, publiés dans l'un des deux états, pourront être reproduits dans les journaux ou écrits périodiques de l'autre état pourvu que l'origine en soit indiquée.

Art. 6. L'introduction et la vente dans chacun des deux états d'ouvrages ou d'objets de contrefaçon définis par les articles 1, 2 et 3 ci-dessus, sont prohibées, lors même que les contrefaçons auraient été faites dans un pays étranger.

Art. 7. En cas de contravention aux dispositions des articles précédents, la saisie des contrefaçons sera opérée, et les tribunaux appliqueront les peines déterminées par les législations respectives de la même manière que si le délit avait été commis au préjudice d'un ouvrage ou d'une production d'origine nationale.

Les caractères qui constituent la contrefaçon seront déterminés par les tribunaux de l'un et de l'autre état d'après la législation en vigueur dans chacun des deux états.

Art. 8. Pour faciliter l'exécution de la présente convention, les gouvernements contractants se communiqueront réciproquement les lois et les réglements spéciaux que chacun d'eux pourra adopter relativement à la propiété des ouvrages ou productions définis par les articles 1, 2, 3 et 4 ci-dessus.

Art. 9. Les dispositions de la présente convention ne pourront porter préjudice en quoi que ce soit au droit que se réserve expressément chacun des deux états de permettre, surveiller ou interdire, par des mesures de législation ou de police intérieure, la circulation, la représentation ou l'expositon de tels ouvrages ou productions sur lesquels il jugera convenable de l'exercer.

Art. 10. La présente convention aura force et vigueur pendant six années à dater du jour dont les HH. PP. CC. conviendront pour son exécution simultanée, dès que la promulgation en sera faite d'après les lois particulières à chacun des deux états. Si à l'expiration des six années elle n'est pas dénoncée six mois à l'avance, elle continuera à être obligatoire d'année en année jusqu'à ce que l'une des PP. CC. ait annoncé à l'autre, mais un an à l'avance, son intention d'en faire cesser les effets.

Convention supplémentaire à la précédente, à la date du 22 avril 1846.

Art. 1. Les auteurs d'ouvrages d'esprit ou d'art ou leurs ayant-cause qui auront accompli les formalités prescrites par les lois en vigueur dans celui des deux états où leurs ouvrages auront été publiés, seront admis à jouir dans l'autre état de la propriété assurée par la convention du 28 août 1843, à la charge seulement de faire constater, au besoin, par un certificat régulier, qu'ils ont accompli lesdites formalités.

En ce qui concerne la durée du droit de propriété, les HH. PP. CC. déclarent qu'elle sera respectivement pour les auteurs, de leur vie entière, et pour les héritiers de 20 années qui commenceront à partir du décès des auteurs.

Art. 2. Afin de pouvoir constater d'une manière précise dans les deux états le jour de la publication d'un ouvrage, on se réglera sur la date du dépôt qui en aura été opéré dans l'établissement public désigné à cet effet. Si l'auteur entend réserver son droit de traduction, il en fera la déclaration en tête de son ouvrage et mentionnera à la suite de cette déclaration la date du dépôt.

A l'égard des ouvrages qui se publient par livraisons, il suffira que cette déclaration de l'auteur soit faite dans la première livraison : toutefois le terme fixé pour l'exercice de ce droit ne commencera à courir qu'à dater de la dernière livraison, pourvu d'ailleurs qu'entre les deux publications il ne s'écoule pas plus de trois ans.

Relativement auxdits ouvrages publiés par livraisons, l'indication de la date du dépôt devra être apposée sur la dernière livraison, à partir de laquelle commence le délai fixé pour l'exercice du droit de traduction.

Art. 3. L'art. 5 de la convention du 28 août 1843 est modifié en ce sens, qu'on ne pourra pas reproduire dans les deux états les articles de journaux dont les auteurs auront déclaré, dans le journal même où ils les auront déposés, qu'ils en interdisent la reproduction.

Art. 4. La présente convention ne pourra faire obstacle à la libre continuation de la vente, publication ou introduction dans les états respectifs des ouvrages qui auraient déjà été publiés ou introduits en tout ou en partie dans l'un des deux avant la mise en vigueur de ladite convention, pourvu qu'on ne puisse faire postérieurement aucune autre publication des mêmes ouvrages, ni introduire de l'étranger des exemplaires autres que ceux destinés à compléter les expéditions ou souscriptions précédemment commencées.

LUCQUES.

Acte d'adhésion en date des 6 et 16 novembre 1840 à la convention passée avec l'Autriche, le 22 mai de la même année.

MODÈNE.

Acte d'adhésion en date des 27 octobre et 18 novembre 1840, à la convention susdite.

PARME ET PLAISANCE.

Acte d'adhésion en date des 25 et 27 novembre 1840 à la convention passée avec l'Autriche.

ROME.

Acte d'adhésion en date des 16 novembre et 3 décembre 1840 à la convention susdite.

TOSCANE.

Convention du 31 octobre 1840, contenant l'adhésion à la convention passée le 22 mai de la même année avec l'Autriche.

RELACHE, *Voy. Commerce.*

Traite.

CONVENTION

Signée à Turin, le 8 août 1834, par laquelle S. M. a accédé aux conventions conclues entre la France et la Grande-Bretagne, le 30 novembre 1831 et le 22 mars 1833 relatives à la répression de la traite des noirs.

S. M. le Roi des Français, et S. M. le Roi du Royaume-Uni de la Grande-Bretagne et d'Irlande, ayant conclu le 30 novembre 1831, et le 22 mars 1833, deux conventions destinées à assurer la répression complète de la traite des noirs ;

Les hautes parties contractantes, conformément à l'art. 9 de la première de ces conventions, qui porte que les autres puissances maritimes seront invitées à y accéder, ont adressé cette invitation à S. M. le Roi de Sardaigne.

Art. 1. S. M. le Roi de Sardaigne accède aux conventions conclues et signées le 30 novembre 1831, et le 22 mars 1833, entre S. M. le Roi des Français, et S. M. le Roi du Royaume-Uni de la Grande-Bretagne et d'Irlande, relativement à la répression de la traite des noirs, ainsi qu'à leurs annexes, sous les réserves et modifications exprimées dans les articles 2, 3 et 4 ci-après, qui seront considérés comme additionnels auxdites conventions et à leurs annexes, et sauf les différences qui résultent nécessairement de la situation de S. M. Sarde comme partie accédente aux conventions en question ; après leur conclusion, S. M. le Roi des Français, ainsi que S. M. le Roi du Royaume-Uni d'Angleterre et d'Irlande ayant accepté ladite accession, tous les articles de ces deux conventions et toutes les dispositions de leurs annexes seront en conséquence censés avoir été conclus et signés de même que la présente convention directement entre S. M. le Roi des Français, S. M. le Roi du Royaume-Uni de la Grande-Bretagne et d'Irlande et S. M. le Roi de Sardaigne.

Leurs dites Majestés s'engagent et promettent réciproquement d'exécuter fidélement, sauf les réserves et modifications stipulées par la présente, toutes les clauses, conditions et obligations qui en résultent, et pour éviter toute incertitude, il a été convenu que les susdites conventions, ainsi que leurs annexes seront insérés ici mot à mot ainsi qu'il suit :

CONVENTION

Entre la France et la Grande-Bretagne, du 30
novembre 1831.

Art. 1. Le droit de visite réciproque pourra être exercé à bord des navires de l'une et de l'autre nation, mais seulement dans les parages ci-après indiqués ; savoir :

1· Le long de la côte occidentale de l'Afrique, depuis le cap Vert, jusqu'à la distance de 10 degrés au sud de l'Equateur, c'est-à-dire, du 10e degré de latitude méridionale au 15e degré de latitude septentrionale, et jusqu'au 30e degré de longitude occidentale, à partir du. méridien de Paris.

2° Tout autour de l'île de Madagascar dans un zône d'environ 20 lieues de largeur.

3° A la même distance des côtes de l'île de Cuba.

4° A la même distance des côtes de l'île de Porto-Ricco.

5° A la même distance des côtes du Brésil.

Toutefois, il est entendu qu'un bâtiment suspect, aperçu et poursuivi par les croiseurs en dedans dudit cercle de 20 lieues, pourra être visité par eux en dehors même de ces limites, si, ne l'ayant jamais perdu de vue, ceux-ci ne parviennent à l'atteindre qu'à une plus grande distance de la côte.

Art. 2. Le droit de visiter les navires de commerce de l'une et de l'autre nation, dans les parages ci-dessus indiqués. ne pourra être exercé que par des bâtiments de guerre dont les commandants auront le grade de capitaine. ou au moins, celui de lieutenant de vaisseau.

Art. 3. Le nombre des bâtiments à investir de ce droit sera fixé chaque année, par une convention spéciale ; il pourra n'être pas le même pour l'une et l'autre nation ; mais, dans aucun cas, le nombre des croiseurs de l'une ne devra être de plus du double de celui des croiseurs de l'autre.

Art. 4. Les noms des bâtiments et ceux de leurs commandants seront communiqués par chacun des gouvernements contractants à l'autre, et il sera donné réciproquement avis de toutes les mutations qui pourront survenir parmi les croiseurs.

Art. 5. Des instructions seront rédigées et arrêtées en commun par les deux gouvernements pour les croiseurs de l'une et de l'autre nation, qui devront se prêter une mutuelle assistance dans toutes les circonstances où il pourra être utile qu'ils agissent de concert.

Les bâtiments de guerre, réciproquement autorisés à exercer la visite, seront munis d'une autorisation spéciale de chacun des deux gouvernements.

Art. 6. Toutes les fois qu'un des croiseurs aura poursuivi et atteindra comme suspect un navire de commerce. le commandant, avant de procéder à la visite, devra montrer au capitaine les ordres spéciaux qui lui confèrent le droit exceptionnel de le visiter; et lorsqu'il aura reconnu que les expéditions sont régulières et les opérations licites, il fera constater sur le journal du bord que la visite n'a eu lieu qu'en vertu desdits ordres ; ces formalités étant remplies, le navire sera libre de continuer sa route

Art. 7. Les navires capturés pour s'être livrés à la traite ou comme soupçonnés d'être armés pour cet infame trafic, seront, ainsi que leurs équipages, remis sans délai, à la juridiction de la nation à laquelle ils appartiendront.

Il est d'ailleurs bien entendu qu'ils seront jugés d'après les lois en vigueur dans leurs pays respectifs.

Art. 8. Dans aucun cas, le droit de visite réciproque ne pourra s'exercer à bord des bâtiments de guerre de l'une ou de l'autre nation.

Les deux gouvernements conviendront d'un signal spécial dont les seuls croiseurs, investis de ce droit, devront être pourvus et dont il ne sera donné connaissance à aucun autre bâtiment étranger à la croisière.

CONVENTION SUPPLÉMENTAIRE

Entre la France et la Grande-Bretagne du 22 mars 1833.

Art. 1. Toutes les fois qu'un bâtiment de commerce naviguant sous le pavillon de l'une des deux nations aura été arrêté par les croiseurs de l'autre [dûment autorisés à cet effet, conformément aux dispositions de la convention du 30 novembre 1831, ce bâtiment, ainsi que le capitaine et l'équipage, la cargaison et les esclaves qui pourront se trouver à bord, seront conduits dans tel port [que les deux parties contractantes auront respectivement désigné pour qu'il y soit procédé à leur égard suivant les lois de chaque état, et la remise en sera faite aux autorités préposées dans ce but par les gouvernements respectifs.

Lorsque le commandant du croiseur ne croira pas devoir se charger lui-même de la conduite et de la remise du navire arrêté, il ne pourra en confier le soin à un officier d'un rang inférieur à celui de lieutenant dans la marine militaire.

Art. 2. Les croiseurs des deux nations, autorisés à exercer le droit de visite et d'arrestation en exécution de la convention du 30 nov. 1831, se conformeront exactement en ce qui concerne les formalités de la visite et de l'arrestation, ainsi que les mesures à prendre pour la remise à la juridiction respective des bâtiments soupçonnés de se livrer à la traite, aux instructions jointes à la présente convention et qui seront censées en faire partie intégrante.

Les deux hautes parties contractantes se réservent d'apporter à ces instructions d'un commun accord, les modifications que les circonstances pourraient rendre nécessaires.

Art. 3. Il demeure expressément entendu que si le commandant d'un croiseur d'une des deux nations avait lieu de soupçonner qu'un navire marchand, naviguant sous le convoi ou en compagnie d'un bâtiment de guerre de l'autre nation, s'est livré à la traite, ou a été armé pour ce trafic, il devra communiquer ses soupçons au commandant du convoi ou du bâtiment de guerre, lequel procédera seul à la visite du navire suspect, et, dans le cas ou celui-ci reconnaitrait que les soupçons sont fondés, il ferait conduire le navire, ainsi que le capitaine et l'équipage, la cargaison et les esclaves qui pourraient se trouver à bord, dans un port de sa nation, à l'effet d'être procédé à leur égard conformément aux lois respectives.

Art. 4. Dès qu'un bâtiment de commerce arrêté et renvoyé pardevant les tribunaux, ainsi qu'il a été dit ci-dessus, arrivera dans l'un des ports respectivement désignés, le commandant du croiseur qui en aura opéré l'arrestation, ou l'officier chargé de sa conduite, remettra aux autorités préposées à cet effet, une expédition signée par lui de tous les inventaires, procès-verbaux et autres documents spécifiés dans les instructions jointes à la présente convention ; et lesdites autorités procéderont en conséquence à la visite du bâtiment arrêté et de sa cargaison, ainsi qu'à l'inspection de son équipage et des esclaves qui pourront se trouver à bord, après avoir préalablement donné avis du moment de cette visite et de cette inspection au commandant du croiseur, ou à l'officier qui aura amené le navire, afin qu'il puisse y assister, où s'y faire représenter.

Il sera dressé de ces opérations un procès-verbal en double original, qui devra être signé par les personnes qui y auront procédé ou assisté, et l'un de ces originaux sera délivré au commandant du croiseur ou à l'officier qui aura été chargé de la conduite du bâtiment arrêté.

Art. 5. Il sera procédé immédiatement devant les tribunaux compétents des états respectifs, et suivant les formes établies, contre les navires, ainsi qu'il est dit ci-dessus, leurs capitaines, équipages et cargaisons, et s'il résulte de la procédure que lesdits bâtiments ont été employés à la traite des noirs ou qu'ils ont été armés dans le but de faire ce trafic, il sera statué sur le sort du capitaine, de l'équipage et de leurs complices, ainsi que sur la destination du bâtiment et de sa cargaison, conformément à la législation respective des deux pays.

En cas de confiscation, une portion du produit net de la vente desdits navires et de leurs cargaisons sera mise à la disposition du gouvernement du pays auquel appartiendra le bâtiment capteur, pour être distribuée par ses soins entre les états-majors et équipages de ce bâtiment ; cette portion, aussi longtemps que la base indiquée ci-après, pourra se concilier avec la législation des deux états, sera du 65 pour cent du produit net de la vente.

Art. 6. Tout bâtiment de commerce des deux nations, visité et arrêté en vertu de la convention du 30 novembre 1831, et des dispositions ci-dessus, sera présumé, de plein droit, à moins de preuves contraires, s'être livré à la traite des noirs, ou avoir été armé pour ce trafic, si dans l'installation, dans l'armement ou à bord dudit navire il s'est trouvé l'un des objets ci-après spécifiés, savoir : 1° Des écoutilles en treillis et non en planches entières, comme le portent ordinairement les **bâtiments** de commerce;

2° Un plus grand nombre de compartiments dans l'entrepont ou sur le tillac qu'il n'est d'usage pour les bâtiments de commerce,

3° Des planches en réserve actuellement disposées pour cet objet ou propres à établir de suite un double pont, ou un pont volant, ou un pont dit *à esclaves*;

4° Des chaînes, des colliers de fer, des menottes ;

5° Une plus grande provision d'eau que n'exigent les besoins de l'équipage d'un bâtiment marchand;

6° Une quantité superflue de barriques à eau ou autres tonneaux propres à contenir de l'eau, à moins que le capitaine ne produise un certificat de la douane du lieu de départ, constatant que les armateurs ont donné des garanties suffisantes pour que ces barriques, ou tonneaux soient uniquement remplis d'huile de palme, ou employés à tout autre commerce licite;

7° Un plus grand nombre de gamelles ou de bidons que l'usage de l'équipage d'un bâtiment marchand n'en exige

8° Deux ou plusieurs chaudières en cuivre, ou même une seule évidemment plus grande que ne l'exigent les besoins de l'équipage d'un bâtiment marchand;

9° Enfin, une quantité de riz, farine de manioc du Brésil, ou de *cassade*, de maïs, ou de blé des Indes, au delà des besoins probables de l'équipage et qui ne serait pas portée sur le manifeste comme faisant partie du chargement commercial du navire.

Art. 7. Il ne sera, dans aucun cas, accordé de dédommagement soit au capitaine, soit à l'armateur, soit à tout autre personne intéressée dans l'armement ou dans le chargement d'un bâtiment de commerce qui aura été trouvé muni d'un des objets spécifiés dans l'article précédent, alors même que les tribunaux viendraient à ne prononcer aucune condamnation en conséquence de son arrestation.

Art. 8. Lorsqu'un bâtiment de commerce de l'une ou de l'autre des deux nations, aura été visité et arrêté indûment ou sans motif suffisant de suspicion, ou lorsque la visite et l'arrestation auront été accompagnées d'abus ou vexations, le commandant du croiseur ou l'officier qui aura abordé ledit navire, ou enfin celui à qui la conduite en aura été confiée, sera, suivant les circonstances, passible de dommages et intérêts envers le capitaine, l'armateur et les chargeurs.

Ces dommages et intérêts pourront être prononcés par le tribunal devant lequel aura été instruite la procédure contre le navire arrêté, son capitaine, son équipage et sa cargaison, et le gouvernement du pays auquel appartiendra l'officier qui aura donné lieu à cette condamnation, paiera le montant desdits dommages et intérêts dans le délai d'un an, à partir du jour du jugement.

Art. 9. Lorsque dans la visite ou l'arrestation d'un bâtiment de commerce opérée en vertu des dispositions de la convention du 30 novembre 1831, ou de la présente convention, il aura été commis quelque abus ou vexation, mais que le navire n'aura pas été livré à la juridiction de sa nation, le capitaine devra faire la déclaration sous serment des abus ou vexations dont il aura à se plaindre, ainsi que des dommages et intérêts auxquels il prétendra, devant les autorités compétentes du premier port de son pays où il arrivera, ou devant l'agent consulaire de sa nation, si le navire aborde dans un port étranger où il existe un tel officier.

Cette déclaration devra être vérifiée au moyen de l'interrogatoire sous serment des principaux hommes de l'équipage ou passagers qui auront été témoins de la visite ou de l'arrestation, et il sera dressé du tout un procès-verbal dont deux expéditions seront remises au capitaine qui devra en faire parvenir une à son gouvernement, à l'appui de la demande en dommages et intérêts qu'il croira devoir former. Il est entendu que si un cas de force majeure empêche le capitaine de faire sa déclaration, celle-ci pourra être faite par l'armateur ou par toute autre personne intéressée dans l'armement ou dans le chargement du navire.

Sur la transmission officielle d'une expédition du procès-verbal ci-dessus mentionné, par l'intermédiaire des ambassades respectives, le gouvernement du pays auquel appartiendra l'officier à qui des abus ou des vexations seront imputés, sera immédiatement procédé à une enquête, et si la validité de la plainte est reconnue, il fera payer au capitaine, à l'armateur ou à tout autre personne intéressée dans l'armement ou le chargement du navire molesté, le montant des dommages et intérêts qui lui seront dûs.

Art. 10 Les deux gouvernements s'engagent à se communiquer respectivement, sans frais et sur simple demande, des copies de toutes les procédures intentées et de tous les jugements prononcés relativement à des bâtiments arrêtés en exécution des dispositions de la convention du 30 novembre 1831 , et de la présente convention.

Art. 11. Les deux gouvernements conviennent d'assurer la liberté immédiate de tous les esclaves qui seront trouvés à bord des bâtiments visités et arrêtés en vertu des clauses de la convention principale ci-dessus mentionnée et de la présente convention, toutes les fois que le crime de traite aura été déclaré constant par les tribunaux respectifs.

Néanmoins ils se réservent dans l'intérêt même des esclaves, de les employer comme domestiques, ou comme ouvriers libres, conformément à leurs lois respectives.

Art. 12. Les deux HH. PP. contractantes conviennent que toutes les fois qu'un bâtiment arrêté sous la prévention de traite par les croiseurs respectifs, en exécution de la convention du 30 novembre 1831 et de la présente convention supplémentaire, aura été mis à la disposition des gouvernements respectifs, en vertu d'un arrêt de confiscation émané des tribunaux compétents à l'effet d'être vendu, ledit navire préalablement à toute opération de vente, sera démoli en la totalité ou en partie, si sa construction, ou son installation particulière donne lieu de craindre qu'il ne puisse de nouveau servir à la traite des noirs ou à tout autre objet illicite.

Art. 2. Il est convenu relativement à l'article troisième de la convention du 30 novembre 1831 ci-dessus transcrite, que S. M. le Roi de Sardaigne fixera, suivant sa convenance, le nombre des croiseurs sardes qui devront être employés au service mentionné dans ledit article et les stations où ils devront établir leurs croisières.

Art. 3. Le gouvernement de S. M. le Roi de Sardaigne fera connaître aux gouvernements de France et de la Grande-Bretagne, conformément à l'article 4 de la convention du 30 novembre 1831, les bâtiments de guerre sardes qui devront être employés à la répression de la traite, afin que les mandats nécessaires à leurs commandants soient délivrés.

Les mandats qui devront être délivrés par la Sardaigne seront remis après que la notification du nombre des croiseurs français et britanniques destinés à être employés, aura été faite au gouvernement sarde.

Art. 4. Il est convenu en ce qui concerne l'article 5 des instructions annexées à la convention supplémentaire du 22 mars 1833, que tous les navires sardes, ou portant le pavillon de Sardaigne, qui pourront être arrêtés en exécution des conventions ci-dessus transcrites, par les croiseurs de S. M. le Roi des Français ou de S. M. le Roi du royaume Uni de la Grande-Bretagne et d'Irlande, employés dans les stations d'Amérique, d'Afrique et de Madagascar, seront conduits et remis dans le port de Gênes.

ARTICLE ADDITIONNEL

à la Convention de Turin du 8 août 1834, contenant l'acces-
sion de S. M. sarde aux Conventions entre la France et
la Grande-Bretagne, pour la répression de la traite des
noirs, conclu et signé à Turin, le 8 décembre 1834.

Les nègres trouvés à bord des bâtiments sous pavillon
sarde, qui seraient ainsi arrêtés et qui, conformément
aux stipulations dudit traité, doivent être envoyés à Gênes, seront débarqués sur un point plus rapproché que
Gênes, du lieu où lesdits bâtiments négriers auront été
rencontrés, c'est-à-dire, que :

1° Si un bâtiment négrier sarde est arrêté par un croiseur anglais, les nègres, trouvés à bord de ce navire, seront débarqués au port, ou dans l'endroit auquel un bâtiment négrier anglais, trouvé et arrêté dans des circonstances semblables et dans le même endroit par un croiseur
français, serait, d'après les susdites conventions avec la
France, envoyé ou conduit.

2° Si un bâtiment négrier sarde est arrêté par un croiseur francais, les nègres trouvés à bord dudit navire seront
débarqués au port, ou dans l'endroit auquel un bâtiment
négrier français, trouvé et arrêté dans des circonstances
semblables et dans le même endroit par un croiseur anglais
serait, d'après les susdites conventions avec la France, envoyé ou conduit.

3° Si un bâtiment négrier sarde est arrêté par un croiseur sarde, les nègres, trouvés à bord de ce bâtiment, seront débarqués au plus rapproché des ports ou lieux de
débarquement anglais ou français auquel, d'après les susdites conventions avec la France, le navire ayant des
esclaves à bord, aurait été conduit ou envoyé, si ledit navire eut été français ou anglais, au lieu d'être sarde, et
s'il eut été arrêté par un croiseur français ou anglais.

TABLE ALPHABÉTIQUE

DES MATIÈRES.

ABANDON des navires naufragés , § 433.

ABUS des Officiers Consulaires , § 22.

ACTES PUBLICS (les chefs de district et d'arrondissement reçoivent les) §§ 182, 212, 301, 520. Les sujets sardes doivent recourir aux Consulats sardes pour ces actes, § 301. Du paiement des droits consulaires pour les actes publics, § 550. A quelles conditions les sujets Sardes peuvent stipuler des actes publics aux Consulats, § 303. Si les condamnés contumaces peuvent passer des actes publics aux Consulats, § 238. Effets des actes publics, § 303. Formalités à observer pour leur rédaction, § 304. Enregistrement, § 305. Testaments, voy. ce mot.

ACTES de vente des navires, § 485.

ACHAT de certains objets de la part des officiers Consulaires, de la première catégorie, § 32.

ACQUIT-A-CAUTION (certificats de décharge d'), § 508.

AGE des officiers Consulaires, §§ 36 et 40, en note.

AGRICULTURE, (rapport des Consuls sur l') §§ 140, 141.

ALLOCATIONS, (ce que l'on entend par) § 52. Leur mode de paiement, § 53. 58. Époque à laquelle elles commencent à courir, § 57.

ADMISSION des étrangers en pays étranger, §§ 183 à 186.

AMIRAUTÉ, (toutes les communications que les Consuls étaient autrefois obligés de faire à l') relativement à la marine marchande, ils les font maintenant à l'intendance générale de la marine. voy. ces mots.

APPEL des sentences des Consuls en fait de contraventions, §§ 270, 271. Délais pour l'appel, § 272. Dans les affaires civiles et commerciales, § 288. Jugement en appel, § 289. Délais pour l'appel, § 289.

APPOINTEMENTS, (ce qu'on entend par) § 52. Mode de paiement, § 53. Époque à laquelle ils commencent à courir, § 58. Paiement des appointements aux drogmans, aux attachés au Consulat-Général à Milan, et aux Gardes, § 166.

ARBITRES (les Consuls sont admis comme) dans les contestations entre les sujets de leur nation, § 210.

ARCHIVES, (inventaire des) Consulaires à l'occasion de la mort d'un titulaire, § 533.

ARMÉE, (les étrangers sont, dans quelques pays, exclus de l') § 189.

ARMEMENT d'un navire ordinaire, voy. papiers de bord. passavanti.

ARMEMENTS en course, (les Consuls ne peuvent être intéressés dans les) §§ 32 et 44. Voy. en outre le mot corsaire.

ARMES permises aux navires marchands, §§ 464, 465.

ARMOIRIES (droit de placer les) sur la porte des Consulats, §§ 91, 110. (Frais des armoiries) § 65.

ARRIVÉE d'un navire dans un port; devoirs du capitaine, §§ 450, 451 à 454.

ARRONDISSEMENT CONSULAIRE, (ce que c'est qu'un) § 4. (Attributions des chefs d') §§ 514 à 522.

ASILE, (si les maisons consulaires peuvent servir d') §§ 88, 111.

ASSISTANCE, (a qui les Consuls peuvent prêter leur) liv. 5, chap. 1 et 2. Des chefs d'arrondissement envers la marine marchande, § 517. Assistance officieuse que les Consuls prêtent aux sujets sardes, livre 5, chap. 14. Appui que les consuls accordent à leurs nationaux devant les autorités locales, § 348. Les Consuls procurent un défenseur aux sujets sardes etc., § 350.

ATTACHÉ CONSULAIRE. (conditions pour être nommé) § 38. Ses attributions, § 527.

ATTRIBUTIONS des Consuls par rapport au gouvernement liv. 3, par rapport aux particuliers, §§ 181, 182. Des officiers Consulaires subalternes, liv. 8, chap. unique. Des chefs d'arrondissement, §§ 514 à 522 inclusivement. Des Vice-Consuls attachés aux chefs-lieux de district, §§ 523 524. Des Chanceliers, §§ 525, 526. Des attachés Consulaires, § 527. Des surnuméraires, § 528. Des drogmans, § 529.

AUBAINE, (droit d') § 191.

AUBERGE (prohibition de tenir) sans la permission des Consuls dans le Levant et en Barbarie, § 263. Prohibition d'y admettre des étrangers et d'aller dans une auberge tenue par des étrangers, § 263.

AUMONES aux églises catholiques et aux indigents, § 68. (États des) §. 166.

AUTORITÉS Étrangères, (rapport des Consuls avec les) §§ 129 à 136.

AVANCEMENTS. Voy. promotions.

AVARIES, (attributions des chefs d'arrondissement en cas d') § 517. (Rapports d') §§ 406, 407, 422, 423, 424, 439.

BATEAUX pêcheurs, (traitement des) en pays étrangers, § 398. Ce qu'ils paient aux Consulats, § 544.

BATEAUX à vapeur, ce qu'ils paient aux Consulats, § 543.

BLOCUS d'un port étranger, § 386.

BUDGET CONSULAIRE, (règles pour l'émission du) § 173.

CABOTAGE en pays étranger, §§ 398; dans le Rio de Plata, § 470.

CAISSE Consulaire, § 277. Des invalides, elle rembourse

les frais faits pour secourir des marins et pour leur *ra patriement*, §§ 352, 353 et 427.

CANONS, (coups de) § 462.

CAPITAINES (à quelles conditions peuvent-ils avoir le commandement d'un navire, § 478.

CASUEL (ce qu'on entend pour revenu casuel des officiers Consulaires), § 52. Sa répartition dans les Consulats de la première catégorie, § 54. Sa répartition dans les Consulats de la deuxième catégorie, § 55. Époque où il commence à courir, § 57. Casuel pour les procès criminels, § 56. Sa répartition, voy. le tableau n° 5.

CATÉGORIES CONSULAIRES, (quel en est le nombre) § 1. Division du personnel consulaire en deux catégories § 11.

CAUTION, *Judicatum solvi*, § 209. Acquit-à-caution, voy. ce mot.

CERCLES (prohibition d'avoir des) dans le Levant et en Barbarie, § 264.

CÉRÉMONIES publiques, §§ 109, 131, 132.

CERTIFICATS de bonne conduite comme preuve de nationalité, § 231. De décharge d'acquit-à-caution, § 508. De nationalité, § 332. Droits sur les certificats de nationalité, § 552. D'origine des marchandises, § 501. De propriété de marchandises, § 262. De santé, voy. ce mot.

CHANCELIERS (attributions des) §§ 525, 526.

CHANCELLERIES Consulaires (objets appartenant aux) § 66. Matériel des Chancellerie, §§ 180. Leur inspection. § 20. Local pour les Chancelleries, § 63. Frais des Chancelleries, § 64. Personnel des Chancelleries dans la deuxième catégorie, § 64.

CHANGE, (frais de) voy. § 65.

CHAPELLE, (local pour la) § 63. Frais pour son entretien, § 64.

CHARGES qui pèsent sur les chefs de district, chap. 8,

liv. 1. Sur les chefs d'arrondissement. § 522. Sur les Chanceliers, § 526. Sur les Régents, 535.

CIRCONSCRIPTIONS territoriale des Consulats, § 5 et tableau 6.

CITATIONS dans les affaires civiles et commerciales, § 243. Leur signification, § 290.

COMMANDEMENT d'un navire marchand; à quelles conditions il est accordé? § 478.

COMMERCE, (les officiers Consulaires de la première catégorie, nommés par le Roi, ne peuvent pas faire le) § 31. Les Consuls doivent le faciliter, § 140. Rapport consulaire annuel sur le commerce, §§ 140, 141. Les étrangers peuvent le faire, § 196. Les navires faisant une opération de commerce paient des droits aux Consulats §§ 539 et suivants.

COMMISSION (frais de) § 65. État des frais, § 166, n° 5.

COMPÉTENCE, voy. le mot juridiction.

COMPTABILITÉ, (les officiers Consulaires doivent connaitre la) § 30. Les chefs d'arrondissement tiennent la leur avec les chefs de district, § 522. Réglement de la comptabilité, liv. 3, chap. 14. Elle est arrêtée du jour où le titulaire d'un Consulat quitte son poste, §§ 171, 534. L'amirauté, c'est-à-dire l'intendance générale de la marine, fournit des éclaircissements sur la comptabilité consulaire, § 178. Quelques advertences sur la comptabilité, § 179. A l'occasion de vacance d'un Consulat, § 534. États de comptabilité, § 163, 164. Leur vérification, § 169.

CONCILIATION des parties dans les affaires civiles et commerciales, § 281. Procès-verbal de non conciliation, § 282.

CONDITIONS pour être nommé à un emploi consulaire, §§ 36, 37 à 40. Age, nationalité, religion, § 36, 39. Qualités et connaissances nécessaires à un Consul, § 37. Aux attachés consulaires, aux chanceliers et aux surnuméraires § 38. Conditions pour être nommé Vice-Consul dans la 2ᵉ catégorie ou Pro-Consul dans la première, § 39. Conditions pour être nommé drogman, § 40. Pour être promu dansla carrière consulaire, liv. 1, chap. 5.

CONDUITE des capitaines dans un port étranger, § 458. Informations sur la conduite des Officiers-Consulaires, § 21.

CONGÉ des Officiers-Consulaires, §§ 28, 29. Des matelots, § 483.

CONSEILS de famille, § 212.

CONSTANTINOPLE, (le Consulat-Général à) est placé sous la direction de l'agent diplomatique y résidant, § 6.

CONSULATS-GÉNÉRAUX., Consulats, Vice-Consulats et Pro-Consulats dans la 1ʳᵉ catégorie. Nombre des Consulats dans la 1ʳᵉ catégorie, § 67. Nombre des Consulats dans la 2ᵉ catégorie, § 8 et tableau 6.

CONSULS-GÉNÉRAUX, Consuls, Vice-Consuls, chefs de district, conditions pour être nommés, §§ 36, 37.

CONTESTATIONS entre les Consuls dans le Levant et en Barbarie, § 88. Les contestations entre étrangers dans le Levant et en Barbarie, sont jugées par les Consuls, § 218. Comment sont jugées les contestations des étrangers avec les indigènes, §§ 213 à 217. Contestations qui ne sont pas soumises aux autorités locales dans les autres pays, §§ 208, 210 211. Contestations relatives à la marine marchande. Voy. Juridiction. Contestations dont les chefs d'arrondissement peuvent connaitre, § 518. Voy. en outre le mot juridiction.

CONTRATS. Les étrangers ne peuvent faire certains contrats, §§ 194, 195.

CONTRAVENTIONS aux lois de police dans le Levant et en Barbarie, liv. 5, chap. 1, 5, 6. Voy. en outre le mot police.

CONTREBANDE, § 463. De guerre, § 463.

CONTUMACES. Criminels. Voy. le mot.

CONVENTIONS d'enrôlement, § 405. Leur rédaction, § 488. Leur renouvellement, § 485. Leurs clauses les plus usuelles, §§ 490. 491. Quelques dispositions relatives à leur exécution, § 492 à 499.

CORRESPONDANCE sur le commerce, la navigation, l'industrie et l'agriculture, §§ 140, 141. Sur les affaires politiques, § 142. Sur les nouvelles sanitaires, §§ 143, 144. 145. Avec les magistrats de santé, § 145. Avec le ministère des affaires étrangères une fois par mois, § 146. Avec l'intendance générale de la marine, § 147. Avec les gouverneurs des divisions-frontières, § 148. Avec quelques autorités subalternes des états Sardes, § 149. Avec les légations, § 150. Entre Consuls, § 151. Avec les Consuls-Généraux, § 152 Avec les autorités locales, § 153. Les chefs d'arrondissement correspondent avec leur chef de district, §§ 154, 515. Avec les autorités locales, § 516. Mode de tenir la correspondance, § 155. Forme intrinsèque de la correspondance, § 155. Forme extrinsèque de la correspondance, § 156. Papier à lettres. § 157. Envoi des lettres confidentielles, § 157. Enveloppe des lettres § 157. Enregistrement de la correspondance. § 150. Nombre des registres pour la correspondance. § 158. Les lettres reçues doivent être conservées, § 159. Expédition des lettres à leur destination, § 160. Facilités accordées aux Consuls pour l'expédition de leurs lettres, §§ 112. 113 Lettres des particuliers. § 160. Affranchissement pour les chefs d'arrondissement §§ 160, 522

CORPS CONSULAIRE, (composition du) § 12.

CORSAIRES (les navires) sont soumis à la juridiction consulaire, liv. 8, chap. 3. Rapports des capitaines de corsaires, § 441. Inventaire des prises, § 441. Expédition de l'inventaire à l'administration de la marine, § 441. Vente de la prise, § 442. Expédition des pièces à l'administration de la marine après la vente, § 443. Rachat des prises § 443. Les consuls ne peuvent pas être intéressés dans les armements en course, §§ 32 et 444. Les navires corsaires doivent être munis de lettres de marque, § 446. Demande des lettres de marque, § 473. Revue des équipages des navires corsaires, § 474. Conditions pour commander des navires armés en course, § 478. Nombre et nationalité des individus de leurs équipages, § 480.

COURRIERS, (les consuls expédient des) § 113.

COURTIERS, (droit aux consuls du Levant et de Barbarie de choisir des) §§ 92, 410.

CRIMES commis par les officiers consulaires §§ 102 à 105. Les officiers consulaires dans le Levant et en Barbarie ne peuvent être arrêtés pour crimes, § 88. Crimes commis sur des navires sardes, par des matelots ou par des passagers, §§ 399 à 403. Voy. juridiction.

CRIMINELS réfugiés sur les navires de guerre, § 359. Réfugiés sur les navires de commerce, § 462. Leur extradition, § 226. Rédaction des procès, § 226. Détention dans les prisons locales à l'étranger, §§ 401, 402. Contumaces; ils perdent leurs droits à la protection des consuls, §§ 237, 238. Les consuls procurent des défenseurs aux sujets accusés de crimes, § 349.

DÉBARQUEMENT des marins et des passagers, §§ 460, 477, 483. État y relatif, § 484.

DÉCÉS, (double copie des actes de) § 161. Les capitaines présentent les actes de décès aux consulats, § 454. Voy. en outre état-civil.

DÉLITS (Les consuls dans le Levant et en Barbarie ne peuvent être arrêtés en cas de) § 88. *Quid* hors du Levant et de Barbarie, §§ 102, 103, 104, 105. Commis par des matelots ou par des passagers à bord des navires, §§ 222, 403. Compétence des consuls au sujet des délits, § 255. Procédure relative aux délits minimes, §§ 414 à 419.

DÉPART forcé des étrangers, § 202, 203, 204; les étrangers sont parfois empêchés de partir, § 205. Des navires marchands des ports étrangers, § 393, 394. Départ des capitaines, § 455 etc. Expédition des navires aux Consulats, liv. 7, chap. 10.

DÉPENDANCE des officiers consulaires ; ils dépendent du ministère des affaires étrangères, des légations, des magistrats sanitaires, du ministère et de l'intendance générale de la marine, § 17. Dans le Levant, de la légation sarde à Constantinople, § 18. Les chefs de district dépendent des chefs de division, § 19.

DÉPENSES REMBOURSABLES, (état des) § 166; avances de fonds pour des dépenses extraordinaires, § 175.

DÉPOTS, (conservation des) § 299, 300, 526.

DÉSARMEMENT des navires en pays étranger, § 475. Formalités pour le désarmement, § 476.

DÉSERTEURS des navires de guerre, § 361, des navires marchands, § 266, 452. Des états sardes ; ils reçoivent des Consuls des passes-provisoires, § 341.

DÉTENTION pour des délits minimes, § 415 à 419.

DÉTRACTION, (droit de) § 191.

DEVOIRS DES CONSULS par rapport au gouvernement, livre 3. Par rapport aux particuliers, §§ 181 et 182.

DISTRICT CONSULAIRE, (ce que c'est qu'un) § 3.

DIVISION du personnel consulaire, § 11. Ce que c'est qu'une division consulaire, § 2. Division territoriale des Consulats, liv. 1er, chap. 1er. Les chefs de district dépendent des chefs de division, § 19.

DOMESTIQUES, (droit des consuls dans le Levant et en Barbarie de choisir leurs) § 92.

DOUANE, (assistance des capitaines marchands à la) § 410. Droits de douane, § 397. Exemption de ces droits en faveur des Consuls dans le Levant et en Barbarie, § 90. S'ils les paient dans les autres pays, § 107.

DROITS CONSULAIRES, (voy. perception des).

DROITS, civils, (les étrangers ne jouissent pas des) § 190.

— 294 —

Les étrangers ne jouissent pas des droits politiques, §
190. De navigation à l'étranger, §§ 395, 396, 397.

DROGMANS, leurs attributions § 529; conditions pour
être nommé drogman, § 40. Droit de les choisir, § 92 :
ils peuvent porter le costume oriental, § 81; ils ne peuvent pas aller dans la maison des autorités locales, § 33.

ECHELLE, (obligations des individus qui passent d'une
à une autre, § 259.

ÉCUSSON, (frais d') § 65. Voy. armoiries.

ECHELLES du Levant et de Barbarie. (Les chefs d'arrondissement ne peuvent pas permettre l'établissement des
sujets sardes dans quelques) § 259, 521.

ÉMANCIPATION, (acte d'), § 212, 292.

EMBARQUEMENT des marins et des passagers, §§ 267, 268,
460, 483. État y relatif, § 484.

ÉMIGRATION, (droit d') § 191.

ÉMIGRÉS, (Si les individus) perdent la nationalité, §
235.

EMPÈCHEMENT de partir d'un pays, §§ 205, 393.

EMPLOIS, (Les officiers consulaires ne peuvent accepter
des) à l'étranger, § 30.

EMPRUNTER, (Les officiers consulaires ne peuvent) de
l'argent à des sujets des princes musulmans, § 31.

ENCHÈRES, (vente aux) §§ 276, 298, 435, 442; droits sur
ces ventes, § 554.

ENQUÊTE des Consuls au sujet des naufrages, § 428.

ENREGISTREMENT de la correspondance, § 158. Droits
d'enregistrement sur les actes publics, § 305.

ENROLEMENT, (conventions d') § 405.

ENTERREMENT des officiers consulaires, § 83, 532. Des
sujets sardes, § 296.

ENTRÉE d'un navire dans un port ; devoirs du capitaine,
§§ 450, 451.

ÉQUIPAGES. (Assistance et police des) § 182. Revue des
équip.. § 461. Revue des équipages des navires cor-

saires, § 474 Formation et remplacement des équipages. liv. 8 , chap. 8. Dans quels cas il y a lieu à la formation et au remplacement des équipages, § 477. Conditions pour en faire partie, §§ 479. 480. 481 , 482. Nombre d'hommes nécessaires à un équipage, mêmes §§ et § 379. Traités au sujet du nombre d'hommes nécessaire à un équipage, § 380. Des navires vendus à des étrangers, § 487. Leur *rapatriement*, § 486. État des embarquements et des débarquements , § 484. Rôle d'équipage , § 446.

ÉTABLISSEMENT (frais de premier) des Consuls. § 61.

ÉTAT-CIVIL , (les Consuls remplissent les fonctions d'officiers de l'), § 312. Rédaction des actes ou des procès-verbaux de présentation des actes de l'état-civil , § 313. Registre pour l'inscription de ces actes, § 314. Forme du registre , § 314. Clôture du registre , § 315. Modèles des actes de l'état-civil, § 316 et modèles n. 27 à 33 et 57 à 59. Mode d'enregistrer ces actes, § 317. Quelques instructions à ce sujet, § 318, 319 , 320. Conservation des actes présentés, § 321. Expédition de deux copies des actes ou des procès-verbaux de présentation au ministère des affaires étrangères . § 322. Ces copies sont délivrées *gratis*, § 323. L'inscription au registre de l'état-civil est gratuite, § 551. Présentation des actes de l'état-civil de la part des capitaines et des patrons, § 454.

ÉTATS PÉRIODIQUES . quel en est le nombre liv. 3. chap. 2. Forme des états de comptabilité, § 163. Clôture des états périodiques, § 168. Les chefs d'arrondissement les envoient aux chefs de district, § 165. Les Consuls les envoient au ministère des affaires étrangères et à l'intendance-générale de la marine, § 161 à 167.

ÉTRANGERS, (leur admission dans un pays) § 183 à 186. Droit de séjour qui leur est imposé , § 187. Conditions de leur séjour, § 188 à 205; et de leur départ, mêmes §§. Si les étrangers peuvent contracter aux consulats sardes . §

302. Juridiction à laquelle les étrangers sont soumis dans le Levant et en Barbarie, liv. 4, chap. 4. Id. dans les autres pays, liv. 4, chap. 3. Voy. juridiction, etc. Jouissant de la protection consulaire sarde, §§ 230, 248. Les Consuls leur délivrent des patentes de protection § 332. Voy. modèle 40. Refus de viser le passeport à des étrangers, § 345. Visa de leur passeport, § 346. Prohibition aux sujets sardes, tenant auberge dans le Levant et en Barbarie, d'y admettre des étrangers § 263.

ÉTRENNES, (frais des) données aux drogmans, gardes, etc., § 70.

EXÉQUATUR, (formalités pour la demande de l') à l'étranger, §§ 121, 123, 124, 125, 126. Forme de l'exéquatnr, § 122. Par qui l'exéquatur est accordé aux officiers consulaires subalternes, § 120, 127. Il est accordé *gratis*; exceptions, § 128.

EXPÉDITIONS PROVISOIRES des navires (état des), §§ 167, 470. Voy. en outre le mot Armement.

EXPERTS, (nomination d') en cas de naufrage, § 429.

EXPULSION des étrangers, § 202, 203, 204.

EXTERRITORIALITÉ des navires de guerre. Voy. navires de guerre.

EXTRADITION, (traités au sujet de l') des criminels, et des déserteurs, § 226, 253.

FAMILLE, (conseils de) § 212.

FEMMES qui se marient à des étrangers, § 236.

FÊTES publiques, §§ 131, 132.

FONCTIONS publiques, (les étrangers sont exclus des) § 189.

FRAIS d'uniforme, § 59. De voyage, § 60. De premier établissement, § 61. De logement et de nourriture des officiers consulaires subalternes, § 62. Pour la maison consulaire, la chapelle, la chancellerie et la prison, § 63, 64. De commission et de change, § 65, 68. Du pavillon et des armoiries royales, § 65. Frais remboursables, §

66. Non remboursables , tels que présents et autres dépenses non autorisées, §§ 69 , 70. Faits au sujet des successions , § 296. Pour le rapatriement des marins naufragés , § 427. Pour le rapatriement d'autres sujets sardes , §§ 351 à 354. Répartition des frais de sauvetage, § 437. Etat des frais remboursables , § 167.

GABELLE , (prohibition aux sujets sardes de prendre à bail les droits de) dans le Levant et en Barbarie, § 261.

GARDES, (on accorde des) aux Consuls dans le Levant et Barbarie, § 14. Droit de les choisir, § 92. Obligation de les payer, de les loger et de les nourrir, § 92.

GRACE. (lettres de) , §§ 291, 18.

GRADES , (assimilation des) des officiers consulaires, § 15.

GOUVERNEMENT, (les Consuls de la 2me catégorie et quelques-uns de la 1re, ne correspondent pas directement avec le) du pays où ils résident, §§ 136 et 18.

HÉRITIERS d'un consul décédé (libération des) , § 172.

HOPITAUX. Voy. § 203 , *in nota*.

HYPOTHÈQUE, (les biens des Consuls sont sujets à) § 67. Si les actes passés à l'étranger ou les sentences prononcées à l'étranger produisent hypothèque, §§ 286 et 305.

IMMUNITÉ , voy. le mot inviolabilité.

IMPOSITIONS, (exemption des) en faveur des Consuls dans le Levant et en Barbarie, § 90. Exemption de quelques impositions en faveur des Consuls dans les autres pays , § 108. Les étrangers sont sujets aux impositions, § 188.

IMPRIMÉS qu'on doit avoir dans les consulats, §§ 64, 180.

INAMOVIBILITÉ des officiers consulaires de la 2me catégorie, § 42. Idem de ceux de la 1re non nommés par le Roi , § 43.

INDUSTRIE, (rapport consulaire sur l') § 140, 141.

INSCRIPTION , des sujets sardes au registre-matricule des consulats, liv. 5, chap. 3 Motifs de l') §. 239. Peines contre les individus qui ne se soumettent pas à l'inscrip-

tion. § 240 Note de ces individus, § 241. Facilités accordées
pour l'inscription. § 241. Motifs des peines établies comme
dessus, §§ 242. 243. Les Consuls ne peuvent refuser l'inscription à certaines classes d'individus , § 244. Résumé
de ce qui est dit au sujet de l'inscription, § 246. Sa
forme, § 247. Etat des individus inscrits , §§ 161, 246.
247. Les étrangers jouissant de la protection d'un Consul
sarde, doivent être inscrits , § 248. Dans le Levant et en
Barbarie. § 258. Droits consulaires pour l'inscription , §
552. Les marins ou les charpentiers de marine, ne peuvent pas obtenir l'inscription aux consulats, § 511. Comment un individu peut obtenir l'inscription à la matricule des gens de mer, § 542, 543.

INSPECTION des chancelleries consulaires, § 20.

INSTRUCTIONS, quelques observations sur l'étendue de
instructions consulaires, § 10. De qui elles émanent, § 17.

INSUBORDINATION, (dénomination des actes d') § 452.

INTENDANCE générale de la marine, les consuls en dépendent, § 17. Les consuls correspondent avec elle. §§
17 et 147.

INTERPRÈTES, (les consuls du Levant et de Barbarie ont
le droit de choisir les) § 92.

INVENTAIRE des successions vacantes, § 293. Des objets
sauvés d'un naufrage, § 435. D'objets pris par des navires corsaires, voy. ce mot. Des archives consulaires
à l'occasion de la mort du titulaire, § 533.

INVIOLABILITÉ des consuls dans le Levant et en Barbarie, en Chine, aux îles Sandwich, § 88. De leur maison.
§ 88. Les consuls et leurs maisons en Europe, en Amérique et dans les colonies Européennes ne sont pas in-
violables, § 411.

INVITÉS (les consuls sont) aux solennités publiques, § 166.

JAUGE des navires, § 455.

JOUER, (il est défendu de) à des jeux de hasard dans le
Levant et en Barbarie. § 264.

JOURNAL de bord, § 447. Sa présentation aux consulats, § 451. Visa ou légalisation, §§ 428 et 556.

JAUGE des navires marchands, § 455.

JUGE CONSERVATEUR, (ce que c'est) § 207.

JUGEMENTS (exécution des) consulaires en pays étranger, §§ 211, 225. Exécution en pays étranger, des jugements prononcés dans les états sardes, voy. en outre le mot sentences.

JUGER, (les consuls peuvent) voy. juridiction.

JUDICATUM SOLVI (caution), § 209.

JURIDICTION à laquelle les étrangers sont soumis dans les affaires criminelles (dans le Levant et en Barbarie), liv. 4, chap. 5. Hors du Levant et de Barbarie, §§ 93, 114. Délits commis à bord des navires, § 222. Procédure criminelle suivant les lois du pays dans le Levant et en Barbarie, § 223. Lois de police dans ces pays, § 224.

JURIDICTION à laquelle les étrangers sont soumis pour les affaires civiles et commerciales dans le Levant et en Barbarie, liv. 4 chap. 4. Procédure pour ces affaires dans le Levant, § 214. Dans les principautés de Moldavie et de Valachie et en Égypte, § 215. A Tunis, § 216. Au Maroc, § 217. Les contestations entre étrangers y sont jugées par les consuls, § 218.

JURIDICTION volontaire dans lesdits pays § 218. Successions, § 219. Actes notariés, § 220.

JURIDICTION à laquelle les étrangers sont soumis pour les affaires criminelles, civiles et commerciales dans les autres pays, liv. 4, chap. 3. France, Angleterre, États-Unis d'Amérique et autres pays, § 207. Contestations entre étrangers dont les autorités locales étrangères ne peuvent pas connaitre, § 208. Caution *judicatum solvi*, § 209. Les consuls interviennent comme arbitres dans les contestations entre leurs nationaux, § 210. Quelquefois il leur est permis d'en connaitre, § 211. Exécution des sentences consulaires en pays étranger, § 211.

JURIDICTION volontaire des consuls hors du Levant et de Barbarie, § 212. Successions, actes notariés, § 212.

JURIDICTION consulaire sur les sujets sardes en général suivant les lois sardes, § 181. Pour les affaires de police et criminelles, liv. 5, chap. 4. Obligation des sujets sardes de se soumettre à la juridiction consulaire, § 250. Police, § 251, Surveillance des consuls sur les criminels, § 252. Extradition des criminels, § 253. Instruction des affaires criminelles, 254. *Rapatriement* des criminels, § 254. Délits que les consuls peuvent punir, § 255.

JURIDICTION spéciale des consuls sardes dans le Levant et en Barbarie pour juger les contraventions aux lois de police, voy. le chap. 6, livr. 5. Procès-verbal constatant la contravention. § 273. Saisie, § 274. Vente des objets saisis, § 275. Sentence, § 276. Envoi des pièces originales et du produit de la vente des objets saisis à l'intendance générale de la marine, § 277. Appel des sentences consulaires, §§ 270, 271. Délai pour les appels, § 272.

JURIDICTION consulaire en matière civile et commerciale suivant les lois sardes, liv. 5, chap. 7. Les chefs de district peuvent connaître de toutes les affaires civiles et commerciales, § 279. Il n'en est pas de même des chefs d'arrondissement, § 280. Les officiers consulaires doivent tâcher de concilier les parties, § 281. Et dresser procès-verbal de conciliation ou de non conciliation, § 282. Citations, § 283. Composition du tribunal consulaire, § 284. Prononcé de la sentence, § 285. Ses effets, § 286. Son exécution, § 287. Appel, § 288. Jugements en appel aux consuls-généraux, § 289. Délai pour les appels, § 289.

JURIDICTION volontaire des consuls, suivant les lois sardes, liv. 5, chap. 8. Caractère de cette juridiction, § 292.

JURIDICTION des consuls en matière criminelle sur les équipages de leur nation, §§ 390 à 403. Etendue de cette juridiction, §§ 399, 400. Détention des criminels dans les prisons locales, §§ 401, 402. Appui des autorités locales dans l'exercice de la juridiction consulaire, § 401.

JURIDICTION des consuls en matière commerciale sur les marins de leur nation, § 404.

JURIDICTION volontaire des consuls sur la marine marchande de leur nation; conventions d'enrôlement, § 405. Rapports d'avaries, §§ 406, 407. Naufrages, §§ 408, 409. Traités à ce sujet, § 409. Assistance des capitaines à la douane. § 410.

JURIDICTION des consuls sardes sur la marine marchande en matière criminelle d'après les lois sardes, liv. 8 chap. 1. Obligations des marins de recourir aux consuls dans les affaires contentieuses et autres, § 411. Instruction des procès criminels, §§ 411, 412. *Rapatriement* des criminels, § 413. Procédure pour les délits minimes, § 414. Détention des marins à bord, § 415. Jugements consulaires, § 416. Peines pécuniaires, § 416. Quels sont les délits minimes, § 447. Suspension des capitaines et des patrons, § 418. Demande à l'autorité locale de punir les coupables, § 418. Actes criminels que les consuls ne peuvent pas punir eux-mêmes, § 419.

JURIDICTION sur les navires corsaires, voy. corsaires.

JURIDICTION civile et commerciale des consuls sur la marine marchande suivant les lois sardes, liv. 8, chap. 2. Contestations dont les consuls peuvent connaître, § 420. Procédure, § 420.

JURIDICTION volontaire des Consuls sur la marine marchande suivant les lois sardes, liv. 8, chap. 2. Avaries, naufrages, § 421. Devoirs des Consuls en cas d'avaries, rapport du capitaine, § 422, 423, 424. Naufrages, §§ 425. Sauvetage de l'équipage et du navire naufragés, § 425. *Rapatriement* de l'équipage, § 426. Frais de ce *rapatriement*, § 427. Enquête des Consuls au sujet des naufrages, § 428. Journal de bord, § 428. Avis à donner des naufrages à l'intendance générale de la marine, § 428. Pétition du capitaine pour la nomination d'experts, § 429. Sauvetage du navire et sa réparation, § 430. Instructions à ce sujet, § 431, 432. Abandon du navire, § 433. Conservation des objets sauvés, § 435. Leur vente, § 434, 435. Inventaire, § 435. Propriétaires du navire et des marchandises, § 436. Tiers consignataire, § 436. Répartition des frais de sauvetage, § 437. Expédition des pièces et du produit de la vente des objets sauvés à l'intendance générale de la marine, § 437. Questions incidentes sur les sauvetages, § 438.

JURIDICTION des Consuls comme officiers de police, liv. 8, chap. 4 et 5. Voy. le mot police·

JURIDICTION des consuls comme officiers d'administration, liv. 8. chap. 6 et suivants.

JURIDICTION des chefs d'arrondissement sur la marine marchande, § 517, 518.

LANGUE dans laquelle les Consuls correspondent avec les autorités locales, § 134, 135.

LANGUES ORIENTALES, (quels sont les officiers consulaires qui doivent connaître les) § 40.

LÉGALISATIONS. Les Consuls légalisent les signatures des autorités étrangères, § 181, 310. Actes non soumis à la légalisation, § 310. Législation des actes passés dans les Etats-Sardes, § 311. De la signature des particuliers, § § 311, Quelques légalisations sont gratuites, § 550.

LÉGATION SARDE A CONSTANTINOPLE, (le consulat général y est sous la direction de la légation, § 6. Dépendance des officiers consulaires dans le Levant et en Barbarie de la) § 18.

LÉGATIONS SARDES, (les) servent d'intermédiaire aux Consuls pour adresser des réclamations aux gouvernements étrangers, § 136. Dépendance des consuls vis-à-vis des légations. § 17

LETTRES , (prohibition dans le Levant et en Barbarie, de renfermer dans les) des échantillons de marchandises , § 265. Papier à lettres, lettres confidentielles, enveloppes, § 157. Conservation des lettres, § 159. Leur expédition, § 160. Lettres des particuliers, § 160. De course, §446. Demande des lettres de course, § 473. Leur prorogation et leur renouvellement, § 474. De créance, quelques Consuls sont munis de lettres de créance, §§ 117, 118, 119. Lettres de grâce, § 291.

LEVÉE MILITAIRE, (état des jeunes gens sujets à la) §§ 162, 245. Visite des inscrits, § 330. Visite des militaires sujets aux revues annuelles, § 331.

LIVRET MARITIME , §§ 479, 509.

LOGEMENT des officiers consulaires subalternes , § 62. Les Consuls sont exempts du logement militaire, § 108.

LOIS CIVILES, commerciales et pénales, voy. les mots juridiction, étrangers.

MAGISTRATS sanitaires , (les Consuls dépendent des) et correspondent avec eux. §§ 17 et 143 à 145.

MAISON Consulaire. (frais de la) §§ 62, 63 Son inviolabilité dans le Levant et en Barbarie, § 88. Son emplacement , § 91. Dans les autres pays la maison consulaire n'est pas inviolable, § 111. Prohibition dans le Levant et en Barbarie d'aller dans la maison d'un indigène, § 264.

MALADES, (matelots) § 498.

MALFAITEURS, §§ 226, 253.

MANIFESTE du chargement d'un navire , §§ 451 et 500.

MARCHANDISES, dans quels cas les consuls ne peuvent pas délivrer des certificats constatant que telle marchandise appartient à des sujets sardes, § 32.

MARIAGES, (actes de) qui les reçoit, § 524. Validité des mariages contractés en pays étranger, § 325. Autorisation pour se marier, §§ 326, 327. Conditions imposées aux individus qui demandent cette autorisation, § 328. Insertion des actes de mariage dans les registres tenus par les curés et par les ministres des cultes non catholiques, § 329. Les officiers consulaires nommés par le Roi ne peuvent contracter mariage sans son autorisation, § 30.

MARINE DE GUERRE (rapports des consuls avec la) du Roi, § 356. Ces rapports sont de deux espèces, §§ 364, 365. Arrivée des vaisseaux de guerre dans un port étranger, §§ 365, 366. Salut des consuls à leur départ du bord, § 366. Arrivée des vaisseaux de guerre dans le Levant et en Barbarie, § 367 à 370. Bons offices des consuls envers la marine de guerre. § 371. Patente de santé, § 371. Traitement de la marine de guerre, voy. navires de guerre.

MARINE MARCHANDE, (rapports des consuls avec la) liv. 6 et 7. Les consuls doivent la faire respecter, §§ 372, 373, 374. Son traitement dans les états sardes, § 374. Son traitement à l'étranger, liv. 7, chap. 2. Son obéissance aux navires de guerre, §§ 377, 381, 382. Les navires marchands saluent les navires de guerre, § 383. Juridiction des consuls sur la marine marchande, voy. le mot juridiction.

MARINS faisant partie d'un équipage, leurs rapports avec les consuls, liv. 8, chap. 11. Titres nécessaires pour se faire reconnaitre par les consuls, §§ 479, 509. Embarquement des marins sur les navires sardes, §§ 167, 268. Leur débarquement § 167. Secours à leur accorder, § 177. Leur embarquement sur des navires étrangers, §§ 509, 511. Ils doivent avoir un passeport pour aller à l'étranger, § 510. Exception, § 210. Retour dans leur pays, § 511. Ils ne peuvent être inscrits au registre-matricule des consulats, § 511. Formalités pour être admis à être inscrit sur la matricule des marins, mousses ou ouvriers de la marine, §§ 512, 513. Devoirs des capitaines envers les marins, § 453.

MARINS ÉTRANGERS, leur embarquement à bord des navires sardes, § 480.

MATÉRIEL des chancelleries consulaires, § 180.

MINISTÈRE des affaires étrangères, (les consuls en dépendent) § 17 et de la marine, § 17. Voy. en outre le mot
correspondance.

MODÈLES d'actes et d'états, § 180, voyez en outre les
modèles à la fin de l'ouvrage.

MUNITIONS DE GUERRE permises aux navires marchands
sardes, §§ 464, 465.

NAISSANCE, (acte de) comme preuve de nationalité, §
231. Des sujets sardes en pays étranger, § 231. Inscription des actes de naissance , voy. état-civil. Copies
des actes de naissance, § 161. Les capitaines présentent
aux Consulats les actes de naissance rédigés par eux en
cours de voyage, § 454.

NATIONALITÉ, des officiers consulaires § 36. Comment
les Consuls peuvent reconnaitre la nationalité des sujets
sardes, § 227 à 232. Perte de la nationalité, liv. 5, chap.
2. Certificats de nationalité, § 332. Droit sur les certificats
de nationalité, § 552. Patente de nationalité des navires,
§ 446.

NATIONAUX, (les Consuls font respecter leurs) § 138. *Rapatriement* des sujets sardes de la part des Consuls , §§
351 à 354.

NATURALISATION, (lettres de) comme preuve de nationalité, § 231. Les individus naturalisés en pays étrangers perdent leur nationalité, § 234.

NAUFRAGES, attributions des chefs d'arrondissement au
sujet des naufrages , § 517. Rapports sur les naufrages ,
§§ 408, 409. Traités au sujet des naufrages , §§ 409 , 421,
425, 428 , à 438, voy. Juridiction.

NAUFRAGÉS , (les capitaines donnent passage aux) § 460.

NAVIGATION , (les Consuls sont tenus de faciliter la) §
140. Rapport sur la navigation, §§ 140, 144. Liberté de
la navigation, §§ 375, 376. Exception, §§ 386, 387. Droits
de navigation , §§ 395 à 397.

NAVIRES DE GUERRE, (traitement des) en pays étranger, § 357. Exterritorialité , § 357 à 359. Criminels réfugiés sur les navires de guerre, § 356. Réfugiés politiques se sauvant sur les navires de guerre, § 360. Déserteurs , § 361. Salut en pays étranger , §§ 362 , 363. Rapports des Consuls avec les navires de guerre , voy. marine de guerre. Obéissance des navires marchands aux navires de guerre, §§ 377, 379, 381, 382.

NAVIRES Marchands. Leur entrée dans le territoire maritime d'un état, §§ 388, 389. Dans un port, §§ 390, 391. Leur séjour dans un port, § 392. Leur départ , § 393. Traités au sujet du libre départ des navires marchands. § 394. Bateaux pêcheurs , § 394. Traitement des bateaux pêcheurs en pays étranger, § 398. Droits qu'ils paient en pays étranger, § 395. Traités à ce sujet, §§ 396, 397. Conditions pour commander des navires marchands, § 478. Corsaires , 478. Prohibition aux sujets sardes d'être propriétaires d'un navire saick, § 261. Aux Consuls de délivrer des certificats constatant qu'une marchandise chargée sur un navire saick appartient à un sujet sarde, § 262. Les capitaines sont tenus de mettre leurs navires à la disposition des Consuls , § 457. Etat des arrivées et des départs des navires marchands, §§ 164, 167. Etat des expéditions provisoires , § 167. Etat des navires vendus, § 167. Assistance due par les Consuls aux navires marchands, § 182. Police, § 182. Navires à vapeur marchands. Droits qu'ils paient aux Consulats, §§ 539 à 546. Navires portant du charbon et du bois dans les Etats-Sardes . ce qu'ils paient aux Consulats, § 545. Pêcheurs, ce qu'ils paient aux Consulats, § 547. Tous les autres, ce qu'ils paient aux Consulats, §§ 539 , 540 , 541, 542, 543 et le tarif consulaire de 1825.

NOIRS , (les officiers consulaires sont invités à ne pas prendre des) à leur service , § 34. (Traite des). Voy. § 384 et l'appendice au mot traite.

NOMINATIONS des officiers consulaires, § 44 à 48. Officiers consulaires nommés par le Roi, § 44. N° 1 et 2; nommés par les chefs de district, § 44. N° 3. Par le ministre des affaires étrangères, § 44, N° 4. Officiers consulaires provisoires nommés par les chefs d'arrondissement, § 44. N° 5. Formalités requises pour les nominations de la part des chefs de district, § 45, N° 1. Dans le Levant et en Barbarie, § 45, n° 2. Approbation du ministre des affaires étrangères, § 46. Quelques autres formalités pour les, § 46, n° 2 et 3 (Titres des), § 47. Leur inscription au registre tenu à cet effet aux consulats, § 48. Droits établis pour ces titres, § 48. Les gouvernements étrangers permettent aux Consuls de nommer des agents consulaires, § 115.

NOTARIAT, (les officiers consulaires doivent être instruits sur le), § 38.

NOTARIÉS, (les Consuls reçoivent les actes), § 181, 301. Voy. le mot actes publics,

NOTORIÉTÉ, voy. § 320 et sa note 3.

NOURRITURE, aux officiers consulaires, § 62. (Due aux matelots), § 494.

NOUVELLES politiques, § 142. Sanitaires, §§ 143, 144, 145. Les chefs d'arrondissement donnent aussi les nouvelles sanitaires au gouvernement, § 515.

OBÉISSANCE, (les capitaines doivent) aux Consuls, §§ 456, 457. Tous les sujets sardes doivent obéissance aux consuls, § 250.

OFFICIERS consulaires, (désignation des grades et du nombre des) § 12, 13. Ils jouissent de plusieurs privilèges. Voir ce mot.

ORDRES, (les sujets sardes en général et les capitaines en particulier, doivent obéissance aux) des officiers-consulaires), §§ 250, 456 et 467.

ORIGINE, (certificats d') de marchandises, § 501.

PAYS ÉTRANGER, (conditions pour être reçu en) § 183 à 186.

PAPIERS DE BORD, (quels sont les) § 446. Leur présentation aux consulats, § 450. Leur prorogation, § 466, 467. 500. Leur renouvellement, § 467. Leur visa au départ. § 500. Inscription des passagers sur le rôle, § 500. Perte des papiers de bord, § 471. Voy. *passavant provisoire*.

PASSAGERS, (Les capitaines dans le Levant et en Barbarie doivent recevoir à bord les) embarqués par ordre des consuls, §§ 267, 459, 460. Ils ne doivent en embarquer aucun sans leur autorisation, § 268. Passagers qui se cacheraient dans un navire sarde, § 268. Inscription des passagers sur le rôle, §§ 460, 461 et 500. Insubordination des passagers, § 453. Devoirs des capitaines envers les passagers, § 453. Passagers commettant des crimes à bord, § 403. Naufragés, § 427.

PASSAVANTS provisoires. Conditions pour les obtenir, §§ 468, 470, 471. Voy. modèle 48. Les chefs d'arrondissement n'en délivrent pas, § 472.

PASSEPORTS, (par qui sont délivrés les) pour le Levant et la Barbarie, §§ 256, 257. 336, 337. Les consuls les visent quelquefois pour lesdits pays, § 337. Ils les visent et les délivrent pour les autres pays, § 184 et 333. Exceptions au sujet des individus soumis au service militaire, § 338; au sujet de quelques autres classes des personnes, § 339. Durée des passeports délivrés par les consuls, § 334. Les consuls ne peuvent viser les passeports délivrés par des autorités étrangères à des sujets sardes, § 430. Exception, § 340. Conditions pour obtenir un passeport d'un consul, §§ 341, 342. Passeports pour voyager dans un certain rayon des frontières, § 341. Refus du visa à quelques passeports étrangers, § 345. Passeports des voyageurs allant dans l'intérieur d'un pays, § 343. Visa des passeports des étrangers, §§ 345, 346. Les consuls ne peuvent viser les passeports déjà visés par d'autres agents sardes, § 347. Régistre des passeports, § 347. Les chefs d'arrondissement les délivrent au nom des consuls et les visent en leur propre nom, §§ 335, 521. Les sujets sardes, porteurs d'un passeport sarde, ont droit à l'assistance des consuls, §§ 227, 228, 229. Définition du passeport, § 235. Pour les marins et pour les ouvriers charpentiers , § 510. Etats des passeports, § 164, Droits sur les passeports , § 549. Modèle d'un passeport, n. 36.

PASSEPORTS MARITIMES , § 446. (Droits sur les), § 549.

PASSES-PROVISOIRES, (à qui les Consuls délivrent des) § 311. Voy modèle 37.

PATENTES des capitaines , § 448. Des patrons , § 448. De nationalité, § 446. De protection , § 332 et modèle 40. Des officiers consulaires, § 47 et modèle 1. Enregistrement de ces dernières , § 48. Droits sur ces dernières, § 48. Patentes de santé. Voy. ce mot.

PATRONS , conditions pour commander un navire marchand , § 478.

PAVILLON, (frais du) pour les consulats. § 65. Droits de l'arborer, §§ 94 et 110. Les Consuls doivent faire respecter le pavillon national, §§ 138, 372. Documents nécessaires aux capitaines et aux patrons pour arborer le pavillon sarde, § 448. Si les navires sardes, prenant un pavillon étranger, paient les droits consulaires, § 544. Forme et dimensions du pavillon, § 417.

PÉCHE, (bateaux de) ce qu'ils paient aux consulats, § 547.

PÊCHEURS , (traitement des bateaux) en temps de guerre, § 394. Bateaux pêcheurs exerçant leur industrie en temps de paix, § 398. Les patrons pêcheurs doivent obtenir une permission spéciale pour aller faire la pêche à l'étranger, 448.

PENSIONS de retraite, (quels sont les officiers consulaires qui ont droit à des) , § 77 à 80.

PERCEPTION des droits consulaires. Division des consulats

en cinq classes pour la perception desdits droits § 537. Distinction de ces droits, § 538. Comment les capitaines et les patrons paient les droits consulaires; navires faisant une opération de commerce, §§ 540, 542, 543. Navires en relâche, § 541. Navires non admis en libre pratique, § 544. Navires prenant temporairement un pavillon étranger, § 544. Navires portant le bois et le charbon dans les Etats-Sardes, 545. Bateaux à vapeur, § 546. Bateaux pêcheurs, § 847. Les consuls ne peuvent pas renoncer aux droits consulaires. § 548. Droits sur les passeports, § 549, de légalisation des actes publics et autres, § 550. Légalisation du journal de bord, § 556. L'inscription au registre de l'état-civil est gratuite, § 551. Etats de famille, § 551 l'inscription au registre des sujets sardes n'est pas gratuite, § 552. Certificats de nationalité, § 552. Patentes de santé, § 553. Ventes aux enchères, § 554. Copies de rôles d'équipage ; permis d'embarquement, § 555. Registre des perceptions, sa forme, § 557. Tableau de comparaison entre la monnaie sarde et la monnaie locale , § 558. Quittance des droits perçus; inexactitudes à ce sujet , § 559. Registre pour les droits consulaires sur les procès criminels, § 559. Tableaux 1 à 5 des droits consulaires et de chancellerie ; états de perception des droits consulaires , § 163, 164, n. 3.

PERMIS d'embarquement, § 344. Droits sur ces permis, § 555. Permis de séjour, § 201.

PERSONNAGES de distinction et recommandés , § 349.

PERSONNEL consulaire, sa division , § 11. Personnel du tribunal consulaire appelé à juger en matière civile et commerciale, § 284.

PIRATERIE , § 463.

POLICE (les consuls exercent la) sur leurs nationaux, §§ 251, 252, 253 et les chap. 5 et 6 du liv. 5. Lois spéciales de police dans le Levant et en Barbarie, liv. 5, chap. 5 et 6. Passeports §§ 256, 257. Obligation aux sujets sardes de se faire inscrire aux consulats, § 258. Prohibition de se mettre sous la protection d'une puissance étrangère, § 258. Individus passant d'une échelle à une autre, § 259. Prohibition de posséder des biens immeubles, d'en retirer les rentes, § 260; d'être propriétaires d'un navire saick, de prendre à bail des immeubles et des droits de gabelle, § 261. De prêter le nom, § 262. Prohibition aux consuls de délivrer certains certificats à ces individus, § 262. Aux sujets sardes de tenir des auberges, d'y admettre des étrangers, d'aller dans les auberges tenues par des étrangers et d'avoir des cercles sans la permission des consuls, §§ 263, 264. De jouer à des jeux de hasard, 264. D'aller dans les maisons des indigènes, § 264. De renfermer dans les lettres des échantillons de marchandises, § 265. Désertion des navires sardes, § 266. Passagers embarqués sur ces navires par ordre des consuls, § 267. Passagers embarqués sans l'autorisation des consuls, § 268. On affiche dans les chancelleries consulaires les lois de police locales, § 269.

POLICE DE LA NAVIGATION (la) appartient aux consuls, § 182 et liv. 8, chap. 4 et 5.

PORT ÉTRANGER, (entrée des navires marchands dans un) §§ 390, 391. Leur séjour dans un port étranger, § 392. Leur départ, § 393 à 398. Voy. en outre les mots navires marchands.

POSTE, (frais de) §§ 159 et 166.

PRATIQUE, (devoirs des capitaines et patrons après leur entrée en libre) § 450 à 454. Droits consulaires sur les navires admis en libre pratique, § 540 à 547.

PRÉÉMINENCE, (la supériorité de la classe du consulat pour la perception des droits consulaires ne donne aux consuls aucune); il en est de même des allocations. § 16.

PRÉSÉANCE (s'il y a) entre les consuls dans le Levant et

en Barbarie, § 95. Entre les consuls dans les autres pays, § 109.

PRÉSENTS, (les officiers consulaires ne peuvent pas accepter des) § 30; ni en faire aux princes de Barbarie, etc §§ 69, 94; ni au ministre des affaires étrangères, § 35.

PRÊTER leur nom, (prohibition aux sujets sardes, dans le Levant et en Barbarie, de) pour des opérations commerciales, § 262.

PRISES, voy. le mot corsaires. Attributions des chefs d'arrondissement relativement aux prises, § 517.

PRISON (local pour la) dans la maison consulaire, § 63. Détention des criminels dans les prisons locales) §§ 401. 402.

PRIVILÉGES accordés aux officiers consulaires par le gouvernement sarde, §§ 81 à 83. Accordés aux officiers consulaires par les gouvernements étrangers, liv. 2, chap. 2 et 3. Remarques générales, § 84. Distinction entre les consuls du Levant et de Barbarie et ceux des autres pays, §§ 85, 86. Traités relatifs au traitement des consuls dans le Levant en Barbarie, § 87. Invioabilité de la personne des consuls et de tous les individus appartenant à leur maison, § 88. Immunité de la maison consulaire, § 88. Contestations entre les consuls, § 88. Les consuls peuvent exercer les pratiques de leur religion dans la maison consulaire, § 89. Exemption des impositions, § 90. Armoiries Royales et pavillon, § 91. Choix des drogmans, courtiers, domestiques et gardes, § 92. Juridiction consulaire, § 93. Suppression des présents que les consuls faisaient autrefois dans le Levant et en Barbarie, § 94. Préséance entre les consuls, § 95. Réception des consuls à leur arrivée, §§ 96, 97.

PRIVILÉGES accordés aux consuls hors du Levant et de Barbarie, chap. 3, liv. 2. Traités avec les puissances étrangères, § 98. Quelques remarques sur ces priviléges, §§ 99, 100. Libre exercice des fonctions consulaires, in violabilité des archives et de la correspondance consulaire, assistance des autorités locales, § 101. Traitement des consuls dans le cas où ils commettent des crimes ou des délits, §§ 102, 103, 104 et 105. Consuls négociants, § 106. Les consuls paient les droits de douane, quelques observations à ce sujet, § 107. Impositions et charges, § 108. Uniforme consulaire, § 109. Armoiries, pavillon, § 110. Maison consulaire, § 111. Quelques facilités pour l'expédition de la correspondance, § 112. Courriers, § 113. Juridiction, § 114. Les consuls nomment des agents consulaires, § 115.

PRIVILÉGES accordés aux officiers consulaires subalternes, § 116. Aux chefs d'arrondissement en particulier, § 516. Les consuls font respecter les priviléges consulaires, § 138.

PROCÉDURE (quelques instructions aux chefs d'arrondissement pour la) dans les affaires contentieuses et de juridiction volontaire, 516. Pour les affaires criminelles dans le Levant et en Barbarie, § 223. Pour les affaires civiles dans les mêmes pays, § 214 à 217.

PROCÉDURE suivant les lois sardes pour les délits minimes, § 414 à 419. Pour quelques contestations entre marins, § 420. Dans les affaires civiles et commerciales, voy. chap. 7, liv. 5. Au sujet des contraventions aux lois spéciales de police auxquelles les sujets sardes sont soumis dans le Levant et en Barbarie, voy. liv. 5, chap. 6. Voyez en outre les mots juridiction et police.

PROCÈS CIVILS ET COMMERCIAUX (par qui sont jugés les) dans le Levant et en Barbarie, chap. 4, liv. 4. Par qui sont jugés les procès civils et commerciaux dans les autres pays, chap. 3, liv. 4.

PROCÈS CRIMINELS, (formation des) §§ 254, 411, 412, 526. État des sommes perçues pour les procès criminels, § 164, n° 3,

PRO-CONSULATS, (nombre des) § 7.

PRO-CONSUL, (conditions pour être nommé) § 39.

PROHIBITIONS (plusieurs) concernant les sujets sardes demeurant dans le Levant et en Barbarie, § 258 à 269. Prohibitions concernant les officiers consulaires, liv. 1, chap. 3.

PROMOTIONS (règles pour les) des officiers consulaires, §§ 41, 42 et 43.

PROPRIÉTÉS, (exclusion absolue ou partielle des étrangers de posséder des) dans quelques pays, §§ 192, 193, 194. Prohibition aux sujets sardes d'avoir des propriétés dans le Levant et en Barbarie, § 260. Ils peuvent faire vendre celles des débiteurs, § 260. Ils ne peuvent ni en retirer les rentes, § 260, ni les prendre à bail, § 261.

PROROGATION des papiers de bord, §§ 466, 467, 500. Des lettres de course, 474.

PROTECTION consulaire, voy. le mot assistance. Il est défendu aux sujets sardes de se mettre sous la protection d'une puissance étrangère, § 258. Patente de protection, § 332, modèle 40.

QUESTIONS dont les chefs de district peuvent connaître, voy. juridiction. Dont peuvent connaître les chefs d'arrondissement, § 518.

QUITTANCES relatives à la comptabilité, § 170.

RACHAT des prises, § 443.

RADOUB, voy. avaries, naufrages et § 439.

RAPATRIEMENT des criminels, §§ 253, 254. Des marins criminels, § 413. Des équipages et passagers sauvés, §§ 426, 427. Des matelots malades, § 497. Des matelots, en cas de vente d'un navire § sarde, 486. Des matelots se trouvant en pays étrangers sans permission, § 511.

RAPPORTS annuels sur le commerce, la navigation, l'agriculture et l'industrie, §§ 140, 141. Des officiers consulaires avec les autorités étrangères, § 129. Instructions à ce sujet , les §§ 130, 131, 132. Objets pour lesquels les officiers consulaires sont en rapport avec les autorités étrangères, § 133. Quelles sont ces autorités, § 133. Mode de correspondre avec les autorités étrangères, §§134, 135, 136. Rapports des consuls avec les autorités sardes. Voy. correspondance. Avec les sujets sardes en général, liv. 5. Avec la marine royale et avec la marine marchande, livre 6, 7. D'avarie et de naufrage, §§ 421 à 425. Sur la conduite des officiers consulaires, §§ 21 à 27.

RÉCEPTION des Consuls dans le Levant et en Barbarie, §§ 96, 97. Dans les autres pays, § 109.

RÉFUGIÉS sur des navires de guerre , §§ 359, 360, 361 ; sur des navires marchands, § 161.

RÉGENCE des consulats, (à qui est dévolue la) §§ 530 à 535. Dans quelles circonstances il y a lieu à la régence, § 530. Avis à donner, au sujet d'une régence, au ministère des affaires étrangères, § 532. Enterrement d'un Consul décédé, § 532. Inventaire des archives, § 533. Comptabilité, § 534. Charges et rétributions des régents , §§ 535 et 72 à 75. Frais de premier établissement en cas de régence, § 76.

RÉGENCE d'un chef-lieu d'arrondissement, § 531.

REGISTRES pour la correspondance, (nombre des), § 158. (nombre des autres) § 180.

RELACHE, (droits de navigation à l'étranger en cas de) § 396 (Droits payables aux Consuls en cas de), §§ 541 et 542.

RELIGION des officiers consulaires , § 36. Son libre exercice dans le Levant et en Barbarie, § 89. Dans les autres pays, § 197.

REMBOURSEMENT des avances faites par les Consuls, § 174. Des secours donnés aux marins, §§ 177, 426 et 427.

REMPLACEMENT des matelots et des capitaines, § 449.

RENOUVELLEMENT , des papiers de bord, § 467. Des lettres de course, § 474.

RÉPARATION des navires , § 139. Voyez en outre avarie, naufrage.

RÉSIDENCE des officiers consulaires, (lieux de) § 6.

RESPONSABILITÉ des chefs de district pour les opérations de leurs subalternes, §§ 514, 524.

RETRAITE. voy. pensions.

RÉTRIBUTIONS , (indication des) assignées aux officiers consulaires, § 51. Aux officiers consulaires régents , §§ 535 et 72 à 75.

REVENU CASUEL, des officiers consulaires, (ce qu'on entend par) § 52. Voy. en outre le mot casuel.

REVUE des équipages des navires marchands , § 461. Des navires corsaires , § 474.

REVUES ANNUELLES des soldats. Conditions pour en être dispensé, § 331.

ROLES D'ÉQUIPAGE, § 446. (Droits des copies des) § 555. Inscription des matelots sur les rôles d'équipage § 500. (Inscription des passagers sur les) § 500. Idem, des plis consignés aux capitaines, § 500 Visa des rôles d'équipage, § 500.

SAISIE en cas de contravention , § 274. Vente des objets saisis, §§ 275, 276. Inventaire des objets saisis, § 274.

SALUT DES NAVIRES de guerre à leur arrivée dans un port, §§ 362, 363. A l'occasion de la visite d'un consul à bord, §§ 82 et 366. Des navires marchands quand ils rencontrent des navires de guerre, § 383.

SANTÉ PUBLIQUE, (correspondance des Consuls sur la) §§ 143, 144, 145. Envoi de couriers pour donner des nouvelles la concernant, § 144. Les chefs d'arrondissement donnent aussi les nouvelles sanitaires au gouvernement. § 515. Patente de santé pour les navires de guerre, §371 Pour les navires marchands, § 502. Certificats de santé. §§ 502, 503. Forme des patentes, § 504 et modèle 51 Visa des patentes, § 504. Réglements quarantainaires sardes, § 505. Lieux où les officiers consulaires déli-vrent des certificats de santé ; marchandises pour les-quelles le certificat est nécessaire, § 506. Quelques ins-tructions relatives à la santé dans le Levant et en Bar-barie § 507. Présentation de la patente de santé aux Consulats dans les pays où les Consuls en délivrent eux-mêmes, § 450. Droits sur les patentes de santé, § 553.

SAUVETAGE des navires naufragés, §§ 425, 430, 431, 432 et 437.

SCELLÉS, (apposition des) sur les successions, § 294.

SCONTRINO, (ce que c'est) § 446.

SECOURS aux églises et aux indigents (frais de),§68. Aux marins, § 177. (État des), §466.

SÉJOUR , (droit qu'on paie en pays étranger pour le permis de), §§ 187, 201. Des navires en pays étrangers, §§ 392, 395 à 398. Si le prolongement du séjour en pays étranger de la part des sujets sardes leur fait perdre la nationalité, § 235.

SENTENCES consulaires, (exécution des) en pays étran-ger, §§ 211, 225. Exécution en pays étranger des sen-tences prononcées prr les magistrats des états sardes, § 225. Des Consuls en matière de contraventions, §276. En matière civile et commerciale, §§ 284 et 285. Leurs ef-fets, § 286. Leur exécution, § 287. Appel. Voy. ce mot État des sentences, § 161.

SERMENT, (comment les officiers consulaires prêtent) §§ 49, 50. Prestation de serment au Brésil avant d'entre-prendre l'exercice des fonctions consulaires, § 122.

SERVICE (individus qui prennent du) en pays étranger, § 236.

SERVICE MILITAIRE (les étrangers sont exempts du), § 188. Les étrangers sont exclus du service militaire, § 189. État des jeunes gens soumis au service militaire, § 245.

SERVICE SECRET, (fonds du), § 176.

SOLENNITÉS PUBLIQUES, voy. cérémonies.

SORTIE des navires sardes des ports étrangers, devoirs des capitaines, § 455.

SUCCESSIONS (les consuls retirent les) laissées par leurs nationaux, §§ 212, 218. Instructions du gouvernement à ce sujet, §§ 293 à 296 et 298. Successions des marins, § 297. État des sucessions, § 161.

SURVEILLANCE des chefs de district sur leurs subalternes, § 21. Sur les sujets sardes et sur les navires marchands, voy. le mot police.

SUSPENSION des officiers consulaires, § 22 à 26. Sa durée, § 27. Justification en cas de suspension, § 27.

TABLEAU relatif au nombre des consulats et aux lieux de résidence des officiers consulaires, n° 6. Contenant les tarifs consulaires, du n° 1 à 5. Des modèles d'uniformes consulaires, n° 7.

TARIFS CONSULAIRES, il y en a deux, § 536. Instructions pour leur interprétation, voy. perception des droits consulaires, tableaux contenant les tarifs consulaires, n. 1 à 5.

TÉMOINS (examen de) en pays étranger, § 291.

TERRITOIRE maritime, (entrée du) d'un état, § 388. Étendue du territoire maritime, § 389.

TESTAMENTS, (forme des) § 306. Actes de présentation des testaments secrets, § 307. Ouverture des testaments secrets, §§ 308, 309. Présentation aux consulats des testaments faits en mer, §§ 161, 454.

TRADUCTION de pièces, § 210.

TRAITE DES NOIRS, (suppression de la) §§ 384, 385.

TRAITEMENT des étrangers en pays étranger, § 188 à 205, et les chap. 3, 4, 5, 6 du liv. 4. Des navires de guerre et marchands, voy. ces mots ; voy. aussi le mot juridiction.

TRAITES, (les consuls ne peuvent pas faire des) sur le trésor, § 174.

TRAITÉS relatifs aux priviléges consulaires dans le Levant et en Barbarie, § 87. Dans les autres pays, § 98. Au sujet de l'exécution des sentences en pays étranger, § 225 ; de l'extradition des criminels, § 226 ; de la suppression de la traite des noirs, §§ 384, 385. Au sujet des droits de navigation, de douane, etc., sur les navires, § 397 à 398. Au sujet des naufrages, § 409. Les consuls font observer les traités, § 139. Voy. en outre les traités de la Sardaigne avec les puissances étrangères dans l'appen dice à la fin de l'ouvrage.

TRAVAIL (durée du) des matelots, § 495.

TRIBUNAL consulaire, son personnel, § 284. Examen de témoins demandé par des tribunaux sardes, § 291.

TUTELLE, (les officiers consulaires sont dispensés de la) § 83.

UNIFORME consulaire, (frais d') § 59. Les consuls portent un uniforme, §§ 81, 109.

VACANCE des consulats, voy. régence.

VENTE des navires, § 485. A des étrangers, § 486. *Rapatriement* de l'équipage des navires vendus, § 486. L'équipage d'un navire vendu à des étrangers ne peut rester embarqué sur ce navire, 487. Quelques instructions au sujet de la vente des navires, § 487. Copie des actes de vente à expédier à l'intendance générale de la marine, à Gênes, § 487. État trimestriel des navires vendus, § 487.

VICE-CONSULATS (nombre des) dans la 2° catégorie, § 9.

VICE-CONSULS, chefs d'arrondissement, § 515 à 522. Attachés à la chancellerie d'un chef-lieu de district, §§ 523, 524. Conditions pour être nommé vice-consul de la 2° catégorie, § 39.

VISITE des chancelleries consulaires, § 20. Des officiers consulaires à bord des navires de guerre, § 83.

VIVRES, (ce qu'il y a à faire quand un capitaine doit acheter des) à l'étranger, § 439. Dus aux matelots, § 494.

VOLONTAIRES, conditions pour être nommé volontaire dans les consulats, § 38. Leurs attributions, § 528.

VOYAGE (frais de) remboursables aux officiers consulaires, § 60.

VOYAGER (les étrangers peuvent) en pays étranger, § 198. Formalités pour voyager, §§ 199, 200.

VOYAGES (classes de) que les capitaines et les patrons peuvent faire, § 500.

FIN DE L'OUVRAGE.

Addenda. (1)

ROME.

*Traité de commerce et de navigation, du 3 juillet 1847,
ratifié par S. M. sarde le 15 des mêmes mois année.*

Art. 1. Voy. Deux-Siciles, art. 1.
Art. 2. Voy. Danemarck, art. 5, Etats-Unis, art. 3.
Art. 3 et 4. Voy. Danemarck art. 1.
Art. 5. Voy. Danemarck art. 6, 2ᵉ partie.
Art. 6. Voy. Etats-Unis art. 5.
Art. 7. Voy. id. art. 7.
Art. 8. Par cet article S. M. sarde supprime pour toute la
durée du traité, les droits différentiels établis en faveur des
navires sardes, par le R. édit du 17 janvier 1825, et par réciprocité le Saint-Siége réduit pour ledit laps de temps, les
droits actuellement en vigueur sur les articles de commerce
indiqués ci-après, savoir : pour le carbonate de plomb et les
champignons secs, du 25 pour cent; pour les plantes vertes
de toute espèce, les semences de fleurs et des prés, et
pour les semences dites oléagineuses, du 30 pour cent; et
pour les ardoises du tiers du droit actuel.

La réciprocité établie par ce traité ne s'étend pas aux primes qui peuvent être accordées aux sujets respectifs, pour
encourager la construction des navires.

Art. 9. Voy. art. 2, Angleterre. — *N. B.* L'art. 9 exige
que le capitaine et les deux tiers de matelots soient nationaux;
voy. en outre l'art. 2 de la convention faite avec le Saint-
Siége, le 15 mars 1843.

Art. 10. Voy. Deux-Siciles, art. 11.

Art. 11. Les sujets négociants, de l'un des deux états,

(1) La table des matières était déjà presque toute imprimée
lorsque ce traité a été publié dans la *Gazette Piémontaise*

jouiront dans l'autre, de tous les avantages du commerce et de la navigation, dont jouissent actuellement les étrangers de quelque nation que ce soit. Si à l'avenir l'une des deux HH. PP. CC. accordait à une autre nation quelque faveur spéciale relativement au commerce et à la navigation, cette faveur deviendrait immédiatement commune à l'autre partie, si la concession a été gratuite, ou en accordant la même compensation ou l'équivalent, si elle a été conditionnelle.

Art. 12. Cet article stipule le traitement de la nation la plus favorisée pour les navires qui n'entreront pas dans les ports des deux états, ou y étant entrés, ne déchargeront qu'une partie de leurs marchandises.

Art. 13. Cet article attribue aux navires respectifs qui relâcheront dans les ports de l'autre état, le même traitement qu'aux navires nationaux.

Il en sera de même quant au placement des navires, leur chargement et déchargement.

Art. 14 et 15. Voy. Uruguay, art. 22, 23.

Art. 16. Voy. id. art. 24.

Art. 17 et 18. Voy. id. art. 25, 26.

Art. 19. Voy. id. art. 27.

Art. 20. Voy. Etats-Unis, art. 17.

Art. 21. Voy. Uruguay, art. 30.

Art. 22. Voy. id. art. 31.

Art. 23. Voy. Prusse, art. 18.

Art. 24. Durée de ce traité 10 ans, et sa cessation en prévenant toujours 12 mois à l'avance.

ERRATA.

—

Page   6. § 521. ligne 13 , dessus   *lisez* dessous
  24, § 548. ligne 3 , bien les   bien pour les
  95, mod. 27, ligne 24 , délaration   déclaration
 104, id. 32, titre, presentazione   di presentazione
 104, id. 32, ligne 1 , compaso   compars
 122, id. 48, titre. provisorio ,   provvisori
 145. *Oldenb.* ligne 2 , testatament   testament
 150.   titre , du 6 septembre, etc..   traité du
        6 septembre, etc
 160, art. 2, ligne 6 , réciprocité de traité, réciproc
 181, «   3, ligne 2 , de l'autre   de l'autre P. C
 186, « 19. ligne 11 , les membres   et les membre
 196.   lignes 12, 13 , président susdit présiden
 247, «   2. ligne 4 , existe   existera
 249,   2, ligne 5 , à l'état   dans l'éta
 268, « 16. ligne 7 , soit   soit
 268, « 18. ligne 4 , dévoulu   dévolu
 290, dernière ligne, v. le mot,   v. le mot criminel
 302. *legalisations.* ligne 3 . législation , légalisation
 321. *titre* ligne 2 . mois année   mois et année